Predigten zum Lesejahr A

Michael Pflaum

Predigten zum Lesejahr A

Ich bin bei euch alle Tage

Bibliographische Information der Deutschen Nationalbibliothek
Die Deutsche Nationalbibliothek verzeichnet diese Publikation in der deutschen Nationalbibliographie; detaillierte bibliographische Daten sind im Internet über http://dnb.d-nb.de abrufbar

© 2016 Michael Pflaum
Herstellung und Verlag:
BoD – Books on Demand, Norderstedt

ISBN: 978-3-7412-0734-1

**Seid gewiß:
Ich bin bei euch alle Tage
bis zum Ende der Welt
Mt 28,20b**

Inhaltsverzeichnis

1. Adventssonntag: Offene Augen für die Realität - gegen sozialen und kirchlichen Doketismus. 11

2. Adventssonntag: Johannes der Täufer, der spirituelle Lehrer Jesu. 14

3. Adventssonntag: Erzählen heilt und bringt Glauben 17

4. Adventssonntag: Der heilige Josef 21

Christmette: Das Weihnachtsherz 25

1. Weihnachtsfeiertag: Was ist „das Wort"? 28

2. Weihnachtsfeiertag: Vorsicht Weihnachten! Lebensgefahr! 31

Fest Heilige Familie: Wie mit Gewalt umgehen? 35

Neujahr: Mut zu guten Vorsätzen! Lösungsorientierte Anregungen 38

2. Sonntag nach Weihnachten: Die christologischen Konzilien von Nizäa bis Chalcedon. 41

Erscheinung des Herrn: Gold an sich und Goldformen 46

Taufe Jesu: Kierkegaards Menschenbild 48

Aschermittwoch: Mozarts tröstliche Worte über den Tod ...51

1. Fastensonntag: Ring des Nibelungen und die Versuchung Jesu 54

2. Fastensonntag: Nach jedem Taborerlebnis muss man hinuntersteigen 58

3. Fastensonntag: Jesu Begegnung der Samaritanerin am Brunnen in 6 Akten 61

4. Fastensonntag: Die Blindheit des Herzens, Jesus nicht zu erkennen 65

5. Fastensonntag: Whiteheads Gottesbild 68

Palmsonntag: Drei philosophische Geschichten und die Passion Jesu. 71

Gründonnerstag: Brot und Wein 74

Osternacht: Ostern in der Heilsgeschichte 77

Ostern: Ein Brief von Paulus an unsere Gemeinde zu Ostern. 81

Ostermontag: Göttliche Pädagogik und unser Gottesdienst .. 84

2. Ostersonntag: Thomas – vom Beobachter zum Angeschauten 87

3. Ostersonntag: Jesu Umgangsstil ist frohe Botschaft 90

4. Ostersonntag: Kurze Erzählung vom Antichrist von Solowjew 93

5. Ostersonntag: Der wahre Lebensweg mit Jesus 98

6. Ostersonntag: Mangel und die größte Gabe des Heiligen Geistes 101

Christi Himmelfahrt: Zwei Missverständnisse 104

7. Ostersonntag: Der Name Jesus Christus und der russische Pilger 106

Pfingsten: „Wie im Himmel" 110

Dreifaltigkeitssonntag: Trinität nach Karl Rahner 114

Fronleichnam: das Heilige und das Profane 117

2. Sonntag im Jahreskreis: Paulus schreibt den Korinthern 120

3. Sonntag im Jahreskreis: Einführung in das Matthäusevangelium 124

4. Sonntag im Jahreskreis: Was hat Jesus gesagt und getan? – Vier Testfragen für den historischen Jesus 128

5. Sonntag im Jahreskreis: Über Gewissen bei Hannah Arendt und Selbsterforschung bei Ignatius und Focusing 132

6. Sonntag im Jahreskreis: Bergson „Die beiden Quellen der Moral und der Religion" 136

7. Sonntag im Jahreskreis: Ronja Räubertochter 139

8. Sonntag im Jahreskreis: Gegenwart und Faust 144

9. Sonntag im Jahreskreis: Die Heldenreise oder: Ist Jesus ein Held? 147

10. Sonntag im Jahreskreis: Prinzipen der katholischen Soziallehre 152

11. Sonntag im Jahreskreis: Paulus – Garant von Ostern! Zeuge der Trotzdem Liebe Gottes! Offenbarer des inneren Lehrers 156

12. Sonntag im Jahreskreis: Über Nahtoderfahrungen 159

13. Sonntag im Jahreskreis: Lebenssinn nach Frankls Logotherapie 163

14. Sonntag im Jahreskreis: Vom Mangel und von der Fülle, vom Vergeben und vom Heilwerden. 166

15. Sonntag im Jahreskreis: Das Lebendige in der christlichen Tradition 167

16. Sonntag im Jahreskreis: Böses bekämpfen? 170

17. Sonntag im Lesejahr: Wo findet man das Reich Gottes? Pastoralkonstitution oder Papst Benedikt? 173

18. Sonntag im Jahreskreis: Geizig mit sich selbst 177

19. Sonntag im Jahreskreis: Erbsünde – ein verstaubter Begriff kann aktuell sein 181

20. Sonntag im Jahreskreis: Über die Tugend des Lernens. 185

21. Sonntag im Jahreskreis: Über die Vielfalt der Jesusbilder und christologischen Titel 189

22. Sonntag im Jahreskreis: Wie dem Schmerzkörper begegnen? 193

23. Sonntag im Jahreskreis: Gemeinden und Pfarreien im Wandel 197

24. Sonntag im Jahreskreis: Vergeben und Einführung in Naikan 203

25. Sonntag im Jahreskreis: Was ist der eine Denar? 204

26. Sonntag im Jahreskreis: Herausforderung Menschenbild 207

27. Sonntag im Jahreskreis: Umwelt und Technik - neue ethische Herausforderung 211

28. Sonntag im Jahreskreis: Ein Gleichnis im Wandel 215

29. Sonntag im Jahreskreis: Moderne Wirtschaft nach Goethes Faust II 218

30. Sonntag im Jahreskreis: Balance zwischen Selbstliebe und Nächstenliebe durchdacht mit der gewaltfreien Kommunikation 223

31. Sonntag im Jahreskreis: Müssen umdeuten 223

32. Sonntag im Jahreskreis: Innere Quelle nach Rahner, Ignatius und Teresa von Avila 224

33. Sonntag im Jahreskreis: Ein Gleichnis vom brutalen Kapitalismus 227

Christkönig: Dominanz oder Kooperation? 231

Allerheiligen: Alle Heilige sind Jazzimprovisatoren von Jesu Melodien 234

1. Adventssonntag: Offene Augen für die Realität - gegen sozialen und kirchlichen Doketismus.

Mt 24, 37-44
Seid wachsam! Wer wachsam ist, sieht die Realität! Wer wachsam ist, lebt nicht in seiner Gedankenwelt, in seiner Traumwelt! Wer wachsam ist, kann Trauer und Angst, Freude und Hoffnung anderer Menschen nicht übersehen! Wer wachsam ist, weiß und lebt, dass jetzt die Zeit, jetzt die Stunde ist: immer nur heute wird getan oder auch vertan!
Dass das wirklich wichtig ist, verdeutlichte mir neu ein Text von Jon Sobrino in seinem Jesusbuch. Er beginnt mit der Einsicht: Grob gesprochen gibt es auf diesem Planeten zwei Gruppen von Menschen. Eine gewisse Minderheit von Menschen, die selbstverständlich gut leben können. Und eine größere Gruppe von Menschen, die nicht selbstverständlich gut leben können. Die um ihr Leben fürchten müssen, die unter Gewalt, Ungerechtigkeit, Ignoranz oder Mangel leiden.
Wenn wir wissen wollen, ob wir Christen sind, ob wir authentisch sind, müssen wir uns zuerst fragen, ob wir „realistisch" sind, ob wir die Realität sehen.
Oder wie er wörtlich schreibt: „ob wir nur anekdotenhaft in einer Ausnahmesituation leben, also in einem sozialen Doketismus."[1]
Sozialer Doketismus – diese Neuschöpfung von Sobrino muss erklärt werden.
Doketismus ist eine Irrlehre, die in den ersten Jahrhunderten auftrat. Diese Irrlehre behauptete, dass Jesus Christus irgendwie nur zum Schein gelitten hat. Die Anhänger dieser Irrlehre konnten sich nicht vorstellen, dass Gott leiden könne. Sie sagten zum Beispiel, „dass sich in der Taufe der leidensfähige Jesus mit dem leidensunfähigen Christus vereinigt hätte, diese Vereinigung in der Passion wieder aufgelöst worden sei."[2] Oder der menschliche Leib sei nur ein Scheinleib gewesen. Aber dass gerade Gottes Sohn wirklich die schlimmsten Qualen erleidet und damit mit den

Leidenden solidarisch ist, das ist ja das Erlösende! Ignatius von Antiochien hat deswegen wie viele andere heftig widersprochen: „Einer ist der Arzt, fleischlich sowohl als geistig, geboren und ungeboren, im Fleische wandelnd ein Gott, im Tode wahrhaftiges Leben."[3] Ganz klar sagt er: Wer die wahre Menschwerdung Gottes leugnet, leugnet die Erlösung! Und die folgenden Konzilien haben immer mehr die echte Menschlichkeit Jesu Christi verteidigt.

Und was ist dann sozialer Doketismus oder auch kirchlicher Doketismus? Wenn eine Frau von ihrer Schwester erzählt, die mit Selbstmorddrohung abgehauen ist, und ihre Sorgen, ihre echte Not und Angst heraus lassen wollte, von einem Pfarrer zur Antwort bekommt: Die kommt schon wieder! Wer drüber redet, nimmt sich nicht das Leben! – dann lebt dieser Pfarrer nicht wachsam, er hört nicht hin, er ist wie der Priester im Samaritergleichnis, er ist in seiner Scheinwelt, in seiner schönen alternativen Wirklichkeit. Das ist dann sozialer und kirchlicher Doketismus!

Wenn aber ein Ehepartner hingebungsvoll den schwerkranken Partner pflegt; wenn eine Psychologin sich aufmacht, um ehrenamtlich Gespräche in einem Asylantenheim anzubieten, damit diese ihre Traumata verarbeiten können; wenn ein Familienvater großzügig spendet bei einer Hilfsaktion; überhaupt: Wenn wir wachsam sind, wenn uns das Elend der Menschen in Syrien oder Ägypten oder Indien aber auch das Elend armer, einsamer Menschen in unserem Umfeld noch das Herz und den Verstand bewegt, dann verlassen wir unseren sozialen Doketismus, unsere Ausnahmewelt, wir werden realer!

Jon Sobrino ist Befreiungstheologe in El Salvador. Ein Land, das unendlich viel Leid und Ungerechtigkeit erfahren hat. Ich finde es sehr ehrlich, dass er sich bewusst ist! Er als Priester, Professor und Jesuit gehört in dem Land El Salvador zu den Menschen, die selbstverständlich gut leben können. Aber er will wachsam sein! Denn er weiß: „Wir sind nicht „realistisch" und nicht „real", wenn wir nicht manchmal ein Gefühl der Scham angesichts der Tatsache verspüren, dass wir auf einem brutalen und ungerechten Planeten leben, den wir selbst mit unseren Händen gestaltet haben, und zu einer Menschheitsfamilie gehören, die keine mehr ist, sondern eher eine Spezies, die aus zwei Subspezies besteht, nämlich denen, die überleben, und denen, die vorzeitig sterben – oder noch schlimmer, wenn wir unsere armen Brüder und Schwestern, die an den Rand Gedrängten und die Opfer verachten und uns ihrer schämen. Positiv gewendet: Wenn unsere Freude nicht darin besteht, die Wahrheit, die großen und kleinen Siege der Armen zu feiern, dann sind wir nicht „real"."[4]

Die Kirche in El Salvador versuchte gerade unter Erzbischof Oscar Romero, real zu sein, wachsam zu sein, nicht in einer Scheinwelt zu sein. Sie war so solidarisch mit den geknechteten und ausgebeuteten Armen, dass die Unterdrücker auch Priester erschossen und 1980 sogar den Erzbischof selbst: Oscar Romero.

Und wenn die erste Reise von Papst Franziskus nach Lampedusa ging, dann ist das auch ein Akt der Wachsamkeit, des Realismus. Er durchbrach damit den europäischen Doketismus, der die Flüchtlinge von Krisengebieten abschieben will!

Die Flüchtlinge durchbrechen unseren europäischen Doketismus. Plötzlich leben Flüchtlinge in unserer Nähe. Sie haben Bürgerkrieg, Not, Flucht erlebt. Die ungerechten Weltstrukturen bekommen ein Gesicht! Gehen wir weiter wie der Priester und der Levit, oder schauen wir hin wie der barmherzige Samariter?

Nur wer die Realität an sich heranlässt, wer wachsam ist, kann menschlich werden und somit Christus nachfolgen.
Denn er ist nicht nur Gottes Sohn, sondern auch der menschlichste Mensch, gerade darin zeigt sich ja seine Göttlichkeit: Jesus ist barmherzig gegenüber den Menschen, treu zu seinem Vater und hingebungsvoll mit seinem Leben. Er ist solidarisch, Bruder aller Menschen, besonders für die Armen, Leidenden und Ausgestoßenen. Wenn wir wachsam sind, können wir unseren Nächsten sehen, barmherzig und hingebungsvoll sein und Christus nachfolgen.

2. Adventssonntag: Johannes der Täufer, der spirituelle Lehrer Jesu.

Mt 3, 1-12
Ich vermute mal, dass den meisten Christen nicht bewusst ist, welch große Bedeutung Johannes im Leben Jesu gespielt hat. Wir unterschätzen meistens, wie wichtig Johannes der Täufer für Jesus war.
Ich möchte das man mit einem Beispiel klarmachen. Jeder große Künstler hat einen Lehrer, von dem er ganz Wichtiges lernt. Dieser Lehrer ist meistens selber ein großer Künstler.
Zum Beispiel hat sich Johann Sebastian Bach 300 Kilometer auf den Weg gemacht, um von Buxtehude zu lernen. Beethoven hatte Joseph Haydn als Lehrer. Und Gustav Mahler ging bei Anton Bruckner in die Schule.
So ein ähnliches Verhältnis war zwischen Jesus und Johannes dem Täufer. Auch Jesus brauchte einen geistigen Lehrer. Wenn wir ernst nehmen, dass Jesus wahrer Gott und wahrer Mensch war - eben auch wahrer Mensch war, dann wird uns verständlich, dass Jesus auch seinen Entwicklungsprozess durchmachen musste. Auch er musste im Heranreifen erkennen, was seine Aufgabe in dieser Welt ist, was seine Berufung ist. Wozu der Vater ihn in die Welt gesandt hat, das hat Jesus nur erkennen und begreifen können durch den Kontakt und den Lernprozess mit seinem geistigen Lehrer Johannes dem Täufer.
Was hat Jesus Wichtiges von Johannes dem Täufer gelernt?
Johannes hat Jesus sein Lebensthema gegeben. Denn beiden, Johannes und Jesus, ging es um das Reich Gottes, Matthäus sagt dazu immer das Himmelreich.
Alle Gleichnisse Jesu beziehen sich auf das Reich Gottes, auf das Himmelreich; alle Wunder Jesu wollen sichtbar machen, dass das Reich Gottes jetzt anbricht.
Jesus beginnt seine Predigt mit den Worten: Kehrt um! Denn das Himmelreich ist nahe.

Wir Christen sind es gewohnt, die Zeit in zwei Perioden einzuteilen. Die Zeit vor Christus und die Zeit nach Christus. Für Jesus Christus selbst lag die Zäsur woanders: für ihn gibt es eine Zeit vor Johannes dem Täufer und eine Zeit nach Johannes dem Täufer. Denn Johannes verkündet, dass das Reich Gottes jetzt wirklich nahe ist. Johannes ist für Jesus nicht irgendein Prophet, sondern er ist der Größte der Menschen. Denn Johannes steht an der Schwelle zum Beginn des Reiches Gottes. Aber er überschreitet diese Schwelle noch nicht völlig: deswegen ist der Kleinste im Himmelreich, derjenige, der die Seligkeit des Reiches Gottes erleben darf, größer als Johannes selbst.

Jesus hat von Johannes sein Lebensthema bekommen. Aber jeder gute Schüler löst sich von seinem Lehrer und geht einige Schritte weiter. Das war bei Bach so, bei Beethoven und bei Gustav Mahler. Das war aber auch bei Jesus so:

Johannes hat das Reich Gottes verkündet, aber Jesus zeigt Johannes, wer die besonderen Adressaten sind: Den Kleinsten, den Armen, den Kranken, den Traurigen, die Sehnsucht haben, all diesen Menschen wird das Reich Gottes verkündet. Um ihretwillen ist es da. Um sie dreht sich bei ihm alles. Johannes fragt Jesus, ob er der sei, der kommen soll, oder ob es notwendig ist, auf einen anderen zu warten. Jesus antwortet auf diese Frage nicht: Ja, ich bin es. Er sagt vielmehr: „Geht hin und berichtet dem Johannes, was ihr hört und seht: Blinde sehen, Lahme gehen, Aussätzige werden rein, Taube hören, Tote stehen auf, Armen wird das Evangelium verkündet" (Mt 11,4-5).

Was können wir heute von Johannes dem Täufer lernen?
Vier Gedanken dazu:
- Wir können Gott besonders in der Wüste entdecken. Das heißt natürlich nicht, dass wir im Advent eine echte Wüste aufsuchen sollen. Es heißt vielmehr, dass wir uns Wüstenzeiten und Wüstenräume freimachen müssen, Zeiten der Stille, Zeiten des Alleinseins, Zeiten des Gebetes.

- Johannes macht uns einen wichtigen Aspekt von Advent deutlich: Advent ist nicht allein die Vorbereitungszeit für Weihnachten. Denn der Advent macht auch Gottes Kommen am Ende der Welt zum Thema. Gerade das können wir von Johannes lernen: Auch wenn das Reich Gottes immer wieder neu entsteht und aufbricht - das Reich Gottes in seiner völligen Entfaltung erleben wir erst am Ende der Zeiten. Erst da zeigt sich die Macht Gottes in voller Größe. Auch wenn sich Gottes Stärke und Gottes Gegenwart immer wieder im Hier und Jetzt zeigt, warten wir Christen trotzdem auf die große Zukunft. Wir bleiben unser ganzes Leben lang als Christen adventlich!
- Wie Johannes sollen wir in unserem Leben auf Jesus Christus schauen und auf ihn zeigen. Denn es gilt auch für uns: Jesus Christus ist stärker als ich, ich bin es eigentlich nicht wert, ihm die Schuhe auszuziehen. Und trotzdem möchte er, dass ich mit meinem Leben auf ihn verweise.
- Kritische Selbstkorrektur, Umkehr, sich klarmachen, dass man letztlich nichts aus eigenen Kräften sondern alles aus der Kraft Gottes tut; das können wir auch von Johannes lernen. In abgewandelter Form würde er zu uns sagen: Bringt Frucht hervor, die eure Umkehr zeigt, und meint nicht, ihr könnt sagen: Wir sind doch Christen. Denn ich sage euch: Gott kann aus diesen Steinen Christen machen.

3. Adventssonntag: Erzählen heilt und bringt Glauben

Mt 11, 2-11
Advent und Weihnachten ist eine Zeit des Erzählens: Immer neue Geschichtenbücher zu Weihnachten und Advent erscheinen. Familien setzen sich, wenn überhaupt, am ehesten im Advent und Weihnachten zusammen, um Geschichten zu lesen und zu lauschen.
Wir erzählen uns die bekannten Geschichten von der Verkündigung, der Begegnung zwischen Maria und Elisabeth, von der Geburt Jesu, von den Hirten und den Sterndeutern. Weihnachtsmärchen werden von Schulklassen aufgeführt und eine Kindermette braucht ein Krippenspiel: In Szene gesetztes Erzählen!
Warum ist das Erzählen so wichtig? Warum reicht es nicht, den Katechismus zu lesen? Warum hat Jesus so viele Gleichnisse und Geschichten erzählt? Irgendetwas muss im Erzählen vermittelbar sein, das die begrifflichen Abhandlungen wie Katechismen oder dogmatische Lehrbücher nicht erreichen können. Diesem Irgendetwas möchte ich nachspüren.
Der Theologe Leonardo Boff beginnt zum Beispiel jedes Kapitel seiner „Kleinen Sakramentenlehre" mit einer Geschichte aus seinem Leben. Die erste Geschichte ist besonders berührend: Er weilte für das Theologiestudium in München, fern der brasilianischen Heimat. Als sein Vater starb, schickte seine Schwester ihm einen langen Brief. Diesem legte sie einen Zigarettenstummel bei. Es war der Stummel der letzten Zigarette, die sein Vater geraucht hatte. Für Leonardo war dann dieser Stummel ein Sakrament, ein Erinnerungszeichen an seinen verstorbenen Vater. Leonardo Boff beginnt seine Sakramentenlehre nicht mit begrifflichen Erklärungen sondern mit dieser ergreifenden Geschichte. Was ist das spezifisch Wertvolle beim Erzählen?

Ich fange mit einem Vergleich an: Begriffliche Abhandlungen sind wie Knorr-Würfel. Das Wesentliche ist verdichtet aufbereitet. Natürlich kann man den Knorr-Würfel in den Mund nehmen und langsam zergehen lassen. Aber das ist dann schon harter Tobak. Wenn ich aber heißes Wasser über den Knorr-Würfel schütte und herumrühre, löst er sich auf und eine heiße Gemüsebrühe entsteht. Wenn ich die nun trinke, werde ich von innen gewärmt. Ich atme erleichtert auf. Sind nicht schöne Erzählungen für unser Gemüt so erwärmend wie eine heiße Brühe für den Körper?!

Erzählungen sprechen nicht nur das Gemüt an. Sie sind auch oft das Erste. Erst die Erzählung, dann die Begriffe. Erst hat man Evangelien über Jesus geschrieben, später hat man sich über die göttliche und menschliche Natur von Jesus Christus, wesensgleich oder nicht usw. in Konzilien die Köpfe eingeschlagen. Also wer gute Theologie machen will, muss immer wieder zu den Erzählungen zurückkehren: zu den Erzählungen Jesu, zu den Erzählungen über Heilige, zu den Erzählungen, die das Leben schrieb.

Erzählungen haben einiges den Begriffen voraus: Sie erfassen das Einmalige, das Individuelle-Besondere und das Fließende. Begriffe fassen normalerweise zusammen und können deswegen nur schwer das Einmalige, das Individuelle, das Besondere einfangen. Eine Erzählung hat außerdem selber etwas Fließendes. Und unser Leben ist selbst fließend, immer neu, unabgeschlossen, überraschend. Geschichten machen das Fließende unseres Lebens erlebbar. Damit sind Erzählungen letztlich in gewisser Weise näher an der Wirklichkeit als die Begriffe. Wir merken das gerade bei großen Schriftstellern. Mit ihren Erzählungen erfassen sie oft in erstaunlich tiefer Weise die Eigenheiten und Abgründe von Menschen und können das Hadern, Ringen, das Auf und Ab menschlichen Lebens sehr direkt miterleben lassen.

Erzählungen sprechen nicht nur mehr das Gemüt an und sind in gewisser Weise näher an der lebendigen Wirklichkeit,
- sie animieren zum Glauben,
- treiben an zur Nächstenliebe und

- schenken neue Hoffnung.
- Sie haben heilende Wirkung und
- tragen zu mehr Gerechtigkeit bei.
- Und sie offenbaren Sinn, Lebenssinn!

Diese 6 neuen Gedanken nun im Einzelnen:
Der heilige Ignatius hat auf seinem Krankenbett Heiligenlegenden und eine Zusammenfassung des Lebens Jesu gelesen. Diese Erzählungen haben ihn animiert, Pilger zu werden und seinen Glauben ganz intensiv zu leben. Oder das Weihnachtsgeheimnis: Gott wird Mensch! Gott erniedrigt sich! Aber was bedeutet das? Ein Kind, das in einem Stall zur Welt kommt und die ersten Zeugen der Geburt sind die armen ausgestoßenen Hirten! Diese Erzählung lässt uns im Herzen das große Geheimnis von Weihnachten viel mehr erahnen als ein theologischer Traktat über die Menschwerdung. Erzählungen fördern also den Glauben aber auch die Nächstenliebe.

Mit der Geschichte vom barmherzigen Samariter beantwortet Jesus die Frage, wer mein Nächster ist. Was für eine heilende und inspirierende Wirkung hatte und hat diese Geschichte auf die ganze Menschheit! Sie hat bestimmt mehr Menschlichkeit bewirkt als Kants Abhandlung über den kategorischen Imperativ. Nicht nur, weil sie jeder versteht, sondern auch, weil sie uns innerlich antreibt, wirklich in Mitleid einübt.

Und Erzählungen schenken Hoffnung. Über schlimmste und dunkelste Zeiten hinweg hat so vielen Juden die Erzählung der Befreiung Israels aus Ägypten am Pessachfest Hoffnung gegeben. Oder wer zum Beispiel das Buch liest „Es ist nie zu spät, eine glückliche Kindheit zu haben", kann erleben, wie Erzählungen von schwierigen Lebensläufen Hoffnung schenken können. Sie zeigen uns, wie Menschen auf ganz eigene Weise Wege der Bewältigung von Krisen finden. Jesu Erzählungen sind oft perspektivöffnend: Die Zuhörer fangen an nachzudenken, erkennen neue Sichtweisen.

Erzählungen können auch heilen. Einmal kann das Erzählen selbst heilen. Wenn mir jemand aufmerksam, verständnisvoll zuhören kann, dann kann ich meinen Frust raus lassen, kann ich Dampf ablassen, kann ich mich beruhigen und neue Sichtweisen und Ideen entwickeln. Trauernden Menschen hilft es, wenn sie erzählen dürfen: Der Verstorbene wird im Erzählen gewürdigt, die Trauer wird nicht verdrängt.

Gerade für Menschen, die traumatische Erlebnisse erlebt haben, ist es äußerst heilend, wenn sie ihre Erlebnisse endlich erzählen können. Im Erzählen treten sie aus ihren Bildern heraus. Sie bekommen durch das Erzählen Abstand vom Erlebten. Wenn sie das Schlimme für sich behalten müssen, dann können sie immer wieder ins traumatische Erlebnis zurückfallen, sie erleben das Schlimme noch einmal – und merken nicht, dass es schon vergangen ist. Sie sind dann im traumatischen Erlebnis drin wie in einer Achterbahn. Wenn sie es aber erzählen, stellen sie sich vor die Achterbahn und können endlich mit Abstand das Vergangene anschauen – und erkennen: Es ist vorbei.

Erzählen schafft in vielen Versöhnungsprozessen den ersten wesentlichen Schritt zu mehr Gerechtigkeit. Erzählen verschafft den Opfern wieder eine gewisse Würde! Erzählen verhindert das Vergessen.

Als letzter Gedanke: Wir erzählen uns selbst immer auch unser eigenes Leben. Wir blicken immer wieder auch zurück und erzählen uns selbst Episoden aus dem eigenen Leben. Bei einer heißen Tasse Tee oder Glühwein abends im Dezember mag jeder zurückdenken. Dabei sollten wir aufmerksam sein und zwei Straßengräben vermeiden: Nicht die eigenen Fehlentscheidungen und Irrwege beschönigen und auch nicht die Spuren der Gnade und die eigenen Erfolge kleinreden oder übersehen. Nur wenn wir beide Straßengräben vermeiden, sind wir ehrlich zu uns selbst und können Sinn entdecken in der eigenen Lebensgeschichte.

Advent und Weihnachten ist eine Zeit des Erzählens: Nutzen wir sie fürs Erzählen und Zuhören. Denn das Erzählen lässt Gottes Licht unter uns aufleuchten![5]

4. Adventssonntag: Der heilige Josef

Mt 1, 18-24
Wenn Sie einen Krimi lesen, ist Ihnen beim ersten Mal alles unklar. Wer ist der Mörder? Welche Verwicklungen haben zur Tat geführt? All das wissen Sie am Anfang der Lektüre nicht. Wenn Sie dann aus Freude und Begeisterung vielleicht ein halbes Jahr später den Krimi ein zweites Mal lesen, lesen Sie ihn anders. Sie wissen ja schon, wer der Mörder erst, was der versteckte Knoten des Falls ist, welche Motive im Spiel sind. Manche Leser wollen gleich die zweite Art der Lektüre genießen und schauen zuerst in die letzten Seiten des Krimis, um zu wissen, wer der Mörder ist.
Wenn wir heute das Evangelium hören, dann hören wir es vom Ende her. Wir wissen ja schon, dass Jesus Gottes Sohn ist und den Auftrag seines himmlischen Vaters erfüllt hat. Aber Josef tappte damals im Dunkeln. Er wusste nichts! Er war wie der Leser eines Krimis, der bei der ersten Seite anfing. Er konnte nicht schnell einmal hinten nachschauen.
Also kein Wunder, dass er davon ausging, Maria hätte ihn mit einem anderen Mann betrogen. Rilke hat die Enttäuschung Josefs und seine Erkenntnis in einem wunderbaren Gedicht in dem Gedichtzyklus „Marienleben" beschrieben:

ARGWOHN JOSEPHS

UND der Engel sprach und gab sich Müh
an dem Mann, der seine Fäuste ballte:
Aber siehst du nicht an jeder Falte,
daß sie kühl ist wie die Gottesfrüh.

Doch der andre sah ihn finster an,
murmelnd nur: Was hat sie so verwandelt?
Doch da schrie der Engel: Zimmermann,
merkst du's noch nicht, daß der Herrgott handelt?

Weil du Bretter machst, in deinem Stolze,
willst du wirklich den zu Rede stelln,
der bescheiden aus dem gleichen Holze
Blätter treiben macht und Knospen schwelln?

Er begriff. Und wie er jetzt die Blicke,
recht erschrocken, zu dem Engel hob,
war der fort. Da schob er seine dicke
Mütze langsam ab. Dann sang er Lob.

Unser heutiges Evangelium hat zwei Aspekte: Erstens das große Ereignis, das angekündigt wird: die Jungfrau wird ein Kind empfangen, es soll heißen: Gott ist mit uns. Der zweite Aspekt: Josefs Reaktion auf dieses Ereignis.
Zuerst zum Ereignis: das Kind soll heißen Immánuel - Gott ist mit uns. Nun mag sich mancher fragen: Ist damit etwas Besonderes ausgesagt? Ist nicht Gott bei uns, weil er unser Schöpfer ist? Gott schenkt uns in seiner Schöpfung verschiedenste Gaben: die Natur, die Sonne, die Erde, unser Leben, unseren Körper, unsere Mitmenschen. Und in diesen können wir indirekt erkennen, dass Gott mit uns ist.
Aber mit der Geburt von Jesus Christus werden wir noch auf eine radikalere Bedeutung von diesem Wort Immanuel hingewiesen: Gott ist nicht nur mit uns indirekt durch seine Schöpfung, sondern Gott möchte sich selbst mitteilen. Ganz direkt möchte Gott uns zeigen, dass er mit uns ist. Anders formuliert: Wenn wir auf Jesus Christus schauen, auf sein Leben, seine Reden und Handeln, dann können wir in uns entdecken, dass wir Menschen dazu bestimmt sind, Gott unmittelbar zu schauen, dass der dreifaltige Gott in uns Menschen selbst anwesend ist.
Der zweite Aspekt: **Wie reagiert Josef auf dieses Ereignis?**
Die theologische Aussage, dass mit Jesus Christus uns klar wird, dass Gott mit uns ist, wird bei Matthäus wie bei Lukas erzählerisch und dramatisch ausbuchstabiert: Maria ist schwanger. Aber Josef weiß: Nicht von ihm! Er möchte Maria nicht bloß stellen.

Er denkt ganz menschlich: Wenn sie einen anderen Mann hat, dann trenne ich mich von ihr. Aber es ist auch sehr menschlich, dass ihn das umtreibt und auch noch im Schlaf beschäftigt.
Wie Josef von dem Engel sanft aber deutlich die Sichtweise geändert bekommt, das hat keiner schöner ausgedrückt als Rainer Maria Rilke in seinem Gedicht „Argwohn Josefs". Mit großer Müh muss der Engel den Josef aufrütteln, damit dieser aus seiner engen Weltsicht ausbricht.
Welche Weltsicht ist das? Ist es nicht auch die patriarchale Weltsicht? Wenn wir auf den Stammbaum Jesu im Matthäusevangelium schauen, sehen wir fast nur Männernamen: die Väter und jeweiligen Söhne werden aufgezählt. Nur selten rutscht ein Frauenname bzw. Muttername in die Auflistung, wenn die Mutter an eine besondere Geschichte erinnert wie zum Beispiel Rut.
Aber dann: Josef ist der Mann von Maria, von ihr wurde Jesus geboren. Die patriarchale Linie ist unterbrochen. „Das Kind des Geistes ist ein Neuanfang. Es unterbricht die patriarchale Tradition und stellt sie überhaupt infrage. Ein neuer Stamm wird jetzt geboren, eine neue Generation mit einem neuen Typ von Menschen betritt den Raum des Lebens und wird zukunftsweisend sein."[6]
Die Kindheitsgeschichten Jesu bei Matthias und bei Lukas sind antipatriarchal. Schluss mit der Hierarchie erst die Männer dann die Frauen! Schluss mit dem Denken, Reden und Handeln, das Frauen zu Objekten macht, über die man als Mann verfügen kann. Gerechtigkeit zwischen den Geschlechtern, zwischen Frauen und Männern, heißt Beziehungen auf Augenhöhe, Fähigkeit zum Perspektivenwechsel. Ja in den Kindheitsgeschichten wird die Frau bevorzugt: Maria ist Subjekt von eigenen Entscheidungen und Trägerin des Geistes. Sie kann ihn mit ihrem ganzen Wesen verkörpern.
Erst ist Josef nicht dazu in der Lage: In der Haltung eines gönnerhaften Gentleman will er sich in Stille von ihr trennen. Aber durch den Engel angeregt findet er zu einer neuen Sichtweise, zu

einer neuen Liebe zu Maria, zu einer neuen Treue zu ihr und ihrem Kind. So wird Joseph für uns zu einem vorbildhaften Mann, der die patriarchale Weltsicht und die Unterdrückung der Frau überwindet und damit etwas von der Gerechtigkeit und Liebe verkörpert, die Jesus Christus in die Welt bringen möchte.

Christmette: Das Weihnachtsherz

Lk 2, 1-14
Ich möchte Sie geistig entführen in ein Weihnachtszimmer: In der Mitte steht ein wunderschöner Christbaum. Geschmückt mit Kugeln, Figuren und kleine Lichter erhellen ihn. Daneben steht eine kleine Krippe: Auf ausgelegtem Moos sind Schafe und Hirten aufgestellt. Die heilige Familie ist im Stall zu sehen. Eine kleine Lampe leuchtet in den Stall hinein.
Unter dem Weihnachtsbaum sind verschiedene Geschenke versammelt, größere und kleinere. Und dazwischen ein unscheinbarer Brief. In meiner kleinen Weihnachtsfantasiereise nehmen Sie den Brief, weil Sie neugierig sind. Sie öffnen ihn: Ein Weihnachtsbrief liebevoll geschrieben, aber schlicht. Und Sie beginnen zu lesen:
„Liebe Christin bzw. lieber Christ. Ich wünsche Dir ein weihnachtliches Herz, also ein sanftes, geduldiges, tapfer gefasstes, leise zärtliches Herz – und dass es Dir in dieser besonderen Zeit gelingen mag, dieses Herz jenen zu schenken, die Du Dich zu lieben bemühst."[7] Sie halten kurz inne: Ein wunderbarer Wunsch! Drückt es nicht eine tiefe Sehnsucht aus, die wir mit Weihnachten verbinden? Das weihnachtliche Herz entdecken in mir selbst, ein sanftes, geduldiges, leise zärtliches Herz und so weihnachtlich herzlich zu meinen Lieben sein.
Der Brief geht weiter: „Lass Dich einladen von dem Weihnachtslied: Ich steh an deiner Krippe hier, o Jesu, du mein Leben. Ich sehe dich mit Freuden an und kann mich nicht satt sehen; und weil ich nun nichts weiter kann, bleib ich anbetend stehen."
Und Sie wenden Ihren Blick zur Krippe und schauen auf das Jesuskind in der Krippe. Oft haben Sie schon Krippen angeschaut – oft dachten Sie sich vielleicht: Sehr schön gestaltet, feine Figuren, liebevoll detailreich gestaltet. Aber jetzt sind diese ästhetischen Überlegungen nicht da. Sie schauen letztlich auf Jesus selbst. Das Jesusfigürchen in der Krippe steht für Jesus selbst. Sie werden

innerlich still und spüren in sich hinein. Und so wie ein Liebespaar manchmal einfach sich länger schweigend anschaut, so bleiben Sie vor der Krippe stehen und schauen Jesus an.
Dann lesen Sie weiter: „Gott selbst ist gekommen in seine Schöpfung. Er ist selbst in all die Engen des Menschen hineingekrochen: in die Enge des Mutterleibes, in die Enge eines heruntergekommenen Vaterländchens mit Besatzungsmächten, in die Enge einer trostlosen Zeitsituation, einer bornierten Umgebung, einer verfahrenen Politik, eines todgeweihten Leibes, in den Kerker des Nichtverstandenwerdens, des eintönigen Arbeitsalltags, des restlosen Mißerfolges, in die dunkle Nacht der Gottverlassenheit und des Todes. Er hat sich nichts erspart. Die Menschheit ist eine heilige Familie, wenn Gott selbst darunter als Bruder ist."[8]
Sie schauen wieder auf die Krippe und bleiben im Staunen, liebend dankbar schauen Sie auf Jesus. Und so merken Sie: das weihnachtliche Herz entdecken Sie in sich, wenn Sie auf das Jesuskind schauen. Weil Gott sich so verschenkt, wird uns bewusst, wie beschenkt und geliebt wir sind – und so öffnet sich unser eigenes Herz, es wird sanft, geduldig, leise zärtlich, weihnachtlich an Jesus und durch Jesus.
Dann lesen Sie den letzten Absatz im Brief: „Dieses Geschenk, das weihnachtliche Herz, ist vielleicht die eigentliche Gabe unter dem Christbaum, sonst sind alle anderen Geschenke doch nur Ausgaben, die man auch zu anderen Zeiten machen kann. Gesegnete Weihnachten!"[9]
Meine Weihnachtsfantasiereise ist nun zu Ende. Aber sie ist ja gleichzeitig eine Einladung, dies einmal in einer ruhigen Minute, wenn Sie vor einer Krippe stehen, auszuprobieren. Mit Jesus ins Gespräch zu kommen, vor der Krippe still zu werden und das Herz zu öffnen, damit es Jesus selbst weihnachtlich mache.
Und wem möchten Sie dann Ihr Herz besonders weiterschenken, vielleicht mit einem lieben Wort, einer verzeihender Geste, einem Geschenk, mit einer Unterstützung? Ein lieber Mensch in der Familie? Oder einem vergessenen Menschen in Ihrem Umfeld? Oder auch Menschen in Not in irgendeinem Teil dieser Welt?

Ja ein Mensch mit einem Weihnachtsherz sieht Menschen in Not. Im einem vergangenen Advent in einer Großstadt ist z. B. folgendes tatsächlich passiert. Eine Frau, die selber nicht viel hat, sieht eine ärmliche Frau gegenüber einem Christbaumhandel. Ihre Schuhe sind vorne offen, alt, zerschlissen. Die Frau mit dem Weihnachtsherz ahnt, dass die arme Frau sehnsuchtsvoll auf die Bäume schaut. Vielleicht kann sie sich nicht einmal einen kleinen Baum leisten? Sie geht zu ihr und knüpft auf ganz liebevoll geschickte Weise Kontakt, indem sie klagt: Oh meine Schuhe sind zu eng, ich habe solche Schmerzen, vielleicht sollte ich es wie Sie machen und die Schuhe vorne aufschneiden. Die arme Frau erwidert: Machen Sie das nicht! Seien Sie froh, dass Sie solche Schuhe haben. Naja Sie werden 42 oder 41 haben, ich habe noch welche im Keller, die ich nicht mehr anziehe, die kann ich Ihnen geben. Das wäre schön. Sie schaut traurig zu den Bäumen: Ein Baum wäre schön, mein Bruder wird 70 am Heiligen Abend. Aber mit Hartz IV können wir uns nicht beides leisten: Ein Essen oder einen Baum mit Schmuck. Er hat Krebs, es ist vielleicht sein letztes Weihnachten. Die Frau mit dem Weihnachtsherz schreitet zur Tat: Sie kauft günstig einen kleinen Baum. Der Verkäufer trägt den Baum die 20 Meter zur Wohnung. Danach holt sie aus ihrem Keller einigen Christbaumschmuck, den sie entbehren kann, und die Schuhe versteckt sie darunter und bringt den Karton der Frau. Und so wird dann vielleicht auch der beleuchtete Weihnachtsbaum ein passendes Gleichnis für das Wunder von Weihnachten: Der gütige Gott, menschgeworden, entzündet das Licht in den Herzen der Menschen, damit die Welt so vielfältig erstrahlt wie im kleinen ein Weihnachtsbaum.

1. Weihnachtsfeiertag: Was ist „das Wort"?

Joh 1, 1-18
Im Anfang war das Wort!
Groß und erhaben klingt dieser erste Satz des Johannesevangeliums. Aber – so will ich gleich naiv fragen – wie heißt dieses Wort? Was ist das Wort, oder griechisch logos?
Ich mache einen ersten Versuch:
Gott ist die Liebe. Also ist am Anfang die Liebe Gottes. Das Wort bedeutet eigentlich Liebe.
Nur: das Wort Liebe ist nicht die Liebe selbst. Wir müssten ein Wort finden, das seinen Inhalt selbst enthält.
Also ein zweiter Versuch:
Am Anfang der Bibel im Schöpfungsbericht spricht Gott: es werde... zum Beispiel: es werde Licht. Gott spricht „es werde" und gleichzeitig geschieht es. Mit dem Wort entsteht gleich der Inhalt. Also ist der logos das göttliche Wort, das spricht: „es werde"?
„Es werde" steht für Gott als Schöpfer, als der unendliche Beweger von allem, die unendliche Bewegung.
Jedoch: das „es werde" bringt die vielen Einzeldinge hervor, die zerteilt sind und voneinander mehr oder weniger getrennt. Der Logos ist aber der absolute Grund von allem, die Einheit in der Vielfalt.
Ein dritter Versuch:
Dazu eine Geschichte. Rabbiner diskutierten im Mittelalter darüber, was Gott am Sinai Mose alles gesagt habe. Eine radikale Auslegung sagt: Gott habe nur Alef gesagt. Alef ist der erste Buchstabe im hebräischen Alphabet. Er ist nicht mehr als ein Stimmenansatz vor einem Vokal. Wenn ich das Wort „einfach" sage, dann ist Alef nicht mehr als das Ansetzen zum Sprechen vor dem „e" am Anfang des Wortes. Das alles ist also fast nichts, eigentlich Schweigen, **Stille**. Aber damit kann es Ursprung von allem sein. Ursprung der Vielfalt!

Elija hat am Horeb Gott so erlebt: in der verschweigenden Stille des Windhauchs.

Wir müssen also in die Stille gehen, um zur Einheit, zum Logos, zu Gott zu gelangen.

Ein vierter Versuch:

Ein normales Wort trennt die Gegenstände voneinander und macht Gegensätze. Zum Beispiel: Dies ist ein Tisch und kein Stuhl. Dies ist jemand anderes. Das ist lebendig, dies nicht. Der Logos müsste alle Gegensätze vereinen und müsste die Gegenüberstellungen und Trennungen der Dinge beenden. **Nikolaus von Kues hat deswegen Gott bestimmt als der „Nicht andere", als der „Zusammenfall der Gegensätze".** Wir können ein solches Wort in unserer menschlichen Sprache nicht finden, weil jedes Wort die Dinge trennt und Gegensätze schafft. Um den Logos, die Einheit allen Seins zu erfahren, müssen wir in die Stille gehen. Nur dort ist das Göttliche Alef vernehmbar.

Logos: die Liebe, „es werde", unendlicher Beweger und Bewegung, all dies kommt aus der Stille Gottes, dem Alef Gottes, Gott als der „nicht andere", dem „Zusammenfall aller Gegensätze". Ist das alles nicht sehr abstrakt und hochgeistig?

Und das Wort ist Fleisch geworden. Jesus Christus lebt dieses Wort. Er verkörpert diesen Logos.

- Jesus geht in die Stille, um zu beten.
- In ihm fallen die Gegensätze zusammen. Wie Paulus sagt: alle sind eins in Christus.
- Er liebt die Menschen wirklich.
- Er bleibt in Bewegung, bei ihm gibt es keine Verkrustungen, keinen Stillstand.
- Sein Wort, sein "Es werde" wirkt, er hat verändernde Macht.
- Bei ihm ist man nicht ein anderer, sondern er versteht mich besser als ich mich selber.

Aber er wurde abgelehnt! Wie Johannes sagt: „Er kam in sein Eigentum, aber die Seinen nahmen ihn nicht auf." (Joh 1,11) Weil die Menschen der Krankheit zum Tode verfallen sind, den Grund zu verleugnen, auf dem man eigentlich steht.

Jedoch „allen, die ihn aufnahmen, gab er Macht, Kinder Gottes zu werden." Machen wir uns also auf die Suche, den Logos in unserem Leben zu entdecken. Dann wird er eine Lebenshaltung voll Liebe, Bewegung, Kraft aus der Stille, weil man weiß, dass letztlich alles in Gott eins ist.

Wenn wir in Beziehung mit Jesus Christus bleiben, dann wird er unser Lehrer, der uns in dieses Leben hineinführt.

2. Weihnachtsfeiertag: Vorsicht Weihnachten! Lebensgefahr!

(Am Ambo hängt ein großes Schild mit der weit lesbaren Aufschrift "Vorsicht Weihnachten! Lebensgefahr!")
Gerade rechtzeitig - bevor wir uns gewöhnen könnten an ein gemütlich-idyllisches und harmloses Weihnachtsfest, voller Freizeit, Entspannung, Geschenke und guten Essens - erreicht uns diese Botschaft: **Vorsicht Weihnachten! - Lebensgefahr!**
Stephanus ist der erste Märtyrer der Kirche und steht genau für diese Botschaft: Wer sich auf Jesus Christus einlässt, wer Jesus Christus nachfolgt, der kann in Lebensgefahr kommen.
Da hat einer Geburtstag, der kann dich, wenn du ihm nachfolgst, wirklich ganz schön reinreißen. Der bringt dir unter Garantie Scherereien, Ärger mit den Chefs von Parteien und Betrieben, Ärger mit den großen Meinungs- und Modemachern. Dieser Ärger kann Dir die Existenzgrundlage ruinieren. Sie werden mit Steinen nach Dir werfen - so wie es Stephanus erging.
Das beginnt schon bei Jesus selbst: als kleines Kind ist er in Lebensgefahr und muss nach Ägypten flüchten. Und nach drei Jahren Predigt wird er gekreuzigt. Im Mittelalter hat man Krippenbilder gemalt, auf denen hinten an der Wand des Stalles ein Kreuz hängt. Damit wird die Weihnachtsbotschaft in das rechte Licht gerückt. Es geht um den Mann von Karfreitag und Ostern. Sein Weg und sein Leben werden an Weihnachten mit der Härte der Krippe, mit Obdachlosigkeit und Verfolgung symbolisch vorgezeichnet.
Der Heilige Franziskus hat diesen Zusammenhang besonders gut verstanden. Einerseits war er der Heilige, der aus großer Liebe zur Geburt des Herrn das Weihnachtsfest mit Figuren nachstellte. Er kam als erster auf die Idee, eine Krippe zu bauen. Ihm haben wir es zu verdanken, dass in Kirchen und Wohnungen Krippendarstellungen aufgebaut werden. Andererseits war er der Heilige,

der das Kreuz Jesu so sehr betrachtete, dass er Wundmale an Händen und Füßen bekam.

Eines hat mich bei Franziskus besonders beeindruckt: Franziskus freute sich, als er hörte, dass ein franziskanischer Mitbruder bei der Mission in einem fernen Land wegen seines Glaubens ermordet worden ist. Franziskus sagte freudig sinngemäß: Jetzt weiß ich endlich, dass meine Bewegung, mein Orden, den ich gegründet habe, auf dem richtigen Weg ist, dass wir wirklich in der Nachfolge Jesu Christi stehen. Denn wenn jemand von meinen Mitbrüdern bereit ist, für seinen Glauben zu sterben, dann lebt wirklich der Geist Jesu in unserem Orden.

Die Märtyrer – Garanten unseres Glaubens Das Fest von Stefanus lädt uns ein, diese Überlegung von Franziskus auf die ganze Kirche und unseren christlichen Glauben zu übertragen. Stefanus als erster Märtyrer und damit alle anderen Märtyrer unserer Kirche stehen für die Wahrheit unseres Glaubens! Die große Wahrheit, dass in Jesus Christus Gottes Liebe selbst Fleisch angenommen hat, kann letztlich nicht durch kluge Gedanken bewiesen werden - sowie ein mathematischer Lehrsatz bewiesen wird. Diese Wahrheit kann nur durch Lebensvollzüge bewiesen werden. Diese Wahrheit zeigt sich bei den Menschen, die ihr ganzes Leben für diesen Glauben einsetzen. Denn sie werden zum lebendigen Sakrament der Liebe Gottes, weil sie Jesus Christus mit ganzem Herzen nachfolgen. Und Stefanus ist der erste in der Kirche, der bis zum radikalen Ende für diese Wahrheit einsteht.

Und leider müssen wir heute eine deutliche Abgrenzung machen zwischen den christlichen Märtyrern und den verrückten pseudo-islamischen Märtyrern. Unsere christlichen Märtyrer haben keine anderen Menschen mit in den Tod gerissen. Sie haben den Tod auf sich genommen aus Liebe zu Jesus Christus und nicht aus Hass gegenüber anderen Menschen. Selbstmordattentäter richten nur Zerstörung an. Echte Märtyrer aber stärken die Glaubenskraft anderer Menschen gerade durch ihren Tod. Deswegen stehen unsere Märtyrer für die Wahrheit und Trotzdem-Liebe Gottes und die Selbstmordattentäter für Verblendung.

Aber fragen wir noch einmal genauer nach: Warum sind Stefanus und alle anderen Märtyrer der Kirche Zeugen der Wahrheit unseres Glaubens? Weil sich in ihrem Matyrium Hingabe und Feindesliebe zeigen.
Unser heutiges Evangelium drückt wunderbar aus, was Hingabe bedeuten kann: "Wenn man euch vor Gericht stellt, macht euch keine Sorgen, wie und was ihr reden sollt; denn es wird euch in jener Stunde eingegeben, was ich sagen soll. Nicht ihr werdet dann reden, sondern der Geist eures Vaters wird durch euch reden."
Das klingt etwas fantastisch, klingt etwas sehr fromm, klingt vielleicht realitätsfern? Aber Christen haben das wirklich so erlebt! Das ist keine leere Versprechung von Jesus! Sondern Menschen ist das wirklich so passiert in Extremsituationen!
Ein sehr gutes Beispiel ist der Jesuit Walter Ciszek. In der Stalin-Zeit missionierte er heimlich in Russland und wurde festgenommen. Bei den vielen Verhören im Gefängnis wurde er ganz verzweifelt. All seine eigenen Pläne und seine eigenen Kräfte verlor er. Er war völlig am Ende. Dann betete er das Gebet Jesu vom Ölberg. Und plötzlich konnte er sich völlig hingeben: völlig grenzenloses Vertrauen war da. Die Offiziere wollten ihn eigentlich benutzen, dass er Spion in Rom für die Russen wird. Von diesem völligen Vertrauen geführt spielte er zuerst bei dieser Idee mit. Als es dann im letzten Gespräch um die endgültige Zusage ging, dass er Spion der Kommunisten wird, sagte er spontan und von innen heraus: Nein! Der Offizier wurde rasend. Walter dachte, jetzt werde ich umgebracht. Aber er blieb gelassen. All das zeigt ganz deutlich, dass es stimmt: Der Geist Gottes gibt uns, wenn wir völlig vertrauen, die richtigen Worte in solchen extremen Situationen ein. Und er gibt uns einen inneren Frieden, damit wir standhalten können. Walter wurde außerdem nicht umgebracht. Nach diesem Gespräch hat man ihn freigelassen. Mit so einem Christen konnten die Stalinisten nichts anfangen.[10]
Auch bei Stefanus finden wir diese Hingabe, wenn er ruft: Herr Jesus, nimm meinen Geist auf! Und danach offenbart sich eine

grenzenlose Liebe, die sogar die Feinde mit einschließt: Stefanus ruft: Herr, rechne ihnen diese Sünde nicht an!

Zeugen der Wahrheit im Alltag Habe ich nun nur über die unerreichbaren Heiligen, die Märtyrer geredet? Nein keineswegs: Denn Zeugen der Wahrheit, Menschen mit Hingabe und großer Liebe gibt es auch unter uns. Ein Ehepartner, der den anderen Ehepartner, der schwer krank ist, bis zum Lebensende pflegt, gibt auf seine Weise sein Leben hin. Wenn nach einem großen Streit jemand über seinen Schatten springt und eine Geste der Versöhnung anbietet, dann wird auch etwas von der grenzenlosen Liebe Gottes lebendig unter den Menschen.

Und so sind Stefanus und alle Märtyrer nicht nur Garanten für die Wahrheit unseres Glaubens, sondern auch begeisterter Anstoß für uns, dass wir alle in unserem Alltag, in unserem Leben auf unsere Weise Zeugen der Wahrheit, Menschen mit Hingabe und großer Liebe werden. Aber das ist alles nur möglich, wenn wir vertrauen: Vertrauen sowie Stefanus und alle anderen Märtyrer!

Vertrauen auf die große Kraft Gottes, die uns lebendig erschienen ist im kleinen Kind in der Krippe von Bethlehem.

Fest Heilige Familie: Wie mit Gewalt umgehen?

Mt 2, 13-15.19-23
Worin zeigt sich die Heiligkeit der Heiligen Familie? Darauf kann man unterschiedlich antworten. Heute möchte ich ihre Heiligkeit zeigen an ihrem Umgang mit dem Bösen. Wie reagiert die Heilige Familie, wie reagiert Jesus auf das Böse, das von außen auf sie bzw. ihn zukommt? Im heutigen Evangelium hören wir von der Flucht.

1) Die Flucht ist die erste mögliche Reaktion auf das Böse, besonders für ein Kleinkind. Das Böse ist dadurch nicht beseitigt, auch nicht begrenzt, aber man hat sich selber gerettet. Und für eine Familie mit einem Kleinkind ist die Flucht die sinnvollste Reaktion.

2) Der Streit ist die zweite mögliche Reaktion - Jesus streitet mit den Pharisäern und Schriftgelehrten z. B. um die Einhaltung des Sabbats. Das Böse zeigt sich hier in den verstockten Herzen der Pharisäer. Hass und Unverständnis, wird durch Ausstrahlung und gute Argumente Jesu geschwächt. Aber das Böse wird nicht immer verwandelt in Gutes. Nicht alle denken um!

3) Die Oase ist die dritte mögliche Reaktion - Jesus zieht sich mit seinen Jüngern zurück. Im kleinen Kreis lehrt er das Gute. Das Böse wird einerseits zeitweise ausgegrenzt und wirkt dadurch nicht. Aber das Böse im Innern kommt trotzdem hoch: Der Rangstreit der Jünger - Machtkampf. Jesus muss dagegen die Aufforderung zur Nachfolge setzen: Wer mein Jünger sein will, verleugne sich selbst, nehme sein Kreuz auf sich und folge mir nach. Und: Wer der Erste sein will, soll der Diener aller sein.

4) Das Kreuz ist die vierte mögliche Reaktion - sie ist das Höchste, sie beinhaltet die Wahrheit des Christentums, sein Paradox: der paradoxe Glaube an die große Gnade Gottes! Was passiert da?
a) Jesus nimmt das Böse auf sich - keine Abgrenzung, Flucht oder Kampf. Er erträgt das Böse. Er trägt sein Kreuz, er durchleidet das Böse.

b) Jesus schaut auf seinen Vater und hält ihn immer im Blick. Im Garten Getsemani lässt er seine Todesangst heraus und willigt in seinen Willen ein. Auch in der Todesfinsternis betet Jesus zum Vater!
c) Maria leidet mit und bleibt standhaft unter dem Kreuz!
d) Jesus vergibt seinen Peinigern!
Die Heiligkeit zeigt sich auch darin, zu merken, was die passende Reaktion auf das Böse in der jeweiligen Situation ist. Manchmal ist Flucht das Beste, manchmal sind Streitgespräche wertvoll, manchmal ist eine Oase heilend und manchmal kann das Böse nur von innen her überwunden werden: durch das Kreuz.
So kann die Heiligkeit der Heiligen Familie, ihr Umgang mit Missverständnissen und ihr Umgang mit dem Bösen, ein Vorbild nicht nur für unsere Familien sondern auch für unsere Pfarrei sein, für unsere Gemeinde.
Missverständnisse dürfen sein. Wie sollten sonst Lernprozesse möglich sein! Und wo jung und alt zusammen leben, gibt es immer wieder Neues und Dynamik. Deswegen dürfen auch Streitgespräche sein.
Die Pfarrei darf auch manchmal Ruheoase sein. Aber sie darf auch Ort sein, in der gestritten wird. Und unsere Gemeinde sollte ein Ort sein, in dem wir uns auch gegenseitig vergeben. Verzeihen ist Kreuzes-Nachfolge im Kontext zwischenmenschlicher Beziehungen.
All dies wird möglich, wenn wir glauben und hoffen, dass hinter dem Bösen, wenn auch oft ganz versteckt, immer auch ein Funken Sehnsucht nach dem Guten in jedem Menschen ist, eingesenkt vom Heiligen Geist. Von diesem Glauben erzählt eine Weihnachtslegende von Waggerl: Die Heilige Familie ist auf dem Weg durch die Wüste nach Ägypten. Josef erkundet den weiteren Weg. Maria mit dem Jesuskind wartet. Da springt der wilde Räuber Horrificus hervor: „Ha!" Maria antwortet ruhig: „Guten Abend! Sei nicht so laut, er schläft!" Der fürchterliche Räuber, vor dem jeder zittert, ist irritiert: „Ich bin der Räuber Horrificus. Ich habe tausende Menschen umgebracht." „Gott verzeihe dir!"

„Lass mich ausreden und kleine Kinder wie deines brate ich am Spieß!" Maria gelassen: „Schlimm! Aber noch schlimmer, dass du lügst!" „Fürchtet ihr euch vor mir nicht?" fragte der Räuber kleinlaut. „Ach Horrificus, was bist du für ein lustiger Mann!" Das drang dem Räuber ins Herz, denn, die Wahrheit zu sagen, dieses Herz war weich wie Wachs. Schon wie er Kind war, fürchteten sich alle vor ihm und sagten: Sieht er nicht wie ein Räuber aus… Endlich fürchtete sich mal jemand nicht vor ihm. „Ich möchte deinem Knaben etwas schenken, nur habe ich leider nichts als lauter gestohlenes Zeug in der Tasche. Aber wenn es dir gefällt, dann will ich tanzen!" Und so tanzte der Räuber Horrificus aus Dankbarkeit und befreit vom Böse-sein-Müssen seinen ganz besonderen Säbeltanz…

Neujahr: Mut zu guten Vorsätzen! Lösungsorientierte Anregungen

Der 1. Januar ist der Tag der guten Vorsätze. Aber da gibt es oft einen Graben zwischen guten Vorsätzen und deren Umsetzung. Dieser Graben hat oft den Namen: Morgen! Morgen fang ich an. Und dann entdeckt man, was der Schriftsteller Slawomir Mrozek folgendermaßen feststellt:
Am nächsten Tag verschiebt man es wieder auf morgen. Aber am nächsten Tag ist heute – und jetzt hat man nicht den Elan anzufangen. Die Vernunft stellt sich vor, morgen sollte ich anfangen. Aber die Trägheit oder die Lust sagt, dass ich heute mir es noch erlaube, dass ich heute noch nicht anfange. Was bleibt ist eine innere Zerrissenheit und Gewissensbisse.[11]
Wie springt man über den Graben? Wie verschiebt man nicht mehr auf morgen?
Wie wird ein Vorsatz zu einer Tat, zu einer Umsetzung?
Der 1. Januar ist wahrlich eine Chance. Ein neues Jahr, ein Feiertag, der Alltag setzt vielleicht erst am 7. Januar richtig ein. Aber wie die Chance nutzen, um vielleicht die eine oder andere schlechte Gewohnheit sein zu lassen oder eine gute Gewohnheit einzuüben? Um vielleicht ein Projekt in Angriff zu nehmen, oder sich bewusst ein Ziel zu setzen, oder endlich eine Entscheidung zu fällen?
Milton Erickson wurde ein großer Therapeut. Er hat selber größte Hürden überwunden, insbesondere seine Behinderungen. Um den Graben zwischen Vorsatz und Umsetzung zu überwinden, empfahl Erickson zum Beispiel folgendes:
Stell Dir vor, zu Dir kommt eine Prophetin, die Dich sehen lässt, wie Du in einigen Wochen oder Monaten Dein Leben lebst, nachdem Du Deinen Vorsatz umgesetzt hast. Sie erzählt Dir, wie Du dann leben wirst, wie Du den Vorsatz umgesetzt hast, was Dir dabei geholfen hat, was Du geändert hast und wie sich Dein Le-

ben geändert hat. Und dann soll man sich vorstellen, was die Prophetin erzählen könnte... Wer so die Umsetzung seines Vorsatzes in einer Traumreise imaginiert, hat Chancen, seinen eigenen zu ihm/ihr passenden Weg zu finden.

Häufig haben wir nur eine ungewisse Vorstellung, wie es sein könnte, wenn wir uns geändert haben. Aber die Prophetin lässt uns in das veränderte Leben in der Zukunft springen: Dann wissen wir viel genauer, wie wir es anpacken können. Außerdem motiviert es auch stärker, weil wir eine Vorstellung von den Vorteilen haben, auch eine Vorstellung, wie das veränderte Leben schmecken könnte... Wie verändert sich auch mein Umfeld auf meine Veränderung...?

Regelmäßig Sport treiben, ein Instrument lernen, eine Sucht beenden, für eine Prüfung lernen, in einem Schulfach sich verbessern, eine Beziehung pflegen, eine Gebetszeit einüben... Es gibt viele Beispiele, in denen wir eine solche imaginäre Reise in die Zukunft einsetzen können.

Und dann entdecken wir vielleicht auch in der Vergangenheit Ausnahmen: Es gab mal einen Tag oder mehrere, in denen ich meinen Vorsatz schon mal umgesetzt habe. Wie war das damals, was habe ich damals anders gemacht, gedacht, gefühlt, was war da anders und hat geholfen?

Ausnahmen sind total undemokratisch. Und das ist gut so! Wenn jemand sagt: Ich kann das nicht! Ich schaff das nicht! Es ändert sich nichts! Und im letzten Monat, Jahr oder in den letzten Jahren gab es einen Tag, an dem es ein bisschen besser war, an dem ich es ein bisschen geschafft habe – dann überstimmt dieser eine Tag, diese eine Ausnahme alle anderen Tage. Denn wenn es einmal eine Ausnahme gab, können alle anderen Tage diese eine Ausnahme nicht vertreiben oder überstimmen. Sie beweist: Es ist doch möglich...! Und wer diese Ausnahme genauer studiert, bekommt auch Hinweise, wie er seinen Vorsatz umsetzen kann, was ihm Kraft gibt, was ihm helfen kann...

Der heilige Ignatius empfahl am Abend einen Tagesrückblick: Nachdem man still geworden ist, macht man sich die Gegenwart

Gottes bewusst. Dann kann man auf den Tag zurückschauen: Zuerst wofür danke ich? Wo sollte ich nochmals genauer hinschauen und nachforschen? Womit sollte ich mich versöhnen? Was lege ich in Gottes Hände?

Der 1. Januar regt uns an, auf das kommende Jahr zu schauen: Auch eine Vorschau ist im Gespräch mit Gott möglich. Nachdem ich still geworden bin, mache ich mir die Gegenwart Gottes bewusst. Vielleicht bitte ich auch die Mutter Gottes um ihren Segen für meine Vorschau. Auch hier zuerst: Wofür möchte ich danken? Dann forsche ich nach: Welcher Vorsatz käme aus einem guten Geist? Und wenn ich dann mich in die Zukunft versetze, wie schaut mein Leben aus, wenn ich den Vorsatz umgesetzt habe?

Gab es in meiner Vergangenheit Ausnahmen? Zuletzt bespreche ich noch mal alles ganz bewusst mit Jesus oder mit Maria…

Und wenn es dann doch einen Rückfall gibt? Wenn der alte Schlendrian sich wieder einstellt? Es ist hilfreich, sich für solche Fälle auch etwas zu überlegen. Wer könnte mich motivieren? Wie gehe ich damit um?

Nun ja… es braucht manchmal mehrere Anläufe. Aber hier sollte auch Jesus unser Vorbild sein: Er fiel drei Mal unter das Kreuz – und jedes Mal stand er wieder auf. Es kommt nicht darauf an, keinen Fehler oder Rückfall zu haben, sondern es kommt darauf, mit innerem Lächeln und Geduld zu sich selbst wieder neu anzufangen im Vertrauen, dass die Gnade einen führt. Hat nicht Paulus gesagt: „Daher bist du nicht mehr Sklave, sondern Sohn." Gal 4,7. Denn der heilige Geist selbst schenkt uns immer neue Freiheit, damit wir bessere Wege gehen können.[12]

2. Sonntag nach Weihnachten: Die christologischen Konzilien von Nizäa bis Chalcedon.

Joh 1, 1-18
Und das Wort ist Fleisch geworden! Wohl kein Satz im Neuen Testament hat so kurz und beeindruckend das Geheimnis von Weihnachten in Worte gefasst: Und das Wort ist Fleisch geworden! Gott ist Mensch geworden!
Aber was bedeutet das? Wie soll man sich das vorstellen?
Ist Jesus wie Superman? „Der Retter ist ein Übermensch, der aus einer anderen Welt kommt und nur wie ein Mensch aussieht?"[13]
Oder ist Jesus eher wie Spiderman? „Der Retter ist ein bloßer Mensch, der aber eine besondere Kraft erhält, Spiderman durch den Biss einer Spinne, Jesus durch die Taufe im Jordan?"[14]
Sie schmunzeln jetzt vielleicht und denken sich: das ist ein schöner moderner Aufmacher! Aber es gab in der Alten Kirchen wirklich Theologen und Strömungen, die sich Jesus Christus nach dem Superman-Modell oder auch nach dem Spiderman-Modell vorstellten. Über vier Jahrhunderte hinweg stritt man heftigst darüber, bis endlich durch insgesamt 4 Konzilien der Streit entschieden war: Beide Modelle wurden abgelehnt. Jesus Christus ist wahrer Mensch und wahrer Gott, kein Superman und kein Spiderman.
Die Entwicklung dahin ist so spannend, die Streitigkeiten so heftig, dass Debatten im Bundestag dagegen langweilig erscheinen. Ich hoffe, dass ich in diesem kurzen Überblick das ein wenig erahnen lassen kann.
Ein Dilemma beschäftigte die Theologen, Priester und Bischöfe im zweiten und dritten Jahrhundert. Von der griechischen Philosophie geprägt konnten sie sich schwer vorstellen, wie Gott leiden kann: „Entweder war Christus Gott und konnte nicht leiden, oder er hat gelitten und kann nicht Gott gewesen sein."[15]
Aber nur Gott selbst kann erlösen und nur ein Mensch kann mit uns solidarisch sein!

Der sogenannte Adoptianismus dachte Jesus wie Spiderman: In der Taufe bekam er den heiligen Geist und wurde so ein ganz besonderer Mensch! Sie wollten die Einheit Gottes bewahren! Aber wie soll ein Mensch allein Erlöser sein? Ähnliches Problem wirft der Priester Arius auf. Bischof Alexander meinte, dass der Sohn ebenso ewig sei wie der Vater und von ihm gezeugt sei. Arius widerspricht: Der Sohn ist das erste Geschöpf Gottes, aber nicht göttlich. Denn Gott ist einer! Athanasius von Alexandrien schlägt Alarm! Kaiser Konstantin muss das erste Konzil in Nizäa berufen. Denn wenn das Christentum Staatsreligion ist, mag er keine Streitigkeiten unter den Bischöfen haben. Das fördert nicht die Ruhe im Reich! Das Konzil von Nizäa sagt ganz klar: Der Sohn ist ebenso göttlich wie der Vater. Im Fachbegriff: Beide sind gleichen Wesens, homo-ousios, beide sind göttlich. Der Sohn ist gezeugt, nicht geschaffen!

Eine kleine Anekdote sei hier kurz eingeschoben: Diese Streitigkeiten waren damals Tagespolitik, so wie bei uns heute Klimawandel oder Bankenkrise, so dass Gregor von Nyssa stöhnt: „Fragst du, wieviel es kostet, so philosophiert dir dein Gegenüber etwas von „gezeugt" und „ungezeugt" vor. Lautet deine Frage: „Ist das Bad schon fertig?", so definiert man dir, daß der Sohn sein Sein aus dem Nichts habe."[16]

Also die erste Seite ist gesichert: Der Sohn ist göttlich!

Aber was ist mit der menschlichen Seite? Und das Verhältnis von beiden zueinander? Also der Streit geht weiter!

Die Doketisten sagten: Christus sei zum Schein Mensch, er war während seiner irdischen Existenz immer ganz Gott. Also das Spiderman-Modell. Ignatius von Antiochien z. B. schimpft aus dem Kerker heraus: „Wenn aber einige Gottlose, das heißt Ungläubige, behaupten, es sei nur Schein, dass er gelitten hat: Warum bin ich dann gefesselt, warum sehne ich mich nach dem Kampf mit wilden Tieren? Umsonst also sterbe ich."[17] Es geht also wirklich ums Eingemachte, ums Zentrum des christlichen

Glaubens. Spätestens mit dem Konzil von Chalcedon ist klar: Jesus Christus ist wahrer Gott und wahrer Mensch! Und das Verhältnis von beiden?

Wie ist das Verhältnis von göttlicher und menschlicher Natur in Jesus Christus? Zwei Schulen standen sich in dieser Frage gegenüber: Die Alexandriner betonten die Einheit zwischen den zwei Naturen. Denn Jesus Christus besteht ja nicht aus zwei Personen. Die Antiochener betonten den Unterschied zwischen beiden. Denn sonst besteht schnell die Gefahr, dass die göttliche Natur die menschliche in den Schatten stellt. Und wie so oft: Eine Tendenz kann sich ins Extrem steigern und damit in einen Straßengraben fallen.

Richtig los geht der Streit, als Nestorius 428 Bischof von Konstantinopel wurde und entsetzt feststellte: In dieser Stadt wird Maria Gottesgebärerin genannt. Das klang ihm zu sehr nach Vereinigung. So wie z. B. Apollinarios, der 50 Jahre früher behauptete, nach der Vereinigung gäbe es nur eine Natur: der göttliche Logos ersetzt die menschliche Seele. Nein, für ihn war die Verbindung bei weitem nicht so eng. Keine Verschmelzung, sondern der göttliche Logos hat die Menschennatur so angenommen, wie ein Schauspieler seine Maske für die Bühne.

Kyrill von Alexandrien vertrat die entgegengesetzte Position. Also Nestorius, Antiochenische Schule, und Kyrill, Alexandrinische Schule. Nach heftigen Briefwechseln, Debatten und Tumulten kam das Konzil von Ephesus 431 zu einer Mittelposition. Aber der Ärger geht weiter: Eine Synode 448 unter der Leitung Flavianus verurteilt den Schüler Kyrills, Eutyches. Der ist extremer Alexandriner und sagt: die menschliche Natur geht in die göttliche Natur auf, wie ein Süßwassertropfen im Meer. 449 verurteilt ein Konzil, vom Kaiser einberufen, Flavianus und rehabilitiert Eutyches. Der Brief des Papstes Leo I. wird nicht vorgelesen und die Versammlung endet in Tumult. Leo I. ruft aus, als er den Bericht hört: In dieser Synode wurde Räuberei begangen!

Wenn das nicht ein Wirken des Heiligen Geistes ist! Eigentlich sind alle frustriert, das Klima zwischen den Gegnern ist verdorben. Aber in der Stadt Chalcedon zwei Jahre später, 451, erreichen sie eine Einigung: Jesus Christus ist wahrer Gott und wahrer Mensch, unvermischt und unverwandelt, ungetrennt und ungesondert.

Warum ist dieses Ergebnis so bedeutsam? Unter diesen Worten kann sich doch keiner was wirklich vorstellen! Nur Verneinungen, die sich noch zu widersprechen scheinen: Unvermischt und Ungetrennt usw.

Erstens: Mit diesem Ergebnis haben die Bischöfe etwas erreicht, das eigentlich im griechischen Denken gar nicht denkbar ist. Sie übersteigen die Grenzen der antiken Philosophie. Für mich ist das ein Zeichen, dass der Heilige Geist sie geführt hat.

Zweitens: Wenn man nicht positiv sagt, wie die Verbindung von Gott und Mensch in Jesus Christus ist, dann wird das Geheimnis gewürdigt: Jesus Christus ist letztlich die geheimnisvolle Offenbarung Gottes!

Drittens: Die Straßengräben werden aufgezeigt. Unvermischt und unverwandelt: Nein, es entsteht keine einzige Natur, das Menschliche wird nicht vom Göttlichen vereinnahmt. Ungetrennt: Nein, die Verbindung ist nicht oberflächlich. Transzendenz und Geschichte, Menschliches und Göttliches gehören zusammen. Ungesondert: Nein, die Verbindung kann nicht wieder gelöst werden. Gott hat sich auf ewig durch Christus mit den Menschen verbunden.

Viertens: Die Logik von Chalcedon ist für alle theologischen und kirchlichen Fragen und Probleme eine Richtschnur. Kurz heißt diese Logik: „Es gibt das eine nicht ohne das andere, und das andere wird immer als das andere respektiert."[18]

Darüber könnte man noch mal 10 Minuten predigen, aber das mache ich ein anderes Mal. Deswegen nur ein aktuelles Beispiel zum Schluss: Heute sagen viele Kirchenkritiker: Wir müssen die Strukturen ändern in der Kirche! Manche Bischöfe halten dagegen: Wir haben keine Kirchenkrise, wir brauchen keine Strukturreform, sondern wir haben eine Glaubenskrise, wir brauchen mehr Glaubensbildung und Spiritualität! Und da mahnt uns Chalcedon: Beides ist wichtig! Es gibt beides nicht ohne das andere! Und man kann allein durch Strukturreform nicht den Glauben wiederbeleben und man kann allein durch Glaubensförderung nicht die Glaubwürdigkeit der Kirche in der Gesellschaft wiederherstellen und die Kirche reformieren!

Erscheinung des Herrn: Gold an sich und Goldformen

Mt 2, 1-12
Wer schenkt eigentlich hier wem was? Auf den ersten Blick schenken die Drei Könige dem Kind Gold, Weihrauch und Myrrhe. Aber was schenkt das Kind ihnen? Denn sie gehen ja verwandelt von dannen. Sie kommen von weit her. Sie stehen für die ganze Welt. Das Kind beschenkt somit die ganze Welt, alle Menschen. Was schenkt uns das Kind?
Ich will diese Frage mit den drei Geschenken Gold, Weihrauch und Myrrhe beantworten. Diese drei Geschenke wurden in den zweitausend Jahren schon immer auch symbolisch gedeutet. Also reihe ich mich ein diese Tradition. Mit dem kleinen Unterschied, dass ich es so variiere, dass die Drei Könige durch das Kind in sich Gold, Weihrauch und Myrrhe entdecken.
Das Kind zeigt uns, den Drei Königen, allen Menschen, dass wir wertvoll wie Gold sind. Wir sind wertvoll, sind Ebenbilder Gottes, Gefäße des Heiligen Geistes. Aber wir brauchen das Kind, um das zu entdecken. Es zeigt uns allen, dass wir alle goldwert sind.
Aber wir machen da oft einen Denkfehler: Wir schauen zu sehr auf die Formen. Gold kann man verschieden gestalten. Eine Goldkette, eine goldene Uhr, ein Reif oder als Blattgold auf eine Figur gelegt. Und wenn wir auf die Form schauen, sagen wir: das gefällt mir, dies ist nicht perfekt geformt. Und gleiches machen wir mit uns selbst und sagen zu uns: Ich will ein perfekter Lehrer sein, eine perfekte Sängerin usw. Aber dann schaue ich nur auf die Form, genauso wenn ich sage: Dieser Reif hat eine Macke, er ist nicht perfekt. Aber das eigentlich Wichtige ist doch etwas anderes: Alles besteht aus echtem Gold. Auf uns bezogen: Wir alle sind ohne Zutun Ebenbild Gottes, Tempel des Hl. Geistes.
Diese Einsicht schenkt uns das Kind: Es lenkt uns den Blick auf das Gold in uns an sich, statt irgendwelche Formen.
Das Kind zeigt mit dem Weihrauch, wie wir darauf antworten können. Der Weihrauch duftet und steigt gen Himmel. Er steht

dafür, dass wir uns selbst Geheimnis bleiben. Dass wir goldwert sind, ist uns von Gott, dem absoluten Geheimnis geschenkt. Seine Liebe hat mich als sein Ebenbild geschaffen. Dass ich goldwert bin, werde ich nie begreifen, kann ich mir nicht selbst erschaffen, sondern ich spüre Dankbarkeit vor dem großen Geheimnis: Wie Weihrauch steigt dann der Wohlduft meiner Dankbarkeit und die Wolke meines Nicht-Verstehens zu Gott.

Wer weiß, dass er von Gott bedingungslos geliebt wird, der kann in dieser Verbindung zu Gott heilen. Unsere Verblendungen, unsere Wunden, unsere Enttäuschungen heilen, wenn wir um diese ewige Verbindung unseres Herzen zu Gott wissen. Deswegen lässt das Kind in uns auch die heilende Myrrhe entdecken. Die Kraftquelle zur Heilung ist schon in uns, weil Gott immer schon in uns gegenwärtig ist und wirkt.

Taufe Jesu: Kierkegaards Menschenbild

Mt 3, 13-17
Es gibt für das menschliche Leben einen absoluten Grund. Auch wenn alles wegfällt, jede Sicherheit, dieser absolute Grund bleibt. Es ist Gott.
Jesus Christus zeichnet sich gerade dadurch aus, dass er sein menschliches Leben 100 Prozent auf diesen Gott ausgerichtet hat. Aber das ist eigentlich noch zu aktiv formuliert. Es ist wohl besser zu sagen, dass Jesus Christus seine ganze Person hat formen lassen durch seine Beziehung zu seinem Vater. Am deutlichsten wird das bei der Taufe Jesu. Sein Vater sagt zu ihm: du bist mein geliebter Sohn, an dir habe ich Gefallen gefunden.
Die Taufe Jesu ist so zentral, dass jeder Evangelist sie berichtet. Seien wir uns bewusst: die Geburt Jesu berichtet direkt nur Lukas, Matthäus erzählt einiges über die Umstände der Geburt Jesu. Markus und Johannes erzählen gar nichts über Geburt und Kindheit Jesu. Aber die Taufe berichtet jeder. Denn sie ist der Startschuss der öffentlichen Wirksamkeit Jesu. Man kann die Taufe Jesu als Beginn der Selbstverwirklichung Jesu bezeichnen. Mit diesem Begriff "Selbstverwirklichung" möchte ich versuchen, die Taufe Jesu noch einmal genauer in den Blick zu nehmen.
Jesus hat sich selbst verwirklicht und ist in keinen Straßengraben der Unfreiheit und der Verwirrung gefallen. Dies möchte ich anhand Kierkegaards Menschenbild verdeutlichen:
Kierkegaards Menschenbild
Erstens: Wir bestehen aus zwei Polen: Freiheit und Notwendigkeit, Endlichkeit und Unendlichkeit, Zeitliches und Ewiges, Himmel und Erde. Wir sind eine Synthese aus diesen beiden Pole.
Zweitens: Wir verhalten uns zu diesen zwei Polen. Die Pole bilden ein Verhältnis zueinander. Wir gestalten diese Spannung von Freiheit und Notwendigkeit in unserem Leben. Wir Menschen sind ein Verhältnis, das sich zu sich selbst verhält. Und hier kann man schon einige Straßengräben ausmachen. Man braucht nur zum Beispiel einen Pol vernachlässigen.

Drittens: Wir Menschen sind ein Verhältnis, das sich zu sich selbst verhält. Aber wir haben uns selbst nicht gesetzt. Gott, der absolute Grund allen Seins, hat uns hervorgebracht.
Aus diesen drei Bestimmungen kann man falsche Formen des Menschseins ableiten. Kierkegaard nennt diese falschen Formen Verzweiflung oder Krankheit zum Tode:
Fehlformen der Selbstverwirklichung
Wer zum Beispiel nur in Traumwelten lebt, vernachlässigt den Pol Notwendigkeit und Zeitlichkeit. Wer sich vom Alltagsgetriebe auffressen lässt, vernachlässigt den Pol Freiheit und Unendlichkeit.
Es gibt natürlich auch die Verzweiflung, dass man selbst gar nicht weiß, dass man verzweifelt ist. Vielleicht kennen wir alle solche Menschen, die anscheinend unbeschwert und naiv vor sich herleben, aber eben noch gar nicht festgestellt haben, dass das menschliche Leben ein schwierig Ding ist: dass man nicht alles laufen lassen kann und soll, sondern dass man sich zu sich selbst verhält; und dass dieses Verhältnis von Gott geschaffen ist. Don Giovanni, wunderbar dargestellt in Mozarts Oper, verkörpert diesen Lebensstil. Aber am Schluss muss er seinen unbewussten Lebenswandel verantworten.
Dann gibt es Menschen, die verzweifelt nicht sie selbst sein wollen. Dies ist nach Kierkegaard die Verzweiflung der Schwachheit. Solche Menschen wollen entweder nicht die Realität, die Umstände annehmen oder sie wollen ihre eigene Berufung und ihre eigenen Fähigkeiten nicht wirklich entwickeln. Davon erzählt zum Beispiel das Gleichnis der Talente. Ein Chef, der z. B. nicht Chef sein will, schafft in seinem Betrieb Unruhe und Verdruss.
Es gibt aber auch Menschen, die verzweifelt sie selbst sein wollen. Kierkegaard nennt dies Trotz. Sie akzeptieren nicht, dass sie selbst von Gott her kommen und auf Gott begründet sind. Sie wollen sich selbst erschaffen und erhalten. Das ist Trotz gegenüber Gott. Goethes Faust erzählt von diesem Menschentyp. Manche Menschen halten dies als die richtige Form der Selbstverwirklichung. Kierkegaard sagt dazu: dies wäre sie nur, wenn der

Mensch sich mit seinem Verhältnis von Zeitlichem und Ewigem selbst hervorgebrachte hätte. Aber das ist nicht der Fall!

Die Selbstverwirklichung Jesu

Die wahre Selbstverwirklichung besteht darin: ein Mensch verhält sich zu den zwei Polen, zum Beispiel Freiheit und Notwendigkeit, so, dass Wertvolles und Schöpferisches entsteht in seinem Leben. Er kann sich aber nur deswegen so verhalten, weil er weiß, dass er nicht aus sich selbst lebt sondern aus Gott.

Genau diese Erfahrung macht Jesus in der Taufe. Gott sagt ihm zu: Du bist mein geliebter Sohn. Das ist dein Selbst, dein wahres Wesen. Und aus dieser Zusage lebt nun Jesus. Deswegen gibt es bei Jesus und seinen Predigten nur ein wirklich zentrales Thema: das Reich Gottes bricht an. Es ist das Reich seines Vaters, der ihn liebt.

Von dieser Erfahrung her verwirklicht Jesus sein wahres Selbst. Und das heißt eben auch, dass Jesus sich in hervorragender Weise zu den zwei Polen eines jeden Menschen verhält.

Z.B. kann Jesus in ganz schwierigen Situationen in größter Freiheit und Spontanität handeln. Man bringt ihm eine Ehebrecherin. Sie wollen ihn in eine ausweglose Situation bringen. Denn wenn er für sie spricht, ist er unmoralisch; wenn er gegen sie spricht, ist er entgegen seines eigenen Anspruchs unbarmherzig. In größter Freiheit und Spontanität sagt er: Wer von euch ohne Sünde ist, werfe den ersten Stein.

Gleichzeitig ist Jesus bereit, die härteste Notwendigkeit anzunehmen: den Tod. Im Garten Getsemani betet er zu seinem Vater. Sogar in der Todesstunde bleibt er auf ihn bezogen.

Letztlich gilt gleiches für uns: Wie Jesus können wir uns selbst, unser wahres Selbst verwirklichen, wenn wir aus der Beziehung zu diesem unserem göttlichen Vater leben. Nur dann werden wir in der Spannung zwischen Freiheit und Notwendigkeit, zwischen Ewigkeit Endlichkeit, zwischen Himmel und Erde nicht verzweifeln, sondern aus dieser Spannung eine Quelle der Lebendigkeit machen. Dies geht aber nur, wenn wir aus der Beziehung zu Gott leben. Denn er ist der absolute Grund, aus dem alles kommt.

Aschermittwoch: Mozarts tröstliche Worte über den Tod

Selten hat einer über den Tod so tröstlich und zuversichtlich geschrieben wie Wolfgang Amadeus Mozart in einem Brief an seinen Vater. Mozart hat uns damit wahrlich eine wunderbare Aschermittwochspredigt geschenkt:
„Da der Tod (genau zu nehmen) der wahre Endzweck unseres Lebens ist, so habe ich mich seit ein paar Jahren mit diesem wahren, besten Freunde des Menschen so bekannt gemacht, dass sein Bild nicht alleine nichts Schreckendes mehr für mich hat, sondern recht viel Beruhigendes und Tröstendes! Und ich danke meinem Gott, dass er mir das Glück gegönnt hat, mir die Gelegenheit (Sie verstehen mich) zu verschaffen, ihn als den Schlüssel zu unserer wahren Glückseligkeit kennenzulernen. Ich lege mich nie zu Bett, ohne zu bedenken, dass ich vielleicht (so jung als ich bin) den andern Tag nicht mehr sein werde. Und es wird doch kein Mensch von allen, die mich kennen sagen können, dass ich im Umgange mürrisch oder traurig wäre. Und für diese Glückseligkeit danke ich alle Tage meinem Schöpfer, und wünsche sie von Herzen jedem meiner Mitmenschen."
Ja, Mozart war kein Mann von Traurigkeit: er genoss sein Leben, die Musik, die Feste, schöne Kleidung, gutes Essen und liebte treu und innig seine Gattin. Er war ein lustiger Schelm. Aber das war er gerade nicht, weil er den Tod aus seinem Leben ausblendete. Ganz im Gegenteil: Er bezeichnet den Tod als den wahren Endzweck des Lebens. Das kann er aber auch nur, weil er an einen Schöpfer glaubt, zu dem er im Tod zurückkehrt. Im Tod vollenden wir unser Lebensmosaik und gerade durch die heilende Liebe Gottes und das erhellende Licht Gottes schauen wir nach dem Tod das Ganze unseres Lebens. Was im Fluss des Lebens unvollendet, gebrochen, ersehnt und erfüllt war, erscheint ganz neu als ein Ganzes – durch das Licht Gottes. Deswegen kann Mozart den Tod als wahren Endzweck des Lebens bezeichnen: Wir

gehen zu unserem Schöpfer und in ihm vollendet sich unser Lebensmosaik.

Und das irdische Leben? Ja es ist vergänglich, und gleichzeitig ist jeder Augenblick unseres Lebens ein neues Steinchen in unserem Lebensmosaik. Deswegen ist letztlich jeder Augenblick wertvoll, deswegen kann jeder Augenblick Quelle von Freude und Glückseligkeit und Dankbarkeit für den Schöpfer sein.

Don Giovanni Diese Sichtweise von Mozart ist aber nicht selbstverständlich. In seiner Oper Don Giovanni verkörpert die Hauptperson das gegenteilige Lebenskonzept: Don Giovanni genießt jede Lust, die ihm entgegenkommen. Er erobert jede Frau, die ihm über den Weg läuft. Sein Diener kann in seiner berühmten Registerarie genau die in Anführungszeichen „Erfolgszahlen" seines Herrn aufzählen. Don Giovanni lebt nicht aus der Erkenntnis, dass ihm das Leben von Gott geschenkt ist. Er will jeden Augenblick auskosten, jeder Genuss muss bis zum letzten aufgenommen werden, ausgedrückt wie eine Zitrone! Steht nicht dahinter die Angst, die Angst vor dem Tod, weil er unbewusst spürt, dass alles vergänglich ist, und letztlich vergeblich und verloren, wenn der Tod einfach nur Ende von allem ist? Und am Ende der Oper muss sich Don Giovanni seiner Verantwortungslosigkeit und den Folgen seiner Zügellosigkeit stellen.

Wir denken normalerweise alle nicht gerne an den Tod. Den Tod als Freund zu sehen, wie Mozart, so dass er beruhigend und tröstend ist, - das müssen wir einüben. Auch dafür gibt uns Mozart einen Hinweis: Ich lege mich nie zu Bett, ohne zu bedenken, dass ich vielleicht (so jung als ich bin) den andern Tag nicht mehr sein werde. Das kann uns eine Anregung sein: Wie könnte meine regelmäßige Übung, Betrachtung des Todes sein, damit ich aus mehr Dankbarkeit und aus mehr Achtsamkeit die Stunden meines Lebens lebe?

Ich persönlich merke, dass ich, seitdem ich die 40 überschritten habe, häufiger an meinen Tod denke. Die Wahrscheinlichkeit ist nicht gering, dass ich ungefähr die Hälfte meines Lebens hinter mir habe und die andere Hälfte vor mir. Ein Wunsch beschäftigt mich am meisten: Wenn ich meine Sterbestunde mitbekomme, dann möchte ich an Jesus denken. Dann möchte ich seinen Namen aussprechen, oder innerlich immer neu an seinen Namen und an ihn denken und ihn ansprechen. Ich wünsche mir, dass mein Leben in der letzten Stunde auf meine Hauptsehnsucht ausgerichtet ist: Jesus Christus. Wir haben es nicht in der Hand, aber nicht nur Mozart hat sich innerlich auf seinen Tod vorbereitet, sich innerlich disponiert. Es ist letztlich eine Vorbereitung zum radikalen Loslassen, zum radikalen Sich-Übergeben in die Hand Gottes. Ein Radikales: Mach du alles, in deine Hände übergebe ich meinen Geist!

Die Fastenzeit ist somit auch eine Einladung, Mozart zu folgen und sich auf den eigenen Tod vorzubereiten, um das Leben wieder mehr wertzuschätzen – weil von Gott geschenkt, und auf Gott hinlaufend!

1. Fastensonntag: Ring des Nibelungen und die Versuchung Jesu

Mt 4, 1-11
Jesus Christus widersteht jeder Versuchung des Teufels. Reichtum, Macht und Glanz und Größenwahn lehnt er ab. Ganz anders läuft es ab in der vier Opernabende füllenden Geschichte von Richard Wagner: der Ring des Nibelungen.
Wirklich ziemlich jede Möglichkeit der Versuchung, die sich bietet, wird mit Elan ergriffen!
Loriot fasst dies unvergesslich zusammen: „Die Täter im gewaltigsten Drama der Musikgeschichte sind eigentlich ganz nette Leute. Nur eine gemeinsame Leidenschaft wird ihnen zum Verhängnis: Sie wollen mehr besitzen, als sie sich leisten können, mehr Macht, als ihnen zusteht. In blindem, lieblosem Gewinnstreben vernichten sie sich selbst und ihre Welt."[19]
Ein kleiner Überblick: Alberich will die Rheintöchter verführen, aber dann ist die Versuchung der Macht größer und er klaut das Gold des Rheines. Wotan baut ein zu großes Schloss für die Götter und weiß nicht, wie er die Brüder Fasolt und Fafner bezahlen sollen. Der listige Loge weiß einen Ausweg. Durch weitere Lüge und Betrug kann man am besten Fehler ausmerzen. Wotan und Loge nützen Alberichs Größenwahn aus und provozieren ihn, so dass er sich in eine Kröte verwandelt. In die Falle geraten: Als Kröte können sie ihn festnehmen und sein Gold rauben. Mit diesem Gold, sogar mit dem Ring bezahlen sie dann die zwei Brüder Fasolt und Fafner. Die Habgier um den Ring fordert gleich das erste Todesopfer: Fasolt wird von Fafner erschlagen.
Schweren Herzens verzichtet Wotan auf den Ring, den Ring der Macht. Aber er weiß, dass er diesen lebensgefährlichen Ring in seine Gewalt bringen muss, um ihn den Rheintöchtern zurückzugeben. Ansonsten steht es mit der Welt schlecht. Dass Wotan sich eine Hausmacht dadurch aufbaut, indem er mit der Göttin Erda

acht Töchter gebiert und mit einer Menschenfrau ein Zwillingspaar und mit keiner dieser Frauen verheiratet ist, das ist alles sowieso kein Problem. Immerhin geht es um hohe Politik.
Wotan ist als oberster Gott für Recht und Ordnung zuständig. Er kann den Ring nicht wieder vom Riesen stehlen. Ein ahnungsloser Mensch muss dies für den Gott Wotan tun, und dann am besten den Rheintöchtern zurückgeben. Wie kann Wotan seinen außerehelichen Sohn Siegmund dazu bringen? Aber dieser Plan geht in der zweiten Oper „Die Walküre" gehörig schief: „Wir erleben die Wiedervereinigung der Zwillingsgeschwister Siegmund und Sieglinde. Es handelt sich dabei um Inzest und Ehebruch. Man ist begeistert."[20]
Man ist begeistert!? Gehört nicht zu jeder spannenden Story, zu jedem erfolgreichen Roman, Oper, Drama Versuchung und Verfehlungen, sind sie nicht das Salz in der Suppe? Natürlich Versuchung und Verfehlungen finden wir bei Shakespeares Dramen, bei Verdi Opern und den Thomas Mann Romanen. Warum habe ich dann gerade Wagners Ring der Nibelungen aufgegriffen?
Richard Wagner Erst einmal deswegen, weil Wagner in seinem Leben auch so ziemlich keine Versuchung ausließ. Mehrmals musste er aus Städten und Ländern flüchten, weil er zu viel Geld ausgegeben hatte, sich zu viel Luxus geleistet hatte, Pläne von Erfolgen mit zukünftigen Opernaufführungen nicht aufgingen und somit die Flucht vor den Gläubigern der einzige Ausweg war. Auch er beging Ehebruch und heiratete die mit Hans von Bülow verheiratete Cosima, Tochter von Franz Liszt. Wer weiß, wo Richard Wagner ohne seinen großen Mäzen König Ludwig II. gelandet wäre?!
Aber das wäre auch noch nichts Besonderes. Ähnlichkeiten zwischen Biografie und Lebenswerk gibt es immer wieder. Nein, das für mich entscheidende ist: Wagner hält sich für einen Erlöser, für einen Heiland, für das umfassende Genie! Jesus Christus ist Erlöser und Heiland, aber nicht größenwahnsinnig, ganz im Gegenteil. Er ist ganz auf den Vater ausgerichtet. Genau das macht ihn

zum Erlöser und Heiland. Wagner dagegen muss Schmähschriften gegen jüdische Komponisten wie Meyerbeer und Mendelssohn schreiben, um sich als das große Genie zu präsentieren.

In dieser Selbsttäuschung erscheinen alle Verfehlungen als große geniale Entscheidungen und Handlungen. Dass dieser verwirrte Mensch Richard Wagner uns geniale Musik beschert hat, das steht außer Frage. Aber in dieser Predigt geht es nicht um Ästhetik sondern um Ethik und die existenzielle Gesamtausrichtung.

Urteilskraft und Ausrichtung Es ist wichtig, dabei zu erkennen, dass das Wahre und das Verwirrte oft nah beieinander, manchmal ineinander verschlungen erscheinen und es deswegen klare Sicht und genaue Urteilskraft brauchen, um das eine vom anderen zu unterscheiden. Das gilt auch beim Fall Wagner.

Unser heutiges Evangelium ist ein wunderbares Beispiel dafür: Der Teufel begründet seine Forderungen mit der Heiligen Schrift. Und natürlich zitiert er nicht falsch. Diese Sätze stehen wirklich in der Bibel, sie sind wirklich Wort Gottes. Aber er verdreht die eigentliche Intention. Und Jesus weiß, dass er die wahre Intention nur durch klare Sicht, scharfe Urteilskraft und seine Ausrichtung auf den Vater wieder zurecht rücken kann. Er argumentiert mit anderen Sätzen aus der Heiligen Schrift dagegen, um die klare Intention wieder aufzuzeigen.

Wagner beginnt mit ehrenhaften Sehnsüchten, der Sehnsucht nach einer besseren Welt. Er fragte mit den Sozialutopisten nach den Ursachen des jetzigen verderbten Zustandes. Und hier verfällt er in ein erstes Extrem: Eigentum ist Diebstahl. Und weil der Staat den Besitz schützt, ist er zum Untergang verurteilt „Im Ring erscheint das verderbliche Kapital, in Wotans Glötterwelt der zum Abdanken verurteilte Staat, in Siegfried der von beidem freie, der neue Mensch. [...] Wagner selbst ist innerhalb des Dresdner Aufstandes im Jahre 1848 ein Siegfried gewesen, der sich in unschuldsvollem Glauben an die gute Sache für die Zerstörung verrotteter Gesellschaftsstrukturen zugunsten eines Gerechtigkeit und Glück garantierenden Königtums einsetzt;"[21]

Siegfried scheiterte in der Oper Götterdämmerung und Wagner erreicht als Revolutionär nichts. Wagners großer Ausweg: er stilisiert sich als großer Liturge der Gralsgeschichte in der Oper Parsifal.

An Wagner können wir also studieren, wie gefährlich nicht nur Habsucht, Machtsucht, und Ehrsucht sind, sondern wohin auch Selbsttäuschung, Größenwahn, Verwirrung und Falschinterpretation führen können.

Wie kommen wir zur Klarheit und zur richtigen Ausrichtung wieder zurück? Umkehr, Lernbereitschaft, Reue, immer neue Suche nach der Wahrheit und nach der Unterscheidung der Geister und ein Vertrauen auf den Heiligen Geist, dass er uns dabei führt. Darum wollen wir beten!

2. Fastensonntag: Nach jedem Taborerlebnis muss man hinuntersteigen.

Mt 7, 1-9
Zentrale Lebensereignisse Jesu
Es gab im Leben Jesu gewisse Ereignisse, bei denen er ganz intensiv seine Beziehung zum Vater und seine Berufung, das Heil in die Welt zu bringen, gespürt hat.
Das erste große Ereignis ist wahrscheinlich die Taufe Jesu! Eine Stimme aus dem Himmel sagt: Du bist mein geliebter Sohn, an dem ich Gefallen gefunden habe.
Das zweite große Ereignis ist seine Zeit in der Wüste. Wir haben das Evangelium dazu am letzten Sonntag gehört. Weil ich glaube, dass das heutige Evangelium nicht zu verstehen ist, wenn man nicht Jesu Zeit in der Wüste mit in die Betrachtung einbezieht, möchte ich etwas über die Wüstenzeit Jesu anmerken.
Alle großen Heiligen, sogar in den verschiedensten Religionen, haben meist nach ihrem Berufungserlebnis sich eine Wüstenzeit gegönnt. Paulus ging nach seiner Bekehrung in die Wüste von Arabien. Ignatius von Loyola hielt sich über ein Jahr lang in einer Höhle in der Nähe von Manresa auf. Das Volk Israel wanderte nach seinem Befreiungserlebnis durch die Wüste. Warum ist die Wüste so wesentlich?
Die Stille und das Fehlen des normalen Alltagsgetriebes ermöglicht eine langsame Wandlung: von der Ichbezogenheit zur Gottbezogenheit. Damit dieser Wandel vonstatten gehen kann, müssen die Dunkelheiten durchlitten werden. Natürlich ist Jesus ohne Sünde. Aber wie könnte er solidarisch mit uns Sündern sein und aus dieser Solidarität heraus das Vermögen haben, uns zu erlösen, wenn er nie die Anfechtung der Ichbezogenheit erlebt hätte. Deswegen erlebte er auch in der Wüste die drei großen klassischen Verführungen: die Verführung der Macht, des Reichtums und des Ansehens. Jedes Mal widersteht er, indem er dem Satan zeigt, dass er ganz auf Gott bezogen ist.

Durch das Dunkel hindurch scheint der Himmel hell. So heißt ein neues geistliches Lied. Das erleben wir im heutigen Evangelium: Jesus erfuhr ganz intensiv seine Bezogenheit zum Vater. Sogar den Jüngern wird überdeutlich, dass das ganze Wesen von Jesus trotz seiner Menschennatur göttlich ist. Man sollte vielleicht besser sagen: gerade in seiner Menschennatur göttlich ist.

Aber warum musste Jesus wieder den Berg hinunter steigen?
Hier kann ein Erlebnis aus dem Leben Buddhas das Entscheidende verdeutlichen. Nach langem Suchen und Meditieren erfuhr Buddha die große Erleuchtung. Die Legende erzählt, dass dann der Satan zu ihm gekommen sei und ihm angeboten habe: Er könnte ja jetzt sterben. Warum soll er sich noch mit einem normalen menschlichen Leben mit all den Problemen abkämpfen, wenn er schon die große Erleuchtungserfahrung gemacht habe. Er widerstand, weil ihm klar war, dass eine so große Erleuchtungserfahrung auch eine Aufgabe, eine Berufung ist: zu den Menschen zu gehen und Mitgefühl und Liebe in der Welt zu verbreiten.
Jesus stand auf dem Berg Tabor vor einer ähnlichen Versuchung. Petrus bietet Jesus an: Wenn du willst, werde ich hier drei Hütten bauen - und ich möchte ergänzen: und dann lassen wir es uns gut gehen. Wir halten den Augenblick der intensiven Gotteserfahrung fest. Was kann es Schöneres geben!
Aber Jesus widersteht auch dieser Versuchung! Er und seine Jünger steigen den Berg hinunter in die Ebene, hinein in den Alltag, hinein in die Konflikte mit den Mitmenschen, hinein in die Verwirklichung des Auftrags des Vaters, den Jesus im Johannesevangelium so formuliert: Ich werde alle an mich ziehen. Aber das kann er nur, wenn er ohne Wenn und Aber in die Abgründe der Menschenwelt hinein geht. Und das heißt letztlich der Tod am Kreuz!

Gibt es diese Tabor-Versuchung auch bei uns?
Immer wieder brechen Menschen aus ihrem Alltagstrott aus: Ich bin dann mal weg – und Hape Kerkeling geht den Jakobsweg. Manche Abiturienten gehen ein Jahr ins Ausland zum Reisen oder zu einem sozial-caritativen Einsatz. Manche gönnen sich eine

Sabbatzeit und gehen ins Kloster oder besuchen Exerzitien und Meditationskurse.

Und wenn sie dann zurückkommen? Manchen fällt die Rückkehr leicht und sie beginnen mit neuer Kraft und Orientierung wieder im Alltag. Manche dagegen bleiben geistig und emotional in der Hocherfahrung hängen. Sie möchten eigentlich nicht zurück, lieber weiter im Meditieren, in der Stille, im Wandern auf dem Jakobsweg bleiben.

Aber die Gnade, die wir in einer solchen Zeit geschenkt bekommen haben, wird erst fruchtbar und entfaltet ihre volle Kraft, wenn wir wieder in die Ebene hinab gehen: zu den Mitmenschen in den Alltag hinein. Denn Gott schickt uns zu unseren Mitmenschen. Er ist nicht nur in der Stille sondern auch im Nächsten zu finden. Deswegen muss man nach der Wüstenzeit zurück!

Das ist Nachfolge: Jesus in die Stille zu folgen, um zu beten. Aber danach auch vom Berg hinab zu steigen und die Hocherfahrung zu verinnerlichen, um wieder unter den Menschen zu leben und zu wirken. Wenn wir Jesus anschauen, wie er seine Gleichnisse erzählt, wie einfach er mit den Leuten spricht, dann erkennen wir, wie tief er hinab gestiegen ist und sich auf die Welt der Menschen eingelassen hat. Jesus hat die Erfahrung des Reiches Gottes und seine Beziehung zu seinem Vater völlig verinnerlicht, so dass er ganz alltäglich und gewöhnlich über dieses Geheimnis reden kann. „Wer kranken Menschen helfen will, muss sich in die Welt der Krankheit einlassen."[22] Jesus Christus hat sich auf die Welt der Krankheit völlig eingelassen. Sein Einlassen ging sogar soweit, dass er die Gottesfinsternis der Welt in sich selber aufnahm und am Kreuz von innen her überwand!

3. Fastensonntag: Jesu Begegnung der Samaritanerin am Brunnen in 6 Akten

Joh 4, 5-42
Dieses lange Evangelium kann man sehr schön auf drei Leser aufteilen: Erzähler, Jesus, Frau. Dadurch können die Gottesdienstbesucher gespannter und aufmerksamer zuhören.

Wie kann man über Gott sprechen? Wo und wie lässt sich im Menschen ein Anknüpfungspunkt finden für die Rede von Gott? Oder noch weiter gefragt: Wie kommt man mit Jesus ins Gespräch? Wie kann man Menschen, die fern vom Glauben sind, zu einem Gespräch mit Jesus führen? Eine aktuelle Frage, bei der uns das heutige Evangelium helfen kann:
Für Johannes ist Samaria ein gottloses, verirrtes Land. Ihm stellt sich die ähnliche Frage: Wie kann man zu einem Volk reden, das von der Religion scheinbar nichts weiter mehr weiß als die folkloristische Außenseite? Ähnlich ist die Frage vielleicht heute für Eltern und Lehrer, deren Kinder Weihnachten mit dem Weihnachtsmann verbinden.

1. Akt: Jesus hat Durst.
Jesus überschreitet gleich am Anfang eine Tabuzone: Für einen anständigen Juden ist es nicht erlaubt, sich so weit herab zu lassen, dass er als Mann mit einer Frau, sogar einer Samaritanerin, ein Gespräch beginnt. Aber gemeinsame Grundbedürfnisse haben alle Menschen: Durst, Hunger, Müdigkeit - das verbindet! Von Gott ist noch gar nicht die Rede!

2. Akt: Jesus wandelt das Gespräch vom Gegenständlichen ins Personale
Jesus kommt auf das lebendige Wasser zu sprechen. Natürlich stellt sich die Frau dabei ein besonderes Wasser vor, das man wie anderes Wasser trinken kann. Aber im Laufe des Gespräches wird deutlich, dass das lebendige Wasser ein Symbol ist für die Begegnung mit Jesus selbst. Wer mit Jesus redet und sich von seiner

Person anrühren lässt, der kostet quasi durch das Gespräch mit der Person Jesu vom lebendigen Wasser. Aber wie gesagt: Die Frau denkt, das lebendige Wasser sei eine Art Zaubertrank.

3. Akt: "Das lebendige Wasser ist in dir."

„Wer aber von dem Wasser trinkt, das ich ihm geben werde, wird niemals mehr Durst haben; vielmehr wird das Wasser, das ich ihm gebe, in ihm zur sprudelnden Quelle werden, deren Wasser ewiges Leben schenkt."

Wer wirklich mit Jesus spricht, sich von ihm verwandeln lässt, der entdeckt in sich selbst einen Ort, in dem der Geist Jesu, der Geist Gottes gegenwärtig ist. Meister Eckhart nennt es das Seelenfünklein, andere nennen es den guten Kern in jedem Menschen. Bei den meisten Menschen ist der Zugang zu diesem guten Kern durch Hindernisse verstellt oder schwer zugänglich. Wir haben keinen einfachen und direkten Zugang mehr zu diesem guten Kern in uns. Aber trotzdem sollte uns klar sein, dass dieser gute Kern in uns unzerstörbar ist. Umso mehr wir in Kontakt mit diesem guten Kern kommen, umso glücklicher sind wir, umso mehr sind wir fähig, andere Menschen so anzunehmen, wie sie sind, umso mehr fühlen wir uns mit Gott verbunden, umso mehr wissen wir, was unsere Berufung ist.

Das Gespräch mit Jesus kann uns mehr zu diesem guten Kern führen. Denn letztlich ist es seine Stimme, sein Geist, den wir im guten Kern vernehmen.

4. Akt: Das gescheiterte Lebensprojekt

Die Frau hat die Erfüllung ihrer Sehnsüchte darin gesucht, den richtigen Mann zu finden. Aber sie hat den richtigen Mann für sich nicht gefunden. Vielleicht hat sie im Lebenspartner etwas gesucht, was man bei einem Lebenspartner nicht finden kann? Was man nur bei Gott finden kann? Das lebendige Wasser, das man in einem selber findet, indem man mit Jesus ins Gespräch kommt?

Hier sind wir Zeuge eines bitteren Prozesses von Selbsterkenntnis. Die Frau gibt zu, dass ihr Lebensprojekt gescheitert ist. "Ich habe keinen Mann." Jesus spiegelt ihr nur diese Wahrheit zurück, und trotzdem ist es heilsam: „Du hast richtig gesagt: Ich habe keinen Mann." Keine Verurteilung: Jesus nimmt die Realität ungeschminkt an.

„Denn fünf Männer hast du gehabt und der, den du jetzt hast, ist nicht dein Mann. Damit hast du die Wahrheit gesagt."

Wir Menschen wollen häufig unseres Glückes eigener Schmied sein. Aber es ist eine große Wahrheit in der Spiritualität, dass wir unser eigenes Glück nicht herstellen können. Wir müssen unsere Ohnmacht erleben, damit wir leer werden, frei werden, um Gott an uns wirken zu lassen. Und genau das erfährt nun die Frau. Jesus zeigt ihr ihre Ohnmacht.

5. Akt: Der Unterschied zwischen Judäa und Samaria fällt

Es ist nur allzu menschlich, dass die Menschen sich immer wieder heilige Orte auserkoren haben. Die Juden Jerusalem, die Samaritaner ihren Berg Garizim, die Oberfranken Vierzehnheiligen, für manche ist es Lourdes. Es ist menschlich, dass wir das Geistige verräumlichen. Aber trotzdem sollte uns doch immer klar sein, dass dies eine Hilfskonstruktion ist, eine Gedankenstütze, und nicht das Eigentliche. Das wirklich Entscheidende ist unsere geistige Ausrichtung! Dass wir uns auf den Geist Gottes ausrichten und mit ihm sagen: Vater unser! Der Geist Gottes ist überall gegenwärtig. Deswegen kann er auch überall angebetet werden.

6. Akt: Die Offenbarung

Jesus offenbart sich der Samaritanerin als der Gesalbte, der Christus. Ich finde es interessant, dass im Evangelium nach Markus, Matthäus und Lukas Petrus das Messiasbekenntnis spricht. Im Johannesevangelium offenbart sich Jesus einer Nichtjüdin als Messias. Das heißt: Prinzipiell jeder kann zu Christus kommen und ihn als Christus erkennen.

Blicken wir noch mal auf die sechs Akte zurück:

1. Akt: Jesus hat Durst.
2. Akt: Jesus wandelt das Gespräch vom Gegenständlichen ins Personale
3. Akt: "Das lebendige Wasser ist in dir."
4. Akt: Das gescheiterte Lebensprojekt

5. Akt: Der Unterschied zwischen Judäa und Samaria fällt
6. Akt: Die Offenbarung

Es begann ganz menschlich mit dem Durst und endete mit einer Offenbarung. Selbsterkenntnis und Veränderung der Sichtweisen lagen dazwischen. All dies sind auch heute noch Elemente für Glaubensgespräche.

Jeder muss selbst dieses Gespräch mit Jesus führen. So wie die anderen Leute aus dem Dorf, die zur Frau sagten: Nicht mehr auf Grund deiner Aussage glauben wir, sondern weil wir ihn selbst gehört haben und nun wissen: Er ist wirklich der Retter der Welt.

4. Fastensonntag: Die Blindheit des Herzens, Jesus nicht zu erkennen

Vor dem Verlesen des Evangeliums diese kurze Einführung:
Letzten Sonntag haben wir eine gelungene Kommunikation zwischen der Frau am Jakobsbrunnen und Jesus gehört. Heute gelingt zwar die Kommunikation mit dem Geheilten, aber die Missverständnisse mit den Pharisäern spitzen sich zu.
Damit Sie einen Überblick über das lange Evangelium haben, werde ich Ihnen gleich im Voraus die sieben Akte des Dramas vorstellen:
Die Heilung des Blinden
Die Untersuchung durch die Nachbarn und Bekannten
Die Untersuchung durch die Pharisäer
Die Untersuchung der Eltern durch die Judäer
Die zweite Untersuchung durch die Pharisäer
Jesus offenbart sich dem Geheilten
Jesu Disput mit den Pharisäern

Joh 9, 1-41
Diese Geschichte in sieben Akten ist durchzogen von Doppeldeutigkeiten. Dieser doppelte Boden ist der rote Faden in der ganzen Geschichte.
1. Wer ist hier blind?
Gleich am Anfang muss Jesus sich mit dem Schubladendenken seiner Jünger auseinandersetzen: „Rabbi, wer hat gesündigt? Er selbst? Oder haben seine Eltern gesündigt, so dass er blind geboren wurde?" (Joh 9,2)
Das Schubladendenken verstellt den Blick auf den Menschen. Wir werden erzogen, einzuteilen und mit Begriffen zu etikettieren. Vorurteile entstehen: Ein Urteil, bevor man genau hingesehen hat. Das Vorurteil verstellt das Leben und das Erleben der Wirklichkeit.

Wer ist also hier eigentlich blind? Der Mann, der blind geboren worden ist? Oder die Jünger, die durch ihre Vorurteile nicht tiefer sehen können, die durch ihre Vorurteile auf andere Weise blind sind? Das ist die erste Doppeldeutigkeit.

Ein Beispiel: Eine Studentin erzählte mir: Früher meinte sie, hübsche Mädels seien arrogant, man könne sie nicht ansprechen. Dann lernte sie Zwillinge kennen, die beide wirklich dem klassischen Schönheitsideal entsprachen. Sie konnte sich mit ihnen gut anfreunden. Nach einer gewissen Zeit erzählten die Zwillinge ihr, dass ihre Schönheit manchmal Freundschaften erschwerten, weil die anderen meinten, sie seien oberflächlich, weil sie ja so schön seien. Jetzt traute sich die Studentin, in der Uni auch mal hübsche Mädels zum Plaudern anzusprechen. Es ergaben sich immer nette Gespräche. Bei diesem Beispiel erkennen wir, wie ein Filter weggefallen ist. Plötzlich konnte sie mehr mit der Haltung des Interesses und des Nichtwissens anderen Menschen begegnen.

2. „Dieser Mensch kann nicht von Gott sein, weil er den Sabbat nicht hält."

So meinen die Pharisäer. Dagegen bekennt der geheilte Mann: „Er ist ein Prophet!" Wieder eine Doppelbödigkeit, die die erste fortsetzt. Aus dem falschen Sehen folgt eine neue Bewertung und Verdrehung der Koordinaten. Die sehenden Pharisäer sind blind für die Einmaligkeit Jesu und fällen ein falsches Urteil: Er ist nicht von Gott. Der Blinde sieht Jesus in seiner Besonderheit: Er ist ein Prophet. Der Blinde ist kein Sünder sondern ein Bekenner. Die Religionsprofis versündigen sich an Jesus. Sie fordern den Blinden auf, Gott die Ehre zu geben. Und sehen nicht Gottes Wirken.

3. Doppeldeutigkeit:

Ein direkter Hinweis, dass Johannes ganz bewusst mit doppeltem Boden arbeitet, ist die ironische Bemerkung: „Wollt auch ihr seine Jünger werden?" Damit provoziert der Geheilte bewusst die Pharisäer. Nichts liegt ihnen ferner – das weiß er genau. Und gleichzeitig: Nichts wäre besser für sie.

4. Jesus ist bei diesen Untersuchungen der Angeklagte!
Zuletzt aber ist Jesus der Richter. Er ist der wahre Kritiker, der die Blinden und die Sehenden scheidet, oder wie es Matthäus in seiner Vision vom Weltgericht beschreibt: Der die Böcke von den Schafen trennt.
Das Kriterium beim Unterscheiden ist hier: Wer sieht Jesus als Christus? Den Blinden zeigt sich Jesus als Menschensohn. Die sehenden Pharisäer sind blind für Christus. Deswegen Jesu Urteil: Ihr bleibt in Sünde. Man spürt die angeheizte, gehässige Stimmung, voll bissiger Ironie, wenn die Pharisäer fragen: Sind etwa auch wir blind? Diese Doppelbödigkeit zieht sich bei Johannes durch bis zu Pilatus. Auch beim Verhör mit Pilatus ist Jesus der eigentlich souveräne, der Richter!

Nochmals Rückblick aus einer anderen Perspektive:
Ein Blindgeborener wird sehend – und was erlebt er? Nur Konflikte! Wäre da das Leben der drei Affen nicht schöner: nichts hören, nichts sehen, nichts reden? Wer die Wirklichkeit unverstellter sieht, der hat oft Konflikte mit denen, die noch in den alten Verzerrungen gefangen sind. Wissenschaftler, Heilige, Theologen haben das immer wieder erlebt. Galileo Galilei hat das erlebt. Er konnte die damaligen Kirchenoberen nicht überzeugen, dass die Erde um die Sonne kreist. Oder Johannes vom Kreuz wurde von seinen Mitbrüdern festgenommen, weil diese seine Reform des Karmelitenordens nicht mitmachen wollten. Oder denken wir an Karl Rahner, der am Anfang des II. Vatikanischen Konzils mit Zensur belegt worden ist.
Aber auch die Pharisäer waren damals kein einheitlicher Block. Nikodemus ist ein Gegenbeispiel. Er wollte jenseits der Schubladen Jesus wirklich kennen lernen. Nikodemus ist für uns deswegen ein Vorbild: Denn das Neue kommt immer wieder auf uns zu. Und sei es nur ein Mitmensch. Wenn wir die Haltung haben, dass vielleicht dieser Mensch ganz anders ist, als ich ihn mir vorgestellt habe, dann sind wir Sehende. Sehend für das Licht Christi in der Welt!

5. Fastensonntag: Whiteheads Gottesbild

Joh 11, 1-45
Maria und Martha trauern um ihren verstorbenen Bruder Lazarus: Herr, wärst du hier gewesen, dann wäre mein Bruder nicht gestorben. Diesen Satz sagen sowohl Martha als auch Maria, als sie Jesus begrüßen. Aber Jesus reagiert auf diesen Satz ganz unterschiedlich!
Warum reagiert Jesus auf denselben Satz unterschiedlich?
Bei Martha offenbart er sein Innerstes: Ich bin die Auferstehung und das Leben. Wer an mich glaubt, wird leben, auch wenn er stirbt, und jeder, der lebt und an mich glaubt, wird auf ewig nicht sterben. Glaubst du das? Jesus gibt Hoffnung und verbürgt sich für diese Hoffnung. In einer Geste ausgedrückt. Er zieht sie nach oben, wie wenn man einen Menschen aus dem Graben zieht, indem man die Hand des anderen ergreift. Er holt sie aus dem Dunkel heraus ins Licht
Dann aber bei Maria weint er mit. Er lässt das Leid ganz nahe an sich heran. Er leidet mit! Weint mit! Er legt gewissermaßen den Arm um sie und beide stützen sich im gemeinsamen Trauern.
Ich glaube, Jesus spürte intuitiv, was jede brauchte: Martha brauchte den hoffnungsvollen Zuspruch. Maria die volle Solidarität in ihrer Trauer. Und vielleicht sind das auch die zwei Möglichkeiten für Seelsorge und Beistand: Ausharren im Mitleiden und aufrichtende, blicköffnende Worte. Und das zur rechten Zeit! Wenn immer nur eine Möglichkeit gewählt wird, ergibt sich eine Schlagseite: Nur Mitleiden tendiert dazu, in der Resignation zu verharren. Nur aufrichten kann irgendwann in Belehren und ungebetene Tipps umkippen.
Jesus wusste, dass beide Frauen jeweils etwas anderes brauchten! Aber wir können noch tiefer gehen. Die Geschichte teilt uns nicht nur etwas über die zwei Frauen und ihre unterschiedlichen Bedürfnisse mit. Jesu unterschiedliches Verhalten offenbart auch zwei Seiten von Gott selbst:

Gott leidet mit und richtet auf
Gott leidet mit und richtet auf und eröffnet neues Leben. In ihm selbst ist diese Polarität von Mit-leiden und Auf-richten. Jesus offenbart hier die tiefsten Wesenszüge Gottes und seiner Liebe. Diese Liebe leidet mit und richtet auf.
Wir erkennen das Revolutionäre dahinter erst im Kontrast. Der Philosoph Whitehead - er lebte in der ersten Hälfte des 20. Jahrhunderts - hat diese Polarität Gottes beschrieben und damit drei alte Gottesbilder verabschiedet: Gott als Herrscher, Gott als erbarmungsloser Moralist, Gott als unbewegter Beweger.
Wenn wir uns Gott als Herrscher vorstellen, denken wir, dass Gott einfach macht, was er will. In diesem Gottesbild erscheint Gott erbarmungslos und unberechenbar. Whitehead sagte ganz deutlich: Das ist nicht die göttliche Liebe. Gott lädt uns immer neu ein, er lockt und ermuntert uns statt uns zu zwingen.
Wenn wir uns Gott als erbarmungslosen Moralisten vorstellen, dann meinen wir folgendes: Gott gibt das Gesetz vor und sagt zu uns: „Ihr seid nur gut, wenn ihr das Gesetz befolgt." Auch dieses Gottesbild lehnt Whitehead deutlich ab. Die göttliche Liebe fühlt mit der jeweiligen speziellen Situation des Menschen und lädt uns zum passenden Neuanfang ein. Sie fordert nicht erbarmungslos, denkt nicht in allgemeinen lebensfernen Gesetzen sondern hilft passend für die nächste Entscheidung.
Und das dritte Gottesbild, das Whitehead ablehnt, kommt aus der Philosophie. Aristoteles bezeichnete Gott als unbewegten Beweger. Thomas von Aquin hat daraus abgeleitet, dass Gott ohne Leidenschaft liebt, dass er zwar erschafft, gibt und hilft aber nicht zu Mitleid fähig sei. Das würde in seiner Vorstellung die Größe Gottes herabsetzen. Gott als unbewegter Beweger ist der coole Gott, der nichts an sich heran lässt. Auch hier sagt Whitehead ganz deutlich: Das ist nicht die göttliche Liebe: Sie ist von jedem Leid „innerlich erregt" wie Jesus, als er Maria weinen sieht. Gott leidet wirklich mit allen Leidenden mit.
Nochmals das Gottesverständnis Whiteheads in drei Punkten:

Gott ist nach Whitehead wie Jesus zu Maria und Martha!
1. Alles, was in der Welt passiert, erlebt Gott, er leidet mit den Leidenden und freut sich mit den Freudigen.
2. Er bewahrt alles und verwandelt alles. Zum Beispiel alles Wertvolle eines menschlichen Lebens wird irgendwann von anderen Menschen vergessen, spätestens nach mehreren Generationen. Es sei denn, man hat ein besonderes Werk geschaffen wie Goethe oder Shakespeare. Bei Gott ist das aber anders. Bei ihm ist alles bewahrt und auf ewig veredelt.
3. Gott gibt passende Anstöße für uns, immer neu. Er richtet uns auf zu neuem Leben. In Whiteheads eigenen Worten: „Gott ist der Poet der Welt, leitet sie mit zärtlicher Geduld durch seine Vision von der Wahrheit, Schönheit und Güte."[23]
Whitehead hat dieses neue Gottesbild nicht erfunden. Für ihn ist dieses neue Gottesbild der Kern des Christentums, den es wieder klar herauszustellen gilt, weil Jesus selbst seinen Vater so verstanden hat. Poetisch drückt Whitehead dies aus:
„Es gibt jedoch im galiläischen Ursprung des Christentums noch eine andere Anregung, die zu keinem der drei Hauptstränge des Denkens so richtig passt. Sie legt das Schwergewicht weder auf den herrschenden Kaiser, noch auf den erbarmungslosen Moralisten oder den unbewegten Beweger. Sie hält fest an den zarten Elementen der Welt, die langsam und in aller Stille durch Liebe wirken; und sie findet ihren Zweck in der gegenwärtigen Unmittelbarkeit eines Reichs, das nicht von dieser Welt ist. Liebe herrscht weder, noch ist sie unbewegt; auch ist sie ein wenig nachlässig gegenüber der Moral. Sie blickt nicht in die Zukunft; denn sie findet ihre eigene Belohnung in der unmittelbaren Gegenwart."[24]

Palmsonntag: Drei philosophische Geschichten und die Passion Jesu.

Mt 26, 14 – 27, 66
In einem Philosophengespräch benennt der Philosoph Alain Badiou drei Arten von Situationen, drei Herausforderungen, die das philosophische Denken anstoßen. Ich greife diese drei Herausforderungen auf, weil sie nicht nur das philosophische sondern auch das religiöse Denken anregen und wesentliche Aspekte des Lebens und Sterbens Jesu aufzeigen.
Sokrates und Kallikles Die erste Situation ist der Zusammenprall zwischen Sokrates und Kallikles. „Kallikles behauptet, das Recht sei die Macht und der glückliche Mann der Tyrann, ein Mann, der sich mit List und Gewalt über die anderen hinwegsetzt. Sokrates meint, der wahrhafte Mensch, der glückliche, sei der Gerechte im philosophischen Sinne des Wortes. Zwischen der Gerechtigkeit als Gewalt und der Gerechtigkeit als Denken besteht keine schlichte Opposition."[25] Zwischen Sokrates und Kallikles ist kein Mittelweg, kein Kompromiss möglich. Im Dialog von Platon unterliegt zuletzt Kallikles – er schweigt. In einer solchen Situation müssen wir eine Wahl treffen, eine Wahl zwischen zwei nichtvereinbaren Denk- und Lebensarten. Die Philosophie hat die Aufgabe, uns diese Wahl deutlich zu machen und zu erklären.
Archimedes und Marcellus In der zweiten Situation fordert ein römischer Soldat den großen Mathematiker Archimedes auf: Der General Marcellus will Dich sehen! Der Mathematiker sagt zu dem Soldaten: Lass mich meinen Beweis beenden. Darauf der Soldat: Dein Beweis kann mir gestohlen bleiben! Marcellus will Dich jetzt sehen. Archimedes nimmt ohne eine Antwort seine Rechnung wieder auf. Der vor Wut schäumende Soldat zieht sein Schwert und streckt Archimedes nieder.
Diese Situation offenbart eine Distanz: Zwischen dem Recht des Staates und dem schöpferischen Denken gibt es keinen gemeinsamen Maßstab, keine echte Diskussion. Die Macht ist Gewalt;

das schöpferische Denken hingegen kennt keinen anderen Zwang als den der ihm eigenen Regeln. Archimedes folgt den Gesetzen seines Denkens und bewegt sich damit außerhalb des Aktionskreises der Macht und der Politik. Die Philosophie verdeutlicht die Distanz zwischen beiden, zwischen der Macht und dem schöpferischen Denken und ihren Wahrheiten.

Liebende gegen den Tod Die dritte Situation schildert der Film „Die Legende vom Meister der Rollbilder" des japanischen Regisseurs Mizoguchi. Eine verheiratete junge Frau verliebt sich in einen jungen Mann. Weil den beiden Liebenden im klassischen Japan der Tod droht, fliehen sie aufs Land. Unterdessen versucht der Ehemann die Flüchtenden zu schützen, obwohl er eigentlich verpflichtet ist, den Ehebruch anzuzeigen. Die Liebenden werden dennoch verraten und gefasst. Man bringt sie zur Hinrichtung. Zuletzt sieht man die beiden Liebenden Rücken an Rücken gefesselt. Ihre Gesichter zeigen, dass die Liebe vollkommen von ihnen Besitz ergriffen hat. Die Liebenden wünschen mitnichten zu sterben. Das Lächeln in ihren Gesichtern sagt jedoch: Liebe ist, was dem Tod widersteht. Diese Geschichte offenbart einen Graben zwischen dem Ereignis der Liebe und den gewöhnlichen Lebensregeln und gesellschaftlichen Zwängen und Gesetzen. Das Ereignis der Liebe ist eine Ausnahme und der Philosoph muss die Ausnahme denken.

So kommt Badiou zu seinem philosophischen Credo: „Wenn Ihr möchtet, dass euer Leben einen Sinn hat, dann müsst ihr das Ereignis annehmen, Abstand zur Macht wahren und unerschütterlich in eurer Entscheidung sein."[26] Eine Ausnahme sein, so wie das Ereignis eine Ausnahme ist, Distanz zur Macht wahren und die Konsequenzen von Entscheidungen annehmen, auch die letzten und härtesten.

Wahl, Ausnahme, Distanz zur Macht und konsequentes Handeln bei Jesus Christus Trifft das alles nicht auf erstaunliche Weise auf Jesus Christus zu!? Das Reich Gottes bricht an! Das ist das Ereignis, das Jesus verkündet und vorlebt! Und in seinen vielen Gleichnissen und Streitgesprächen zeigt er auf, wie dieses Ereignis das übliche Denken, Handeln und Leben aufbricht und verändert.

Das Reich Gottes ist das Reich der Barmherzigkeit, der Gerechtigkeit, der Liebe – es ist eine Wahrheit, zu der Pilatus keinen Zugang hat. Pilatus ist wie Kallikles. Ein Machtpolitiker! Glücklich ist, wer die Macht hat, also der Tyrann. Mit der tiefen Wahrheit des Reiches Gottes kann Pilatus nichts anfangen: Was ist Wahrheit?

In der Wahrheit des Reiches Gottes ist der Sabbat für den Menschen da und nicht umgekehrt. Als Jesus dem Hohenpriester im Verhör fragt: Warum frägst du mich?, bekommt er von einem der Knechte einen Schlag ins Gesicht: Redest du so mit dem Hohenpriester? Jesus: Wenn es nicht recht war, was ich gesagt habe, dann weise es nach; wenn es aber recht war, warum schlägst du mich? Joh 18, 20-24. Jesus wahrt Distanz zur Macht. Er ist seiner Predigt zum anbrechenden Reich Gottes treu. Er folgt nicht der Machtlogik des Hohenpriesters sondern dem Auftrag seines Vaters.

Und sein ganzer Kreuzweg und seine sieben Worte am Kreuz bezeugen auf verschiedene Weise seine Treue sogar in den dunkelsten Stunden und seine Liebe zu seinen Mitmenschen und seine Bereitschaft zum Vergeben seiner Peiniger. Ostern wird es bekunden: Liebe ist, was dem Tod widersteht!

Und so wird Jesus Christus selbst zur Ausnahme, zum Ereignis, das die ganze Welt verändert hat und immer neu verändert. Wenn wir auf ihn schauen, können wir ihm auch nachfolgen: Wer mein Jünger sein will, der verleugne sich selbst, nehme sein Kreuz auf sich und folge mir nach! Ergreifen wir die Wahrheit, die Jesus Christus verkündet hat und die er selbst ist, und bleiben ihr treu! Distanz zur Macht wahren bedeutet oft, ein Kreuz auf sich zu nehmen. Aber vertrauen wir der Gnade Gottes, die schon sooft durch Menschen, die Christus nachgefolgt sind und ihr Kreuz getragen haben, das Reich Gottes in dieser Welt erfahrbar gemacht hat.

Gründonnerstag: Brot und Wein

Jesus sagte zu Brot und Wein am letzten Abendmahl: Dies ist mein Leib, dies ist mein Blut.
Warum hat er gerade Brot und Wein genommen? Bei einem Paschamahl gab es noch viele andere Speisen zu essen.
Warum hat Jesus gerade Brot und Wein ausgewählt? Ich kann diese Frage natürlich nicht beantworten. Ich weiß nicht, was Jesus sich damals dabei dachte. Aber wir können über eine mögliche spirituelle Bedeutung von Brot und Wein nachdenken.
Was kennzeichnet Brot, was kennzeichnet Wein?
Brot ist etwas Alltägliches. Jeden Tag essen viele Menschen Brot. Häufig unbewusst, ohne zu merken und zu würdigen, was man da isst. Oft wird das Brot schnell herunter geschlungen und in Gedanken ist man mit etwas völlig anderem beschäftigt. Brot steht also für das Lebensnotwendige, das Alltägliche, das Unauffällige.
Wein dagegen gibt es nur an Festtagen. Wein trinkt man bewusst. Wein verändert das Gemüt. Man würdigt den Wein und lässt sich Zeit beim Wein trinken. Man möchte genau herausfinden, wie der Wein schmeckt, den Wein genießen. Wein steht also für das Festliche, das Auffällige, das Begeisternde.
Insofern stehen sich Brot und Wein gegenüber. Da das lebensnotwendige, das alltägliche und unauffällige Brot und dort der festliche, gewürdigte und gefeierte Wein.
Sagt uns das etwas über die Gegenwart Gottes aus? Denn Brot und Wein sind ihr Zeichen, Sakrament der Gegenwart Gottes!
In der Apostelgeschichte sagt Paulus den Athenern: Denn in Gott leben wir, bewegen wir uns und sind wir.
Aber bemerken wir das? Die meisten Menschen merken das nicht. So wie ein Fisch nicht weiß, dass er von Wasser umgeben ist, weil ihm das zu selbstverständlich ist, so merken wir Menschen normalerweise nicht, dass wir in der Gegenwart Gottes leben. Aber so wenig ein Fisch ohne Wasser leben kann, so wenig können wir ohne die Gegenwart Gottes leben.

Was könnte da besser als Zeichen dienen als das Brot: es ist lebensnotwendig und trotzdem so alltäglich und unauffällig.
Aber was passiert, wenn ich die Gegenwart Gottes erahne? Zum Beispiel in der Hoheit der Berge, im Lachen eines Kindes, wenn meine Gedanken aufhören und ich einfach da bin, im Gebet, wenn ich bewusst den Leib Christi empfange.
Dann wird das Unauffällige, das immer da ist, das gleichzeitig das Lebensnotwendige ist, gewürdigt, gefeiert, genossen. Freude, tiefe Freude entsteht im Herzen, eine Freude, die ihren Grund in der Gegenwart Gottes hat, welche man erahnt, spürt.
Was könnte da besser als Zeichen dienen als der Wein: der festliche, gewürdigte und Freude bereitende Wein.
Was braucht es, dass wir die Gegenwart Gottes erahnen können? Ich möchte Ihnen noch einen weiteren Gedanken aufzeigen. Als Priester teilt man regelmäßig die Kommunion aus. Mit der Zeit wurde mir klar, dass ich bei der Kommunionsausteilung die Gegenwart Gottes gleich zweimal deutlich vor mir habe. Einmal im heiligen Sakrament des Brotes. Und andererseits im Angesicht des Menschen, der vor mir steht. Denn genau über alle Mitmenschen hat Jesus gesagt: Was ihr den geringsten meiner Brüder getan habt, das habt ihr mir getan!
Mich beeindruckt das immer tief: Gottes Gegenwart gleich zweimal: im Sakrament und im Mitmenschen.
Der Mitmensch, wir Menschen sind Sakramente der Gegenwart Jesu Christi!
Aber das sind wir nicht, weil wir irgendeine besondere Eigenschaft haben. Nicht weil Herr Mayer Arzt ist, nicht weil Frau Schmidt sehr schön singen kann, nicht weil der Priester eine Priesterweihe bekommen hat, nicht weil Herr Schmidt fein gekleidet ist und ein wichtiges Amt hat - all das macht uns nicht zum Sakrament der Gegenwart Jesu Christi.
Was ist es dann? Pilatus beantwortet diese Frage, als er Jesus vor das Volk führt und sagt: Ecce homo!
Seht ein Mensch! Genau in dieser Haltung sollten wir die Kommunion empfangen: einfach als ein Mensch.

Alle unsere Funktionen, unsere Selbstbilder, unsere besonderen Fähigkeiten können wir beiseite legen.

Gerade wenn ich das beiseite legen und einfach nur als Mensch hier vorgehe und die Kommunion empfange, dann wird mir viel bewusster die Gegenwart Gottes. Das ist ein Geheimnis - aber es ist so.

Und das hat Wirkung auf den Umgang untereinander auch im Alltag. Wer die Gegenwart Gottes erahnt und sich von ihr prägen lässt, der kann einen anderen Menschen einfach würdigen, weil er ein Mensch ist, jenseits all seiner Funktionen, Fähigkeiten, Leistungen und Fehler. Und das ist heutzutage sehr wichtig!

Osternacht: Ostern in der Heilsgeschichte

"Christus ist auferstanden". Und der andere antwortet: "Christus ist wahrlich auferstanden". Und dann umarmt man sich! Das sagen die russisch orthodoxen Christen zueinander nach der Osternacht. Die Welt erscheint in einem neuen Licht und man will und muss es dem anderen sagen: "Christus ist auferstanden". "Christus ist wahrlich auferstanden."
Dass der Glaube an den Auferstandenen wirklich den Menschen verändert und prägt, konnte Edith Stein erleben. Sie hatte noch nicht zu ihrem festen Glauben gefunden und suchte nach Gott. In dieser Zeit lernte sie den Professor Adolf Reinach kennen. Sie war tief betroffen von seiner Herzensgüte und Liebenswürdigkeit, die er gleich beim ersten Zusammentreffen ausstrahlte. Einige Zeit später stirbt Adolf Reinach auf dem Schlachtfeld. Edith Stein, immer noch ungläubig, macht sich auf zur Witwe. Sie hat Angst vor der Begegnung, weil sie nicht weiß, was sie sagen soll. Aber es passiert, dass diese leidgeprüfte Frau, die Witwe, kraft ihres Glaubens an die Auferstehung es fertig bringt, die Ungläubige zu trösten.
Das bewirkt der Glaube an die Auferstehung: Er überwindet den Tod und lässt das Leben in einem neuen Licht erscheinen, und dieses neue Licht schenkt uns innere Freiheit, Liebe und Herzensgüte. Aber was ist die Auferstehung selbst?
Die Auferstehung ist der Höhepunkt der Heilsgeschichte! Und deswegen hören wir in der Osternacht so viele Lesungen, eigentlich sieben Lesungen aus dem Alten Testament und eine aus dem neuen Testament. Diese acht Lesungen erzählen uns den übergroßen Bogen der Heilsgeschichte. Mit dem Evangelium ist der Höhepunkt erreicht: die Auferstehung!
Es beginnt mit der Schöpfung der Welt, die zweite Lesung erzählt von Abraham, den Urvater des Glaubens, die dritte Lesung erzählt vom Auszug aus Ägypten, dem großen Befreiungserlebnis des Volkes Israels, die folgenden drei Lesungen sind Predigten von Propheten mit erstaunlichen Sätzen. Zum Beispiel: Kauft

Wein und Milch ohne Bezahlung. Oder: Ich nehme das Herz von Stein aus eurer Brust und gebe euch ein Herz von Fleisch. In was für eine Welt werden wir hineingeführt? Wir nähern uns der verrückten Welt der Auferstehung: Durch die Auferstehung wird in der Welt alles ver-rückt, das heißt verändert und alles erscheint in neuem Licht. Warum ist das so?

Ich möchte Ihnen den übergroßen Bogen der Heilsgeschichte auf eine andere Weise erzählen.

- Am Anfang erschuf Gott den Kosmos, indem er den Urknall hervorbrachte.

- Beinahe wäre alles wieder in Nichts zusammen gefallen. Denn beim Urknall entstand die gleiche Menge von Materie und Antimaterie. Und wenn Materie auf Antimaterie trifft, dann zerstören sie sich gegenseitig und nichts bleibt mehr übrig. Aber Gott hat eine kleine Unregelmäßigkeit eingebaut, so dass ein wenig Materie übrig blieb. Diese Materie reichte für alle Sterne, Galaxien und Planeten unseres Kosmos. Schon hier beginnt in kleinen Schritten das Wunder der Auferstehung, die Überwindung des Todes. Gott verhindert, dass alles ins Nichts zurückfällt.
Durch eine Unregelmäßigkeit verhindert er es; das heißt es muss nicht alles ordentlich sein. Vielmehr braucht es in der Schöpfung Unregelmäßigkeit und Unordnung, damit Neues und Lebendiges entsteht. Wenn wir das verstehen, werden wir ein neues Verständnis von Vollkommenheit entwickeln.

- Ein neues Wunder der Auferstehung geschieht auf der Erde. Die Erde hat genau den richtigen Abstand zur Sonne und enthält viele Elemente. Um sie entsteht eine Atmosphärenschicht. Aus der bloßen Materie ersteht Leben. Ein weiteres Wunder, ein weiteres Stück Auferstehung. Aber gleichzeitig wie das Leben entsteht, kommt der Tod in die Welt. Bloße Materie kann nicht sterben. Nur Lebewesen können sterben.

- Die schöpferische Schwungkraft Gottes führt durch die Entwicklungen der Evolution das Leben weiter bis hin zur Entstehung des Menschen. Vielleicht insbesondere vier Eigenschaften machen den Unterschied zwischen Mensch und Tier aus. Der

Mensch erreicht eine neue Bewusstseinsstufe: Er kann sich ganz anders an Vergangenes erinnern und kann in die Zukunft planen. Das heißt aber auch, dass er im Gegensatz zum Tier weiß, dass er sterben muss. Er ist das erste und einzige Lebewesen, das um seinen Tod weiß. Der Mensch kann außerdem Werkzeuge herstellen und miteinander kommunizieren. Und der Menschen erreicht eine neue Freiheitsstufe. Ein Tier kann nicht böse sein, ein Mensch dagegen schon.

Bewusstsein, Werkzeuge, Sprache und Freiheit führen den Menschen zur Frage: Was soll ich mit meinem Leben machen? Liegt der Sinn des Lebens nur darin, wie Tiere zu essen, damit man selber weiter lebt, und zu zeugen, damit Nachkommen entstehen? Essen und Zeugen - das kann nicht der ganze Sinn des menschlichen Lebens sein!

Wir haben einen neuen Bogen der Kosmosgeschichte aufgezogen. Wir enden beim Höhepunkt, dem Menschen. Und gleichzeitig sehen wir, dass wir Menschen zwiespältig sind. Nichts im Kosmos ist so zwiespältig wie wir Menschen. Wir können sogar für uns selber gefährlich sein.

Und in dieses Drama von uns Menschen möchte ich nun die Auferstehungserfahrung stellen: Es gibt nicht nur dieses Leben hier auf der Erde, das mit der Geburt anfängt und mit dem Tod endet. Es gibt noch eine andere Dimension der Zeit: die Ewigkeit.

Die Ewigkeit ist nicht die normale Zeit, die unendlich ausgedehnt wird und unendlich weiterläuft. Die Ewigkeit ist über der normalen Zeit. Deswegen kann auch hier in unserem Leben die Ewigkeit, und das heißt letztlich Gottes Geist und Gottes Gegenwart, erlebt werden. Alle großen Heiligen und Mystiker versichern uns: Wenn wir in uns hinein horchen, dann können wir in unserer Seele, in unserem Innersten einen Ort finden, wo wir die Ewigkeit berühren. Wir erleben sie als reine Gegenwart und wir erfahren darin Gott. An diesem Ort gibt es keinen Tod mehr, keine Verstrickung in Schuld, keine Sorgen.

Kommen wir mit diesem Ort ein wenig in Kontakt, dann werden wir zu solchen Menschen, die von der Auferstehung her leben.

Glauben wir an die Auferstehung Jesu, führt uns sein Geist zu diesem Ort, dem Reich Gottes in uns und unter uns. Wir werden zu Menschen, wie ich es oben am Beispiel von Adolf Reinach und seiner Frau erzählt habe.

Jesus Christus Aber am deutlichsten können wir das an Jesus Christus selber ablesen. Er hatte eine ganz intime Beziehung zu seinem Vater, zu Gott. Er spürte, dass er in dieser Beziehung zu seinem Vater die Ewigkeit berührte. Und er spürte, dass die Ewigkeit hier in unserem ganz normalen Leben wirkt und unser normales Leben verändert und Sinn gibt. Und er spürte, dass alles Vergängliche, alles, was hier auf der Erde geschieht, eine Bedeutung und einen Wert in der Ewigkeit haben kann, nicht muss, aber kann! Jesus nannte dies das Reich Gottes.

Wenn Menschen anfangen, an Gott zu glauben, an andere Menschen zu glauben, an sich selber zu glauben - dann beginnt das Reich Gottes, die Ewigkeit hier auf Erden!

Wenn Menschen anfangen, Gott zu lieben, andere Menschen zu lieben, vielleicht dennoch zu lieben und sich selber wirklich zu lieben - dann beginnt das Reich Gottes, die Ewigkeit hier auf Erden!

Wenn Menschen anfangen, die Hoffnung nicht aufzugeben auf Gott, auf ihre Mitmenschen, auf sich selber - dann beginnt das Reich Gottes, die Ewigkeit hier auf Erden!

Das verkündet Jesus uns schon zu seinen Lebzeiten vom Reich Gottes. Aber dass diese Botschaft Jesu vom Reich Gottes und von der Ewigkeit, von seinem Vater wirklich stimmt, das wird uns offensichtlich durch die Auferstehung, durch Ostern. Auch wenn die Wahrheit der Auferstehung nur im Glauben ergriffen werden kann, ist sie für uns Glaubenden der Beweis, dass wir mit unserem Glauben unser Leben auf festen Stein und nicht auf Sand gebaut haben.

Ostern: Ein Brief von Paulus an unsere Gemeinde zu Ostern.

Ein Dialog und ein Brief
A Ein Brief von Paulus, an unsere Gemeinde zu Ostern
Eine Nachricht vom mir, Paulus, Apostel, für Euch zum Osterfest
Schwestern und Brüder,
Ich erinnere euch an das Evangelium, das ich euch verkündet habe.
Ihr habt es angenommen; es ist der Grund, auf dem ihr steht.
Durch dieses Evangelium werdet ihr gerettet, wenn ihr an dem Wortlaut festhaltet, den ich verkündet habe.
Oder habt ihr den Glauben vielleicht unüberlegt angenommen?
Euer Paulus
B Haben wir den Glauben unüberlegt angenommen?
A Eine provokante Frage von Paulus, aber eine zentrale Frage!
B Paulus will uns aufrütteln. Christ sein soll man nicht so leben wie eine Karteileiche in einem Verein, bei dem man nur den Beitrag bezahlt.
A Wie schaut es aus, wenn einer unüberlegt Christ ist? Und wie schaut es aus, wenn einer überlegt Christ ist?
B Der eine lebt so, als gäbe es die Auferstehung Jesu Christi nicht, als ob sie nichts bewirkt hätte. Und der andere ist von der Auferstehung geprägt. Ostern hat in seinem Denken alle Koordinaten verändert.
A Wie bei einem Menschen, der auf dem Boden steht, und einem Menschen, der an einer Stange seine Hände hat und an ihr hängt: das Kräftespiel ist völlig anders, die Muskeln sind jeweils ganz anders in Aktion.

Paulus verkündet die Auferstehung den zweifelnden Korinthern
B Paulus war damals sauer auf einige Korinther, die sagten: Eine Auferstehung der Toten gibt es nicht. Aber für Paulus ist völlig

klar und absolut wichtig: Jesu Auferstehung und die Auferstehung aller gehören zusammen.

Deswegen erzählt er genau, wem alles Jesus als Auferstandener erschienen ist: Zuerst Petrus, den 12, dann 500 Brüdern zugleich, dann Jakobus, dann allen Aposteln und zuletzt ihm selbst, der es gar nicht erwartet hat.

Es ist absurd zu sagen, es gibt keine Auferstehung der Toten, und dann sich als Christ zu bezeichnen. Dann ist Jesu Auferstehung wirkungslos, eine Farce. Das sagt Paulus den Korinthern ganz deutlich.

A Aber für uns heute ist das immer noch eine gesunde provokante Frage! Fragen wir uns alle einmal: Haben wir den Glauben unüberlegt angenommen? Wir wurden alle als Babys getauft. Wann habe ich, hast du und du die Überlegung nachgeholt?

Hat die Auferstehung wirklich mein Leben und mein Denken geprägt? Hat die Auferstehung dein Leben und dein Denken geprägt?

B Das sind echte Osterfragen! Denn immerhin erneuern wir unseren Glauben bei der Taufwasserweihe.

A Da sagen wir nochmal bewusst: Ich glaube! Nun: an den Früchten werdet ihr sie erkennen, sagt Jesus in der Bergpredigt.

Wenn ich die Botschaft von der Auferstehung überlegt angenommen habe, dann merkt man das sogar in meinem Verhalten, in meinem Lebensstil, in meinem Umgang mit Mitmenschen.

Gelassenheit statt Verzweiflung

B Für mich sind hier zwei Punkte besonders interessant: Gelassenheit statt Verzweiflung und Verzauberung der Welt.

Wenn es für mich nur dieses irdische Leben gibt, dann muss ich verzweifelt in der kurzen Zeit von zirka 60 oder 70 Jahren alles erreichen, was ich erreichen will. Und letztlich bleibt am Schluss trotzdem noch die Verzweiflung. Alles ist wieder vorbei!

Wenn es für mich aber eine Hoffnung auf ein völlig vollendetes Leben bei Gott gibt, ein Leben voller Fülle, dann kann ich viel gelassener in der Welt leben. Ich muss nicht verzweifelt alles in einem irdischen Leben erreichen. Und wenn ich auf den Tod zugehe, muss ich nicht verzweifeln, denn der Tod ist nicht Ende sondern Übergang in das vollendete Leben.

A Wir müssen aber immer wieder die Auferstehung überdenken, meditieren, damit uns klar wird: Wir können gelassen sein, wir müssen nicht verzweifeln!

Verzauberung der Welt

B Das Zweite: Auch diese Welt, diese irdische Welt hat sich durch die Auferstehung verändert: Mein Professor für Dogmatik hat gesagt: Der Himmel ist die Innenseite des Kosmos. Und der große Theologe Teilhard de Chardin predigte gern vom kosmischen Christus: Das ist der auferstandene Christus, der überall da ist.

Wenn die Welt nicht nur einfach Materie ist, sondern selbst ein Geheimnis, weil ihre Innenseite der Himmel ist, weil überall im Kosmos Christus gegenwärtig ist, dann ist diese Welt irgendwie wie verzaubert. Ich kann voll Staunen, voll Dankbarkeit durch diese Welt gehen.

A Die Welt ist nicht nur verzaubert, weil am Anfang Gott diese Welt geschaffen hat, sondern weil der auferstandene Christus die ganze Welt erfüllt und zu einem guten Ende führen wird.

B Gelassenheit statt Verzweiflung, und Verzauberung der Welt. Und daraus entsteht echte Freude über die Welt und echte Liebe zu den Mitmenschen. Jeder Mitmensch gehört zu diesem Zauber. Auch wenn er es nicht weiß. In jedem Menschen ist der auferstandene Christus anwesend. Denn letztlich möchte Jesus Christus alle Menschen an sich ziehen, so wie er es im Johannesevangelium gesagt hat.

Ostermontag: Göttliche Pädagogik und unser Gottesdienst

Lk 24, 13-35
Göttliche Pädagogik
Ich bin immer wieder fasziniert von der göttlichen Pädagogik. Besonders in den Ostererzählungen können wir erleben, wie der Auferstandene die Jünger mit Geduld und Beharrlichkeit eines großen Pädagogen zu neuen Denkweisen und Sichtweisen, zu neuen Empfindungen, zu neuen Beziehungsaufnahmen und zu neuen Handlungsmöglichkeiten hinführt.
Ja das ist göttliche Pädagogik: Sie öffnet uns die Augen für eine neue Sichtweise. Sie lädt zu neuem Denken ein, plötzlich können wir anders empfinden, dem Du neu und frisch begegnen, neue Lösungen ergeben sich und in uns wächst die Begeisterung für neues Handeln.
So haben wir es auch heute wieder erlebt. Jesus gesellt sich zu den Emmausjüngern, unerkannt. Und was macht er als erstes?
Jesus hört zu, er ist kein schneller Problemlöser. Alle Resignation darf ausgedrückt werden. Jesus hört sogar mit der Haltung des Nichtwissens zu. Damit drückt er einen großen Respekt aus. Auf Augenhöhe öffnet er sich den Jüngern und sie können sofort offen reden.
Erst im zweiten Schritt stellt Jesus infrage, er konfrontiert die Jünger mit dem Wort Gottes. Gemäß dem Jesaja-Wort, dass Gottes Gedanken nicht unsere Gedanken sind. (Jes 55,8) Der Blick der Jünger wird dadurch gewendet. Neue Horizonte werden eröffnet. Jesus lädt die Jünger ein, das Geschehene aus einer völlig anderen Denk- und Sichtweise zu betrachten. Jesu offenes und langes Zuhören war außerdem notwendig, sonst hätten die Jünger ihr Herz nicht leer machen können für die neue Sichtweise.
Und nun tut Jesus so, als wolle er weitergehen. Für mich ist das ein weiteres wunderbares Element der göttlichen Pädagogik: Gott drängt uns nicht, er lädt uns herzlich ein und gibt uns trotzdem

die Freiheit. Der Mensch soll mit dem Wort Gottes ohne Zwang umgehen. Jesus lässt sich von den Jüngern einladen. Sie wollen nun wirklich, dass er bei ihnen bleibt.

Am Brotbrechen, an einer Geste erkennen sie ihn. Der Denkanstoß geht nun vom Kopf ins Herz. Jetzt können die Jünger im Augenblick selbst die neue Sichtweise empfinden, alles ist plötzlich verändert: Das Denken, das Sehen, das Empfinden – und da erwacht die Beziehung: Das bist du, unser Herr! Du bist für uns da! Du hast den Tod überwunden!

Sie erkennen ihm und dann sehen sie ihn nicht mehr. Auch das gehört zur göttlichen Pädagogik: Gott ist nicht zu ergreifen, er zeigt sich immer als das unaussprechliche Geheimnis, über das man nicht verfügen kann. Wer diese letzte Lektion Gottes durchlebt und begriffen hat, der ist fähig, Zeugnis zu geben. Er bricht auf, freudig von der Gotteserfahrung zu erzählen, dass Christus auferstanden ist.

Unser Gottesdienst

Erstaunlich und bemerkenswert finde ich, dass unser Gottesdienst nach dieser göttlichen Pädagogik aufgebaut ist. Oder vielleicht sollten wir sogar sagen: Diese göttliche Pädagogik ist der Maßstab für unseren Gottesdienst und sein tiefster Sinn. Wenn wir in unseren Gottesdiensten dieser göttlichen Pädagogik Raum geben, dann sind unsere Gottesdienste wirklich sinnvoll und adäquat.

Jedenfalls der Grundaufbau der Messe enthält diese Schritte der göttlichen Pädagogik: Unsere Gottesdienste möchten Raum für die Begegnung mit Jesus in Wort und Zeichen geben.

Wir kommen mit unseren Sorgen und Problemen in die Kirche. Vor der Messe im Stillen, beim Kyrie, beim Schuldbekenntnis, bei den Fürbitten können wir in unserem Inneren mitbeten und unsere Sorgen und Probleme vor Gott bringen. Vielleicht kommt dieses Element in unseren Gottesdiensten noch zu kurz. Wenn bei einem Gruppen- oder Jugend-Gottesdienst eingeladen wird, die Fürbitten frei zu sprechen, dann erlebe ich oft eine Atmosphäre des gegenseitigen Zuhörens, alles darf zu Jesus gelegt werden. Da können wir intensiv erleben, dass Jesus uns zuhört.

Dann hören wir im Wortgottesdienst das einladende und provozierende Wort Gottes, neue Denkweisen und Sichtweisen werden möglich.
Und wenn ich innerlich beim Hochgebet mitbete und das Abendmahl bewusst erinnere und dann vor zum Altar gehe, um den Leib Christi zu empfangen, dann nehme ich neu Beziehung zu Christus auf: Er möchte mein Herz öffnen, damit ich neu lerne zu empfinden und zu spüren, dass er für mich da ist.
Zuletzt werde ich gesendet, hinaus zu gehen in die Welt mit dem Segen Gottes, um Gottes frohe Botschaft in meinem Alltag zu leben mit der Zuversicht, dass auch ich zum ewigen Leben bei Gott bestimmt bin und von Ostern her leben darf.

2. Ostersonntag: Thomas – vom Beobachter zum Angeschauten

Joh 20, 19-31
Wir sind Zeugen einer Verwandlung, einer grundsätzlichen Veränderung eines Menschen. Durch die Begegnung mit dem Auferstandenen hat sich Thomas verändert. Diese Verwandlung, diese Veränderung der inneren Haltung, die heute im Evangelium in einer Geschichte ausgemalt ist, ist etwas Grundsätzliches, ist etwas Wesentliches.

Thomas verkörpert für mich einen besonderen Typ von Menschen: ich möchte sie Beobachtertypen nennen. Unter den Naturwissenschaftlern ist dieser Typ von Menschen weit verbreitet.

Seine Augen sind das aktivste Organ. Er beobachtet und sammelt so viel wie es geht Beobachtungen. Durch Nachdenken analysiert er und versucht die Welt in seinem Kopf zu ordnen. Aber er selbst hält sich raus. Distanziert und kühl nimmt er nüchtern wahr, ob die Farbe sich im Reagenzglas ändert oder nicht.

Mit dieser inneren Haltung geht Thomas auch an die Frage heran, ob der Herr auferstanden ist oder nicht. Überspitzt formuliert könnte man sagen, dass er eine Versuchsanordnung beschreibt, ein Experiment, das erfolgreich stattfinden muss. Wenn das Experiment erfolgreich ist, wird er seine Hypothesen in seinem Kopf ändern.

Aber was passiert nun! Der auferstandenen Jesus Christus kommt wieder zu den Jüngern und sagt dann zu Thomas: Streck deinen Finger aus - hier sind meine Hände! Und sei nicht ungläubig, sondern gläubig. Das Erstaunliche ist nun, dass uns Johannes nicht berichtet, dass Thomas seinen Test, sein Experiment durchführt, um seine Hypothese zu ändern. Thomas geht nicht auf den Auferstandenen zu und berührt mit seinen Fingern die Seite des Herrn. Sondern er sagt: Mein Herr und mein Gott!
Was hat sich da verändert!? Erst einmal wird es Thomas überrascht haben, dass der Herr wusste, dass er dieses Experiment

durchführen wollte. Aber das Entscheidende ist wohl, dass Jesus ihn anschaut. Jesus schaut Thomas in die Augen. Hier erlebt Thomas etwas Neues. Denn Jesus beobachtet nicht, er schaut Thomas an. Und Thomas merkt, dass zwischen Beobachten und Anschauen ein Wesensunterschied ist. Den Farbumschlag im Reagenzglas beobachtet man, aber das Reagenzglas schaut einen nicht an. Auch Menschen kann man beobachten. Aber meistens möchte man als Beobachter dann unerkannt, am liebsten unsichtbar bleiben. Von einem hohen Turm auf die Ereignisse hinunter schauen und selbst distanziert sein. Aber wenn Jesus Thomas anschaut, dann geschieht etwas völlig Neues: **Thomas muss seine Beobachterrolle verlassen.** Er wird durch Jesus als Person angesprochen, da kann man nicht mehr nur mit dem Kopf analysieren, sondern Herz und Bauch, Gefühle und die ganze Persönlichkeit werden angesprochen. Echte tiefe Beziehung zwischen zwei Menschen, zwischen Jesus und Thomas entsteht, darauf kann Thomas nur sagen: Mein Herr und mein Gott! Hier ist er nicht mehr Beobachter. Seine ganze Person wurde von Jesus angesprochen. Und er antwortet darauf, dass er seine ganze Person Jesus Christus hingibt.

All das kann uns ganz gut erklären, was Glaube und Gotteserfahrung wirklich heißt und was Glaube und Gotteserfahrung nicht heißt.

Ich habe manchmal den Eindruck, dass viele Menschen den Glauben an Gott so behandeln und verstehen, wie sie daran glauben, dass in Indien es den Fluss Ganges gibt. Und wenn sie eine Indienreise machen, dann sehen sie diesen Fluss. Aber würde es an ihrem Leben etwas ändern, wenn es diesen Fluss nicht gäbe? Der Glaube, dass es in Indien den Fluss Ganges gibt, hat auf ihr Leben, ihren Lebensstil und ihre Person letztlich keinen Einfluss. Und sie verstehen eine Gotteserfahrung so, dass sie irgendetwas beobachten können. Aber bei einer Gotteserfahrung beobachtet man nie etwas. Sondern man sollte eher sagen: man nimmt wahr, dass es einen Grund im eigenen Leben gibt, auf den man vertrauen kann. Und vielleicht noch mehr so wie bei Thomas: bei

einer Gotteserfahrung spüre ich, dass ich angeschaut werde, dass ich geliebt werde, dass hier auf einmal meine ganze Person mit all meinen Gefühlen, Gedanken, Träumen und Sorgen, meine ganze Lebensgeschichte, mein ganzer Lebenssinn angesprochen wird, ins Spiel kommt.
Wie kann das einem normalen Menschen passieren, könnte man kritisch fragen. So wie Thomas begegnet uns der Auferstandene heute ja wohl nicht mehr, könnte man kritisch entgegnen. Eine Geschichte aus dem Alltag soll zeigen, dass jedem von uns diese Verwandlung des Thomas geschehen kann, mitten im Alltag. Und zwar durch die **Begegnung mit dem Nächsten**.
Der Jesuit und Exerzitienmeister Franz Jalics durchlebte als Theolgieprofessor in Argintien eine Zeit, in der er irgendwie nicht glauben konnte. In einer alltäglichen Episode merkte er, dass er das Murren und den Frust seines Mitbruders nicht registrierte. In einem Spaziergang fragte er sich: Wenn ich meinen Mitbruder nicht richtig wahrnehme – kann es sein, dass ich auch Gott nicht richtig wahrnehme? Er nahm sich vor, in den nächsten Wochen und Monaten mit besonderer Aufmerksamkeit seinen Mitmenschen zu begegnen und ihnen wachsam zuzuhören. Nach einem Jahr war die Krise vorbei.
Im Nächsten begegnet mir Christus! Gotteserfahrung im Alltag! Das ist keine Floskel, das zeigt die Geschichte. Wer sich auf die anderen Menschen wirklich einläßt, sie nicht nur beobachtet, der fängt an zu glauben. Glaube, der wirklich das Leben prägt.

3. Ostersonntag: Jesu Umgangsstil ist frohe Botschaft

Apg 2, 14. 22b-33
Petrus predigte voll Begeisterung: „Jesus, den Nazoräer, den Gott vor euch beglaubigt hat durch machtvolle Taten, Wunder und Zeichen". Denn Petrus selbst ist Jesus nachgefolgt, weil er tief von ihm beeindruckt war. Und so wurde Jesus sein Rabbuni, sein Herr, dem er nachfolgt. Was faszinierte Petrus und so viele Menschen an Jesus? Warum ist er heilsam für die Menschen, warum ist er eine frohe Botschaft, ein Evangelium, das Petrus unbedingt verkünden muss?
Jesus ist glaubwürdig. Die Glaubwürdigkeit einer Person zeigt sich immer in drei Aspekten: die richtige Lehre, das richtige Handeln und die richtige Art und Weise bzw. der richtige Stil. Und die Übereinstimmung aller drei Aspekte! Jesus z. B. verkündet das anbrechende Reich Gottes, das ist seine Lehre. Er ist bereit, dem Vater bis in den Tod hinein treu zu sein, das ist sein glaubwürdiges Handeln. Aber Jesus hat auch einen besonderen Stil, er zieht die einfachen Leute und Außenseiter an, weil er nicht arrogant wie die Pharisäer auftritt. Er nennt alle Geschwister, tut Gutes, ist freundlich, heilend und befreiend.
Jesu Umgangsstil: Wenn wir Texte, Predigten, theologische Abhandlungen über Jesus Christus betrachten, erkennen wir schnell, dass das Reden und das Handeln Jesu ausführlich besprochen werden. Sein Stil wird viel weniger thematisiert. Jesu Stil gehört aber wie sein Reden und Handeln wesentlich zu seiner Person und zu seiner heilenden, erlösenden Wirkung auf uns Menschen.
Stellen Sie sich mal Jesus ganz anders vor, mit einem anderen Stil. Z. B. Von oben, machtvoll, distanziert, autoritär. Er hätte auch das anbrechende Reich Gottes verkünden können. Aber seine Art und Weise hätte die einfachen Leute in Galiläa wohl eher abgeschreckt als angezogen. Petrus wäre wahrscheinlich Jesus nicht nachgefolgt. Er hätte durch seine Predigten vielleicht auch den Hohenpriester und die Römer verärgert, so dass er zum Tode verurteilt worden wäre. Aber hätte er dann seinen Feinden

vergeben und dem Schächer, der ihn anspricht, das Paradies versprochen? Dann hätte er die Sünde der Welt zwar bekämpft, aber von außen.

„Gott ist Liebe, und für die Menschen hat Liebe immer auch ein WIE, ohne das es keine Liebe wäre, selbst wenn es etwas Gutes und Befreiendes wäre."[27] Ja Jesus hat Gottes Liebe offenbart, das will Petrus in seiner Predigt seinen Zuhörern klar machen. Das wurde Petrus auch durch das Wie des Umgangsstils Jesu klar!

Ehrlichkeit und Mitgefühl, Freiheit und Freude, Treue und Vertrauen

Jesu Stil ist erstens mitfühlend. Mitgefühl und Barmherzigkeit prägt all sein Handeln. Nichts ist ihm wichtiger, nichts kann sein Mitgefühl verdrängen.

Jesus ist zweitens ehrlich und aufrichtig. Er stellt sich der Wirklichkeit. Er beschönigt nichts, nennt Ungerechtigkeiten beim Namen und verteidigt die Schwachen. Er bleibt auch in Krisen im Inneren und bei Verfolgungen von außen ehrlich und gerecht.

Jesus lebt drittens aus einer inneren Freiheit: Er nimmt sich z. B. die Freiheit, auch am Sabbat Gutes zu tun. Und er vermittelt anderen diese innere Freiheit, z. B. indem er sagt: Denn der Sabbat ist für den Menschen da.

Jesus ist außerdem freundlich gerade zu Sündern und Ausgegrenzten, er setzt sich mit ihnen an einen Tisch. Er freut sich, dass Gott sich ihnen besonders zuwendet. Er will und hofft, dass gerade sie selig und glücklich werden.

Jesus zeigt seine Freundlichkeit und das anbrechende Reich in kleinen Zeichen, in Gesten der Zuwendung, im Segnen, Berühren, Zuhören, Anschauen.

In all dem vertraut er auf einen guten, nahen Gott, den er Vater nennt. Diesen barmherzigen Vater will er verkündigen und offenbaren.

Jesus kann Wertvolles vereinigen, das sogar erst einmal schwer zusammengedacht werden kann: „Jesus ist gleichzeitig ein Mensch der Barmherzigkeit und der prophetischen Anklage, ein Mensch von Derbheit (wer mein Jünger sein will, nehme sein

Kreuz auf sich und folge mir nach) und Zärtlichkeit (dein Glaube hat dir geholfen), ein Mensch von Gottvertrauen und Gottverlassenheit (mein Gott, warum hast du mich verlassen?). Wichtig ist, dass die Evangelien Jesus als jemanden zeigen, der all das verkörpert was menschlich ist und all das zusammenbringen, was menschlicher macht. Und das ist bis heute sehr attraktiv."[28]

Die Menschlichkeit Jesu steckt an

Diese Menschlichkeit Jesu steckt an. Wir sehen es an so vielen Heiligen, die nicht nur an die Lehre Jesu glaubten, die nicht nur im Handeln Jesu nachfolgten, sondern auch seinen Stil zum Vorbild nahmen. Denken wir an den Heiligen Franziskus und seine Demut, an den Heiligen Johannes Don Bosco und seine Freundlichkeit zu jungen Menschen oder an Johannes XXIII und seine Bescheidenheit und Versöhnlichkeit oder an die kleine Therese und ihre Hingabe.

Gott hat nicht irgendeinen Menschen, der am Kreuz gestorben ist, erweckt, rehabilitiert und erhöht. Sondern Jesus, der ganz und gar menschlich und herzlich war. So ist Jesu Umgangsstil bis heute für uns Christen und Menschen eine Freude, eine frohe Botschaft, eine Kraftquelle und ein Vorbild.

4. Ostersonntag: Kurze Erzählung vom Antichrist von Solowjew

Joh 10, 1-10
Christus ist die Tür zum wahren und erfüllten Leben. Neben ihm gibt es Menschenführer, die sich letztlich als Diebe und Räuber herausstellen. Die Johannesoffenbarung warnt z. B. vor Kaiser Nero. Er ist ein solcher Räuber und Dieb. Die römischen Kaiser haben Frieden versprochen und Verfolgung gebracht. Unser heutiges Evangelium fordert also uns heraus, die Unterscheidung der Geister gewissenhaft durchzuführen: Wer ist ein Menschenverführer und wer führt uns hin zur Tür des Lebens, zu Jesus Christus?

Der russische Philosoph und Theologe Wladimir Solowjew schrieb zu dieser Frage im Jahre 1900 die „Kurze Erzählung vom Antichrist". Der Text ist eine Vision, wie sich die Geschichte im 20. Jahrhundert entwickeln könnte. Sie ist ein moderner apokalyptischer Text, der uns Christen wie das heutige Evangelium zur Unterscheidung der Geister herausfordert. Natürlich ist die Weltgeschichte nicht so abgelaufen, wie Solowjew es in seiner „Kurzen Erzählung vom Antichrist" vermutet hat. Doch wenn man von der Geschichte die einzelnen Ausgestaltungen abzieht und auf den Kern schaut, dann zeigt sich Solowjew als sehr weitsichtig, der in gewisser Weise die demagogische Gefahr von Hitler, Stalin oder Mao Tsetung voraussah. Das Wesentliche dieser Geschichte bleibt auch heute immer noch aktuell.

Nun also die „Kurze Erzählung vom Antichrist" in Kürze erzählt:
Am Anfang des 20. Jahrhunderts wird sich der Panmongolismus durchsetzen: Die Japaner erobern China, später Russland und zuletzt Europa. Dieses große Reich währt 50 Jahre, dann regt sich Widerstand. Ein vereinigtes Europa befreit sich vom Panmongolismus. Im 21. Jahrhundert angelangt zeigt sich mehr und mehr,

dass das Weltbild des Materialismus nicht haltbar und orientierend ist: Es reicht nicht, davon auszugehen, dass alles nur aus Elementarteilchen, Atomen, Molekülen besteht und aus deren Verbindungen sich alles erklären ließe. Gibt es nicht doch auch Geistiges, das nicht durch den theoretischen Materialismus zu erklären ist? Aber es ist unmöglich, zum naiven Kinderglauben zurückzukehren. Wo soll es nun hingehen?

Da tritt ein Übermensch auf, ein Genie, noch jung. Er glaubt an das Gute, Gott, Christus. Aber er liebte sich allein! Seine maßlose Eigenliebe führt ihn zum Wahngedanken, dass er der eigentliche Messias sei: „Er hielt sich für das, was in Wirklichkeit Christus war." Nicht Hingabe an Christus, nicht echter Dienst am anderen wie bei Jesus, sondern Hochmut regiert sein Herz. Er denkt sich: „Ich bin Nachfolger von Christus. Deswegen bin ich größer als er, weil das zeitlich spätere das ontologisch erste ist." Er wartet auf einen Ruf von Gott, der ihn als wahren Messias einsetzt. Dieser kommt aber nicht, er wartet drei Jahre auf den Ruf. Doch dann bekam er tiefste Zweifel: „Wenn Jesus doch der wahre Christus ist? Dann bin ich doch nicht der eigentliche Messias und müsste mein Knie beugen?" Seine überbordende Egozentrik schlägt in Wut, Neid und Verzweiflung um: Nie will er beten, Herr sei mir Sünder gnädig, er ist der Übermensch und Jesus ist nicht auferstanden! Seine Wut schlägt in Verzweiflung um. Er möchte sich umbringen und stürzt sich in die Schlucht eines Wildbachs. Doch da hält ihn eine Kraft in der Luft und rettet ihn: der Satan rettet ihn und setzt ihn als seinen Sohn ein. Das erinnert natürlich an Faust von Goethe, oder auch an Dr. Faustus von Thomas Mann. Nun mit neuem unbeschreiblichen Elan geht der Übermensch ans Werk und schreibt sein Buch: "Der offene Weg zu Frieden und Wohlfahrt der Welt". Es ist allumfassend und versöhnt alle Widersprüche. Das ist allen angenehm und wird von allen angenommen. Er wird Präsident der Vereinigten Staaten von Europa, später römischer Kaiser und spricht: „Meinen Frieden gebe ich euch." Später erreicht er die Weltherrschaft und wird Präsident aller Völker der Erde.

Nach der Lösung politischer und sozialer Fragen steht nun die religiöse Frage an. Zu dieser Zeit tritt der Magier und Wundertäter Apollonius als Komplize auf. Die Christen sind sich unsicher. So beruft der Weltkaiser ein großes Konzil in Jerusalem auf dem Tempelplatz ein: 3000 Konzilsteilnehmer von Protestanten, Katholiken und Orthodoxen. Drei herausragende Persönlichkeiten prägen die Versammlung: Papst Petrus der Zweite, Staretz Johannes und Professor Ernst Pauli.

Der Kaiser möchte alle an sich binden: Christen, womit kann ich euch glücklich machen? Was ist das teuerste für euch? Den Katholiken verspricht er, den Papst mit allen Privilegien einzusetzen, dafür sollen die Katholiken ihn aus tiefem Herzen als Beschützer anerkennen. Ein Großteil der Katholiken gehen zum Weltkaiser, um die Zustimmung zu seinem Vorschlag zu verdeutlichen – außer Papst Petrus der Zweite und einige wenige. Den Orthodoxen verspricht der Kaiser die Förderung der Tradition mit einem Weltmuseum. Wiederum stimmen die meisten orthodoxen Christen ihm zu. Nur Staretz Johannes und einige wenige bleiben ungerührt. Den Protestanten verspricht der Kaiser die Förderung der Bibel durch ein Weltinstitut zur Bibelforschung, wiederum die gleiche Reaktion: Die meisten stimmen zu. Doch auch Prof. Pauli bewegt sich nicht.

Da meldet sich der Staretz zu Wort: „Das Teuerste ist uns Christus. Bekenne jetzt und hier Jesus Christus als Sohn Gottes."

Der Kaiser spürt in sich diesen höllischen Sturm. Dieser sagt ihm, er soll schweigen. Kaiser schweigt!

Da ruft der Staretz aus: „Der Antichrist!" Da überschlagen sich die Ereignisse: Der Großmagier lässt einen Donnerschlag und Blitz auf Staretz Johannes schleudern. Tot fällt der Staretz zu Boden. Der Kaiser deutet diesen Blitz als Gottes Gericht.

Doch Papst Petrus der Zweite durchschaut die Lüge, steht auf und verstößt den Kaiser aus der Kirche: „Anathema! Hinweg, Gefäß des Teufels" Wieder Blitzschlag und Papst ist tot.

Ein Tumult entsteht, nur einer reagiert ruhig: Prof. Pauli schreibt auf ein Stück Papier, das wahre ökumenische Konzil findet in der Wüste statt.

Eine kleine Menge folgt ihm. Die zwei Toten müssen sie da lassen, sie gehen in die Wüste, um dort das wahre Konzil der Christen, die Christus folgen, zu eröffnen.

Der Großmagier wird zum Papst ernannt. Nach vier Tagen holen die Christen heimlich die zwei Toten, die bei der Flucht hinter den Toren Jerusalems wieder zum Leben auferstehen. In der Wüste vollzieht sich die wahre Einheit der Kirche in der Verbannung.

Doch durch einen Aufstand der Juden und durch ein Erdbeben werden die kaiserlichen Truppen zerstört. Die vom Kaiser Getöteten erwachen zum Leben und es folgt ein 1000-jähriges Reich unter der Herrschaft von Christus selbst.

Eine seltsam verrückte Erzählung? **Nun, die Ähnlichkeiten zwischen dem Antichrist und den Massenverführern im 20. Jahrhunderts sind auffällig:**

- Sie versprechen goldene Zeitalter nach einer gewissen Übergangszeit.
- Sie versprechen eine Pseudoeinheit und bedienen die verschiedenen Wünsche.
- Sie stilisieren sich als Menschenretter.
- Sie inszenieren quasi religiös ihre Macht.
- Sie setzen durch Gewalt und Krieg und Geheimdienste ihre Macht durch.
- Sie fühlen sich als Übermenschen und sind maßlose Egozentriker, immun gegenüber kritischer Selbstdistanz.
- Sie akzeptieren nicht Jesus Christus als wahre Tür zum Leben.

Die Gefahr, dass Menschen und Völker falschen Messiassen folgen, ist auch heute nicht gebannt. Die Probleme der Menschheitsfamilie sind mit dem Klimawandel, Finanzkrisen, Kriegen und Flüchtlingen nicht einfacher geworden. Verteilungskämpfe um

Wasser, Land, Nahrungsmittel werden mehr werden. Die Christen werden auch in Zukunft nicht um die Frage nach der Unterscheidung der Geister herum kommen!

5. Ostersonntag: Der wahre Lebensweg mit Jesus

Joh 14, 1-12
Pilatus fragte Jesus: Was ist Wahrheit? Eine große Frage. Jesus beantwortet diese Frage im Johannesevangelium auf seine Weise, indem er sagte: Ich bin der Weg, die Wahrheit und das Leben. Nun befürchten Sie vielleicht, eine abstrakte, philosophische, abgehobene Abhandlung über die Wahrheit? Ich will Ihnen zeigen, dass das Gegenteil der Fall ist.
Erste Beobachtung: drei Wörter Weg, Wahrheit, Leben. Sie müssen einen inneren Zusammenhang haben, aber irgendwie scheint die Wahrheit herauszufallen. Weg und Leben sind dynamisch. Wir sind im Leben immer auf dem Weg, in Bewegung und in Veränderung. Aber Wahrheit stellen wir uns statisch, unveränderlich, aber auch irgendwie unabhängig, über allem stehend vor.

Falsche Wege und Wahrheit finden
Aber Wahrheit muss nicht so verstanden werden. Ein Psychiater erzählte zum Beispiel folgendes: *„Da war die Geschichte von dem deutschen Aussteiger Mitte 20, der genug hatte vom deutschen Stress und der deutschen Spießigkeit und nach Kreta auswanderte, um dort mit anderen Hippies zusammen den Sommer in Berghöhlen zu verbringen. Der Mann wurde ernsthaft krank, er hatte die unterschiedlichsten Symptome. Schnell war klar, die Ursachen mussten psychischer Natur sein. Er kam zurück nach Deutschland und unterzog sich einer Psychotherapie. Im Laufe der Behandlung lernte der Mann zu begreifen, dass er für ein Abenteuerleben nicht geboren war. In Wirklichkeit hatte er nämlich ein starkes Bedürfnis nach Sicherheit, nach einem festen Gehalt und einem Dach über dem Kopf und nach einem Balkon mit Blumen drauf. Der Mann musste seine Spießigkeit akzeptieren - und wurde wieder gesund."*[29]
Er war erst auf dem falschen Lebensweg. Dann fand er seinen für sich passenden wahren Lebensweg. Hier habe ich die drei Begriffe zusammengezogen: wahrer Lebensweg.

Die Geschichte zeigt: Die wichtige Wahrheit ereignet sich im Leben, im Lebensweg. Alle anderen Wahrheiten sind eher Schatten von einer gelebten konkreten Wahrheit. Aber diese Schatten, die wir als wahre Sätze bezeichnen, erscheinen oft abstrakt, wenn sie den Kontakt zum Leben verloren haben.

Bei Jesus und durch Mitmenschen finde ich meinen wahren Lebensweg Wie finde ich meinen wahren Lebensweg, diese Wahrheit in mir, die lebendig, anfeuernd und bewegend ist? Wie finde ich den wahren Lebensweg, der zu mir passt?

Wenn Jesus sagt: Ich bin der Weg die Wahrheit und das Leben. Dann finde ich meinen wahren Lebensweg in der Begegnung mit Jesus Christus.

Jesus selbst ist in die Stille immer wieder gegangen, um mit seinem Vater zu sprechen. Gleiches können wir tun, um ihm zu begegnen. In der Stille fallen die Einflüsse von außen weg, man kann in die Tiefe stoßen und Jesus Christus in der Stille des eigenen Herzens, in der eigenen Sehnsucht entdecken. In der Stille ahnen wir mehr und mehr, dass Jesus Christus begegnen und den eigenen wahren Lebensweg finden zwei Seiten einer Medaille sind.

Aber gleichzeitig lehrt mich Jesus, dass ich ihn im Mitmenschen begegne. Wenn ich die Mitmenschen nicht benutze, sondern als Du wahrnehme, dann entsteht ein wahres freudiges Leben auf gemeinsamen Wegen. Wenn ich in Dialog und gegenseitigem Austausch und Anregung anderen begegne, dann begegne ich den anderen mit Würde. Und wie oft haben Menschen erlebt, dass sie gerade in der Auseinandersetzungen mit ihren Mitmenschen korrigiert worden sind und dann entdeckt haben, dass sie auf dem falschen Lebensweg sind. So werden unsere Mitmenschen zu Offenbarungen, was der Heilige Geist eigentlich wirklich mit uns vorhat.

Mit Jesus durch den Nebel Thomas sagt zu Jesus: Herr, wir kennen den Weg nicht. Ja, das stimmt. Mein Lebensweg bleibt im Nebel. Ich kann noch soviel planen und vermuten, die Zukunft ist nicht berechenbar. Wir sind auf unserem Lebensweg wie Ruderer, die nach hinten schauen und nach vorne fahren. Die Vergangenheit ist uns mehr oder weniger bewusst, die Zukunft ist ungewiss. Wir leben nach vorne und wir verstehen vieles erst im Rückblick.

Wenn Jesus sagt, „Ich bin der Weg, die Wahrheit und das Leben", dann können wir uns mit unserem Nichtwissen ihm anvertrauen. Mit einem Freund bin ich einmal im Spätherbst auf eine Alpenhütte gewandert. Es hatte nachts davor geschneit und wir gingen das erste Mal auf diese Hütte. Wir hätten den Weg nicht gefunden, wenn nicht ein Einheimischer einige Minuten vorher denselben Weg gegangen wäre. Wir folgten seinen Spuren.

Wenn wir Jesus nachfolgen, sollten wir es uns noch extremer vorstellen: Der Weg entsteht im Gehen und manchmal wissen wir nicht die übernächsten Schritte. Aber: Er ist der Weg, die Wahrheit und das Leben. Sich ihm anzuvertrauen, bei ihm den wahren Lebensweg für sich selbst zu suchen, heißt glauben!

6. Ostersonntag: Mangel und die größte Gabe des Heiligen Geistes

Joh 14, 15-21
Jesus sendet uns den Heiligen Geist und verspricht: Er wird in Euch sein! Er will uns in ein erfülltes Leben führen.
Alle Menschen suchen auf verschiedene Weise genau das: Ein erfülltes Leben, ein sinnvolles, lebendiges Leben, ein glückliches Leben. Die meisten suchen außerhalb von sich nach der Erfüllung.
Die falsche Suche Sie sind bei ihrer Suche oft wie ein Betrunkener, der unter einer Straßenlampe nach dem Haustürschlüssel Ausschau hält. Ein Polizist, der vorbei kommt, fragt: Was tun Sie hier? – Ich suche meinen Haustürschlüssel! – Haben Sie ihn hier verloren? – Nein, dort drüben in der dunklen Ecke bei der Hecke. Aber hier ist es hell! Einige Beispiele:

- Ein Mann, der wahnsinnig viele Bücher liest, um Wissen anzusammeln, um immer mehr zu verstehen.
- Eine Frau, die regelmäßig Shoppen geht und sich immer wieder neu erhofft, dass neue Kleider sie glücklich machen.
- Oder ein Mann, der meint, wenn alles um ihn herum richtig, geordnet, vollkommen und perfekt ist, dann fühlt er sich wohl. Regelmäßig wird er zornig, weil das nicht gelingt.
- Oder ein Mann, der sehr viel Angst hat, sehr unsicher ist und eine ruhige Arbeitsstelle sucht, in einem Büro, in dem er genau weiß, was er zu tun hat, so dass alles seinen geordneten Lauf nimmt.
- Oder ein Jugendlicher, der an jedem Wochenende zwei oder dreimal in die Disco gehen muss, und sich davon immer neue Partylaune und Spaß erhofft, - etwas, was die Schule eben nicht bieten kann.
- Oder ein Hippie, der nach Indien geht, um dort einen spirituellen Lehrer zu suchen, der ihm den Weg zum großen Glück

des Lebens zeigen soll. Auch dieser sucht außerhalb von sich das Glück.

Wenn dieser Hippie wirklich an einen guten religiösen Lehrer kommt, wird dieser ihm auf irgendeine Weise klarmachen: Suche das Glück nicht außerhalb von dir, sondern in dir. Der wirklich wahre große Lehrer, der dir den Weg zum erfüllten Leben zeigt, ist dein innerer Lehrer.

Wer ist unser innerer Lehrer? Jesus hat uns ihn versprochen: der Heilige Geist. Jesus sendet uns den heiligen Geist und verspricht: Er wird in euch sein! Der Heilige Geist, Gottes Geist ist unser innerer Kompass, und der innere Lehrer, der uns zum wahren erfüllten Leben führt. Und gleichzeitig ist er selbst das wahre erfüllte Leben.

Mein geistlicher Lehrer betonte immer wieder: Die größte Gabe des Heiligen Geistes ist unsere Sehnsucht nach Gott. Folgen wir dieser Sehnsucht, sei sie auch noch so klein, führt sie uns zu einem erfüllten Leben.

Es ist schwierig über dieses Thema zu reden, weil so schnell die Zuhörer den Eindruck bekommen, als ob man negativ und schlecht über weltliche Freuden und Sicherheiten wie Shoppen, Party oder einen geordneten Beruf reden würde. Jesus würde sagen: „Euer himmlischer Vater weiß, dass ihr das braucht. Aber sucht zuerst das Reich Gottes!" Wer der inneren Sehnsucht folgt, entdeckt mit der Zeit, was Ignatius verkündet: „Gott sehen in allen Dingen!" Dann können wir die weltlichen Dinge, Ereignisse und Beziehungen wertschätzen und genießen, ohne an ihnen zu hängen.

Deswegen zur Verdeutlichung noch ein anderes Beispiel: Eine Frau, die immer wieder neue Beziehungen eingeht, weil sie Sehnsucht nach Anerkennung und Liebe hat, ist frustriert, wenn es wieder einmal nicht klappt. Und plötzlich merkt sie: „Vielleicht muss ich mich erst selber lieben, so annehmen, wie ich bin. Und ich kann das." Oder sie spürt, dass sie sich noch nicht so richtig lieben kann und fängt das Beten an:"Herr du liebst mich doch, so wie ich bin. Du hast mir den Heiligen Geist geschenkt. Hilf mir, ich kann mich noch nicht so annehmen." Dann hat sie plötzlich in sich die Liebe entdeckt. Dann kann sie auf ganz neue Weise einen Partner lieben. Sie muss nicht mehr beim anderen um Anerkennung betteln.

Gerade die zwischenmenschliche Liebe zeigt den Unterschied: Erwarte ich vom anderen, dass er mir das Paradies auf Erden erschafft, erwarte ich von ihm mein ganzes Glück? Oder habe ich in mir selbst Frieden und Liebe entdeckt, die ich dann weitergeben möchte?

Die Firmung ist die klare Zusage: der Heilige Geist ist in dir, Gottes Geist ist in dir. Deswegen kannst du auch Frieden, Liebe, Zufriedenheit, erfülltes Leben in dir selbst entdecken. Und wenn du das entdeckst, und sei's nur ein wenig, dann verändert das dein Leben!

Deswegen möchte ich Sie zu einem Experiment einladen: Seltsamerweise ist der beste Augenblick, nach der inneren Zufriedenheit zu suchen, wenn etwas Äußeres wegfällt. Zum Beispiel: Die Freundin hat Schluss gemacht, ich spüre den Mangel. Oder ein anderes Beispiel, das nicht ganz so einschneidend ist: Ich bin erkältet und kann nicht zur Party gehen, ich spüre den Mangel. Wenn ich dann den Mangel annehme und mich nicht wehre und dann nach innen schaue, nicht in Gedanken bin und wieder plane, sondern den Augenblick so annehme, wie er ist, vielleicht anfange zu beten, dann kann sich die Zufriedenheit, die der Heilige Geist schenkt, zeigen.

Das klingt seltsam? Probieren Sie es aus, aber überlassen Sie es dem Heiligen Geist, wann er Ihnen diesen inneren Frieden schenkt. Denn durch das Leben selbst, durch unsere verschiedenen Lernerfahrungen, durch die verschiedenen Höhen und Tiefen, ja sogar durch unsere Ohnmachtserfahrungen hindurch will der Heilige Geist uns mehr und mehr zu ihm selbst führen, zu dem inneren Frieden, den nur er schenken kann. Wie Paulus sagt: Der Geist nimmt sich unserer Schwachheit an, wenn wir nicht wissen, wie wir beten sollen![30]

Christi Himmelfahrt: Zwei Missverständnisse

Bei dem Fest Christi Himmelfahrt verfallen wir leicht in zwei Missverständnisse!
Das erste Missverständnis ist, dass wir uns Christi Himmelfahrt als ein geschichtliches Ereignis an einem Tag vorstellen. Sozusagen ein geschichtliches Ereignis, dass man - wäre man dabei gewesen - mit einer Videokamera hätte filmen können. Warum dieses Verständnis nicht möglich ist, zeigt ein Vergleich zwischen Lukas und Paulus. Paulus zählt in einem seiner Briefe ganz nüchtern auf, welchen Personen der Auferstandene erschienen ist. Er war der Letzte, dem sich der Auferstandene gezeigt hat. Natürlich erzählt Lukas Christi Himmelfahrt als ein Ereignis an einem Tag. Nach seiner Darstellung ist sie kurz nach der Auferstehung, höchstens einige Wochen später passiert. Aber der Auferstandene ist Paulus später, nach Pfingsten erschienen. Ist der Auferstandene deswegen noch einmal vom Himmel heruntergekommen und dann gleich wieder in den Himmel hinauf gefahren? Das ist irgendwie seltsam!
Christi Himmelfahrt ist kein historisches Ereignis an einem Tag sondern es ist einerseits ein Prozess, der in den Herzen der Gläubigen stattfindet, und es ist andererseits eine metaphysische Wahrheit. Es ist nicht ungewöhnlich, dass die Bibel einen Prozess des Herzens und eine metaphysische Wahrheit mit einer Geschichte darstellt. Also:
Christi Himmelfahrt als ein Prozess, der in den Herzen der Gläubigen stattfindet: Versetzen wir uns in die Jünger hinein. Nach dem furchtbaren Ereignis vom Karfreitag erfahren sie später, dass Jesus Christus auferstanden ist. Sie können es noch gar nicht verstehen. Die Erfahrung, dass Jesus Christus auferstanden ist, ist etwas völlig Neues in ihrem Leben, in ihrem Herzen. Diese neue Erfahrung ist fast wie ein erstaunlicher Fremdkörper in ihrem ganzen Weltbild. Aber mit der Zeit ändern sie ihre ganze Einstellung, ihr ganzes Weltbild, ihre ganze Intuition, ihr ganzes Füh-

len - und im Zentrum steht nun die Erfahrung des Auferstandenen. Mit der Zeit ist die Wahrheit, dass Jesus Christus lebt, nicht mehr ein Fremdkörper in ihrem Weltbild, sondern das zentrale Kraftzentrum, auf das alles andere hingerichtet ist. Und seltsamerweise ist es so, dass man die Wahrheit, dass Jesus Christus auferstanden ist, nicht mehr als einzelne Erfahrung erleben kann, wenn sie schon das ganze Sein, das ganze Bewusstsein, das ganze Leben von einem Menschen prägt.

Aber gleichzeitig ist Christi Himmelfahrt eine metaphysische Wahrheit: der Auferstandene Jesus Christus ist bei Gottvater. Aber Gott ist überall da. Und so ist auch Jesus Christus überall da. Der Auferstandene Jesus Christus zeigt sich nicht hier oder an jenem Ort, sondern er ist überall da. Man kann auch sagen: der Auferstandene Jesus Christus ist im Himmel. Aber der Himmel ist nicht jenseits der Welt, der Himmel ist nicht da oben. Mein Dogmatikprofessor hat öfters gesagt: der Himmel ist die Innenseite des Kosmos. Dann kommen wir aber wieder zum selben Ergebnis: Jesus Christus ist als Auferstandener überall da. Nichts anderes will das Fest Christi Himmelfahrt aussagen.

Vielleicht merken Sie nun, dass beides zusammen passt: die Erfahrung, dass Jesus Christus auferstanden ist, hat sich mit der Zeit ausgeweitet im Herzen der Jünger und damit wird ihnen aber gleichzeitig klar, dass Jesus Christus als Auferstandener immer und überall da ist.

Das zweite Missverständnis von Christi Himmelfahrt ist nun schnell erzählt und aufgeklärt: Es ist die Vorstellung, dass mit Christi Himmelfahrt uns etwas verloren gegangen sei, dass Jesus Christus weggegangen sei in den Himmel, und dass er deswegen uns nicht so nah ist wie den Jüngern, denen er als Auferstandener begegnet ist. Aber nach meinen Ausführungen ist wohl deutlich geworden, dass Christi Himmelfahrt kein Fest des Verlustes ist! Vielmehr ist es ein Fest des Gewinns. Ein Gewinn, der eigentlich schon immer besteht: dass Jesus Christus als Gottes Sohn immer und überall da ist. Er steht uns immer bei, bis ans Ende der Welt!

7. Ostersonntag: Der Name Jesus Christus und der russische Pilger

Im 19. Jahrhundert erschien die Schrift "Aufrichtige Erzählungen eines russischen Pilgers". In einem Gottesdienst wird der Ich-Erzähler durch einen Vers im Thessalonicherbrief angesprochen (Thess 5,17): „Betet ohne Unterlass!" Wie soll das gehen, fragt er sich. Man muss sich doch auch um andere Dinge zum Lebensunterhalt kümmern. Er geht auf die Suche. Er hört sich Predigten über das Gebet mit großer Aufmerksamkeit an, um eine Antwort auf seine Frage zu bekommen. "Ich hörte da sehr viele gute Predigten über das Gebet. Doch waren es Belehrungen über das Gebet im Allgemeinen: was das Gebet ist, wie man beten soll, welche Frucht das Gebet bringt; darüber aber, wie man im Gebet fortschreiten könne, redete niemand. Wohl war da einmal eine Predigt über das Gebet im Geist und über das unablässige Gebet; doch wurde nicht gesagt, wie man zu diesem Gebet gelangen könne."[31] Auch ein Abt, den er persönlich um Rat fragt, kann ihm nicht helfen: ""Erklärt mir das, auf welche Weise der Geist immer in Gott eintreten kann, nicht abgelenkt wird und unablässig betet." "Dies ist überaus schwierig, es sei denn, dass es einen Gott selber gibt", sagte der Abt. Und so erklärte er es mir nicht."[32]

Erst ein Starez kann ihm Rat und Hilfestellung geben. Er lehrt dem Pilger das Jesusgebet. Außerdem empfiehlt er ihm die Lektüre der Philakolie, in der die alten Wüstenväter ihre Erfahrungen und Anleitungen zum Jesusgebet aufgeschrieben haben. Der Ich-Erzähler sucht das unablässige Gebet, weil er Gott selbst, seine Gegenwart selbst sucht. Er möchte Gott erfahren! Und er findet Erfüllung in der alten Tradition des Jesusgebetes. Es besteht in der Anrufung des Namens Jesus Christus. Und wer dies zu bestimmten Gebetszeiten pflegt, der erfährt mit der Zeit, wie der Name im Alltag nachklingt, so wie eine leise Melodie im Bass ein Musikstück begleiten und tragen kann, auch wenn man es nicht immer bewusst vernimmt.

Den Namen Jesus Christus zu meditieren, durch die Anrufung seines Namens auf ihn zu schauen ist etwas ganz besonderes. Jesus sagt im heutigen Johannesevangelium: Ich habe deinen Namen den Menschen offenbart. An anderer Stelle: Wer mich sieht, der sieht den Vater. Wenn wir das zusammen nehmen, ergibt sich, dass wir im Namen Jesus Christus auch den Vater sehen. Im Namen „Jesus" haben wir Zugang zur Person Jesu Christi und damit auch zum Vater. Ja, durch den Namen Jesus Christus wird der Name des Vaters offenbart.
Deswegen ist die Anrufung des Namens, das Aussprechen „Jesus Christus" Gebet.
Das ganze christliche Mysterium ist im Namen Jesus Christus enthalten. Wer den Namen Jesus Christus meditiert, der verinnerlicht den christlichen Glauben als Ganzes und baut eine zutiefst persönliche Beziehung zu Jesus Christus auf.
Diese Meditation, dieses Gebet pflegten schon die Mönche in der alten Kirche, ca. seit dem 3. Jahrhundert. Ein kleiner Text aus der Philakolie dazu:
„Ein Bruder sprach zu Abt Makarius: Belehre mich über die Bedeutung des Wortes "Mein Herz betrachtet in deiner Gegenwart". Der greise Lehrer antwortete: „Es gibt keine bessere Betrachtung als die Anrufung des gebenedeiten und heilbringenden Namen unseres Herrn Jesus Christus; denn es heißt wie eine Schwalbe zwitschere und wie eine Turteltaube seufze ich. Damit ist der fromme Mensch zu vergleichen, der ohne Unterlass den Namen unseres Herrn Jesus Christus auf den Lippen und in dem Herzen trägt."[33]
Das Jesusgebet hat auch Eingang gefunden in das alte Gotteslob unter der Nummer 6,1 und ist dort schön kompakt erläutert. Der Beter achtet auf seinen Atem. Im Rhythmus des Atems spricht er innerlich den Namen: "Jesus Christus" oder auch "Herr Jesus Christus, erbarme dich meiner." Dabei versucht der Betende, sich nicht mit Gedanken zu beschäftigen. Vielmehr versucht er, ganz aufmerksam im Hier und Jetzt zu sein. Indem er auf seinen Atem achtet und auf den Namen Jesus Christus lauscht, den er anruft,

ist er ganz wachsam und kann die Gedanken loslassen. Gefühle werden nicht verdrängt, sondern akzeptiert und aufmerksam wahrgenommen, ohne sie ändern zu wollen. Man forscht aber auch nicht nach, woher sie kommen.

Wer den Namen anruft, richtet sich auf die Person Jesu Christi aus! Auf Jesus Christus, den Auferstandenen, der immer da ist! **Wir alle machen die Entwicklung von Jesus von Nazaret zum auferstandenen Christus, der überall da ist.** Wir lernen Jesus Christus notwendigerweise durch Bilder, Geschichten, Gleichnisse, Erzählungen kennen. Wir finden zum Glauben an ihn durch Zeugnisse und Beispiele unserer Mitmenschen, durch Kirchengemeinden, Gottesdienste, Einkehrtage, Ereignisse oder Bücher.

Aber all dies ermöglicht mir nur eine indirekte Beziehung zu Jesus Christus. Ich mache mir ein Bild von Jesus, zusammengesetzt aus allen Geschichten, Erzählungen und aus den Erfahrungen in der Kirche und ganz allgemein im Leben. Aber wie kann ich eine Beziehung zu Jesus Christus aufbauen, in der ich jetzt hier und heute auf ihn schaue, wie kann ich mich hineinfügen in seinen Willen, was er jetzt im Moment von mir will? Denn zum Beispiel die Bibel berichtet mir ja nur, was Jesus Christus vor 2000 Jahren gesagt hat. Wenn ich von der Heiligen Schrift ausgehe, muss ich immer mit meiner Vernunft analoge Schlüsse ziehen.

Wer aber das Jesusgebet pflegt, der versucht sich auf den auferstandenen Jesus Christus, der hier und jetzt da ist, auszurichten. Der öffnet sich, so dass auf einer noch tieferen Ebene als unser Verstand und unsere Gedanken uns Jesus Christus und seine Gegenwart hier und jetzt bewusst wird.

Langsam entdecken wir durch das Jesusgebet das Reich Gottes in uns. Jesus Christus bleibt nicht nur ein Gegenüber. Er wird auch mehr und mehr der Unfassbare und zugleich der Allgegenwärtige, der in unserer Mitte lebt und der uns näher ist als wir uns selbst. Allmählich wächst zu ihm eine Unmittelbarkeit, die keine Form und Gestalt mehr kennt.

Wir können diese Wandlung nicht selbst vollziehen. Sie ist ein Geschenk. Aber mit dem Jesusgebet können wir uns für diese Wandlung öffnen.

Der Name Jesus Christus ist kein Mittel zum Ziel. Durch die Wiederholung seines Namens richten wir uns auf seine Person aus und die Person Jesus Christus ist schon das Ziel. Ich begegne Jesus Christus in seinem Namen und nicht durch seinen Namen. Ich pflege und genieße im Jesusgebet meine Beziehung zu Jesus. Damit sind wir auch mit dem Vater verbunden!

Zuletzt eine Legende, die auf ihre Weise verdeutlicht, dass ein Mensch sich mehr und mehr auf Jesus Christus ausrichten kann: Ignatius, Bischof von Antiochien, wurde im 2. Jahrhundert verurteilt und in Rom den wilden Tieren zum Fraß vorgeworfen. Er wollte für Christus sterben. So geschah es: er starb von den Tieren zerfetzt. Der römische Soldat, der ihn zur Hinrichtung führte, öffnete nach seinem Tod den Leichnam, um zu sehen, was sein Geheimnis war. Er fand mit goldenen Lettern auf seinem Herzen die drei Buchstaben IHS: Jesus Hominum Salvator.

Pfingsten: „Wie im Himmel"

Wollen Sie einmal Pfingsten in einem Film erleben? Dann schauen Sie sich den schwedischen Film „Wie im Himmel" an. Am Ende können Sie Pfingsten im Film erleben:
Da steht ein Laienchor aus einem schwedischen Provinzdorf auf der Bühne eines internationalen Chorwettbewerbs, sie warten unruhig auf den Dirigenten. Und plötzlich fängt Tore, der eine geistige Behinderung hat, zu singen an. Wie er es bei seinem Chorleiter Daniel gelernt hat, hört er auf seinen inneren Ton und singt, was aus ihm kommt. Gabriela hat ebenfalls viel Daniel zu verdanken. Durch ihn hatte sie den Mut, sich von ihrem gewalttätigen Mann zu trennen. Sie versteht in dem Moment: Tore hat nicht einen peinlichen Ausraster, sondern er tut das zutiefst richtige! Er singt seinen inneren Ton! Und sie folgt seinem Beispiel und singt den Ton, der aus ihrem Inneren kommt. Mit der Zeit setzen die verschiedenen Chormitglieder ein. Das eingeübte Programm können sie nicht singen. Denn ihr Chorleiter ist immer noch nicht aufgetaucht. Aber sie können dem Ton folgen, der aus ihrem Herzen kommt.
Gemeinsam improvisieren sie! Ein meditativer, friedvoller Klangkörper breitet sich aus!
Die anderen Laienchöre hören zu, sie sitzen im Publikum. Und normalerweise musiziert eine Gruppe bei einem Wettbewerb und die anderen hören zu, vielleicht erstaunt, vielleicht neidisch, wenn die anderen besser sind.
Aber in der Endszene von „Wie im Himmel" steht plötzlich ein Sänger im Publikum auf und singt mit, und wieder einer, und wieder eine ... bis alle stehen und mitsingen. Die Konkurrenz, das Gegeneinander im Wettbewerb ist überwunden. Sie singen alle miteinander!
Immer kräftiger wird der improvisatorische Gesang und erhebt sich erhaben...
Ja das ist Pfingsten im Film „Wie im Himmel"! So wie die Apostel hinaus auf die Straße gehen und mit allen Menschen in

ihrer jeweiligen Sprache reden und sie von der frohen Botschaft begeistern, so steckt dieser Gesang, der einfach aus dem Herzen kommt, alle im Konzertsaal an.

Und dass gerade Tore anfängt zu singen, und damit auf geniale Weise die peinliche Warterei auf den Dirigenten auflöst, - er, den Arne im Chor gar nicht mitsingen lassen wollte, gerade er fängt an zu singen: Ich preise dich Vater, sagt Jesus, Herr des Himmels und der Erde, weil du all das den Weisen und Klugen verborgen, den Unmündigen aber offenbart hast. Mt 11,25

Die Schlussszene ist auch deswegen Pfingsten für die Mitglieder des Chors, weil sie nicht vorhersehbar war. Der Geist weht, wo er will – er ist der schöpferische Geist, der Neues hervorbringt, der Menschen auf ungeahnte Weise verbindet.

Und wo ist der Chorleiter? Er sitzt in der Toilette, er hat einen weiteren Herzinfarkt erlitten, ist mit seinem Kopf gegen den Heizkörper gefallen und blutet. Aber er lächelt: denn er hört seinen Chor. Er hört ihn singen und weiß nun, dass seine Suche an ein Ziel gelangt ist: die Suche nach einer Musik, die die Herzen der Menschen verbindet, die Suche nach echter zwischenmenschlicher Liebe. Noch ein paar Stunden vorher hat er im Hotelzimmer Lena endlich seine Liebe offenbaren können. Vor lauter Glück fährt er wie von Sinnen mit dem Fahrrad durch die Stadt und hat anscheinend die Zeit vergessen. Schließlich erinnert er sich an den bevorstehenden Auftritt und hetzt zurück. Auf dem Weg in die Halle erleidet er den Herzinfarkt.

Genauso wie Pfingsten Jahre des Wirkens, Kreuz und Auferstehung vorausgehen, hat auch das Pfingstwochenende im Chorfilm „Wie im Himmel" eine Geschichte davor. Und auch hier können wir viele Ähnlichkeiten erkennen.

So wie die Jünger sich Jesus anschließen, weil er für sie ein geistlicher Lehrer ist, der sie zu mehr Glauben und zu mehr Leben führen soll, so wählt der Laienchor den berühmten Dirigenten aus, damit er ihnen guten Gesang beibringe. Er - Daniel, der eigentlich nach einem Herzinfarkt in sein Heimatdorf zurückgekommen ist, um sich eine Auszeit zu nehmen.

Zwei Such-Bewegungen Was ich besonders wichtig finde, ist die Verschränkung zweier Such-Bewegungen!
Die eine Suche: Wie finde ich den Ton in mir? Wie finde ich in mir selbst die lebendige Musik, die ich dann nur aus mich heraus fließen lassen muss?
Die andere Suche: Wie finde ich zu einem erfüllten Leben? Wie befreie ich mich von den Verstrickungen, die mich daran hindern, ein erfülltes Leben zu leben?
Daniel ist für viele im Chor ein Lehrer für beide Such-Bewegungen: Er schreibt für Gabriela ein passendes Lied, und gleichzeitig gibt er ihr den Mut, ihren gewalttätigen Ehemann mit ihren zwei Kindern zu verlassen. Die Frau vom Pfarrer genießt das Singen und ebenso die geistige Freiheit, den neuen Elan. Sie durchbricht auch die engen Gottesvorstellungen ihres Mannes und macht sich frei von der „geistigen Gewalt" eines Gottes, der die Sünder bestraft und vor dem man Angst hat.
Das heißt: Der Heilige Geist wirkt von Anfang an in der Geschichte des Films! In der Sehnsucht der Menschen nach mehr Leben, nach Sinn im Leben, nach einer Musik, die die Herzen verbindet.
Aber es gibt auch Kräfte, die sich dieser Suche entgegenstellen wollen: Der gewalttätige Ehemann Conny, der Daniel schon als Kind geschlagen hat. Kurz nachdem Gabriela ausgezogen ist, erwischt Conny Daniel beim Baden und schlägt ihn fast tot. Er wird festgenommen und landet im Gefängnis.
Aber auch der Pfarrer Stig stellt sich dem neuen Chorleiter entgegen. Gefesselt in strengen gesellschaftlichen Vorstellungen deutet er den neuen Stil des Chorleiters als Entgleisung. Hat er es vielleicht sogar schon mit Frauen aus dem Chor getrieben, wie manche im Dorf vermuten? Er entlässt Daniel als Chorleiter. Der Chor aber hält zu Daniel und probt mit ihm in seiner Wohnung, der ehemaligen Grundschule.
Daniel ist nicht nur Lehrer für beide Such-Bewegungen. Er ist selbst Lernender. Die Musik, die die Herzen verbindet, er hat sie

nicht in der Arbeit mit den großen Orchestern der Musikmetropolen gefunden. Ebenso ist er auf der Suche nach echter zwischenmenschlicher Liebe. Ähnlich wie Lena, die von einem verheirateten Mann enttäuscht wurde. Von ihr lernt er das Fahrradfahren und die ehrliche Liebe. Umgekehrt lernt sie von ihm den Ton in sich zu entdecken und ebenso die ehrliche Liebe.

Pfingsten beginnt immer mit der Sehnsucht. Die Sehnsucht nach Gott, die Sehnsucht nach Leben, nach Sinn im Leben, nach dem wahren Ton in einem selbst, nach wahrer Liebe – diese Sehnsucht gibt uns der Heilige Geist ein! Sie ist das erste und wichtigste Geschenk des Heiligen Geistes. Wer der Sehnsucht folgt, der erfährt Pfingsten, manchmal unverhofft, ganz anders, als gedacht, so wie Daniel und sein Chor in Salzburg auf dem Chorwettbewerb!

Dreifaltigkeitssonntag: Trinität nach Karl Rahner

Man lernt Leute kennen meist auf der Straße, auf Festen oder in öffentlichen Gebäuden wie Schule, Universität oder Arbeitsplatz, kurz: in der Öffentlichkeit. Erst nach einer gewissen Zeit kommt man in ihre Wohnungen, wenn man z. B. eingeladen wird. Interessant ist es, dann sich die Wohnung anzuschauen: Die Einrichtungen, Möbel, Bilder. Das zeigt sehr viel von dem, wie Menschen privat sich verhalten.

Wenn ich dann das Verhalten von Menschen in der Öffentlichkeit vergleiche mit ihrem Privatleben, z. B. ihrer Wohnung, dann merke ich sehr oft: Das stimmt! Die Wohnungseinrichtung zeigt genau den Charakter. Ich habe z. B. geahnt, der mag Bauernmöbel. Oder zu ihm passen seine aufgehängten Photographien.

Sie wundern sich vielleicht: Warum erzähle ich das gerade am Dreifaltigkeitssonntag? Weil es uns zu einer ganz wichtigen Aussage über Gott führt. Karl Rahner betonte:

Wir haben kein Teleobjektiv, um in das Wohnzimmer Gottes schauen zu können. Es mag Theologen geben, die viel darüber reden, wie der Vater den Sohn liebt, und diese beiden den Hl. Geist usw. Aber wir wissen nicht, wie Gott *in sich* ist. Wie können wir dann etwas von Gott wissen?

Gott verhält sich im Privaten genauso wie in der Öffentlichkeit. Was wir bei Menschen feststellen, stimmt erst recht für Gott. Gott verhält sich im Privaten genauso wie in der Öffentlichkeit. Anders gesagt: Gott verhält sich zur Welt, das ist sein öffentliches Wirken. Wie er sich zur Welt verhält, so ist er auch in sich.

Wenn wir anschauen wie Gott sich zur Welt verhält, dann kommen wir zur Dreifaltigkeit:

1. Gott hat die Welt geschaffen, er ist Schöpfer.
2. Die Welt ist zwar nicht Gott, aber die Welt ist in Gott. Damit gibt es in Gott etwas, das nicht Gott ist.

Das wird am deutlichsten bei Jesus: Jesus als Mensch ist ein Teil dieser Welt, und ist gleichzeitig Gott.

Das 3. ist die Verbindung zwischen der Welt, die nicht Gott ist, aber in Gott ist, und Gott.
Die Dreifaltigkeit ergibt sich aus dem Verhältnis von Gott und Welt. Wir erkennen, dass Gott in sich („privat" quasi „in seinem Wohnzimmer") dreifaltig ist, durch die Weise, wie er in der Welt wirkt! Nochmals:
- Gott wirkt in der Welt als Schöpfer, Gottvater.
- Gott wirkt in der Welt und die Welt ist in ihm, insbesondere wirkt Gott in der Welt als Erlöser, Sohn Gottes und wird Teil der Welt. Der Sohn solidarisiert sich mit allen Leidenden und überwindet durch Kreuz und Auferstehung das Böse.
- Und Gott wirkt in der Welt als Vollender der Welt, Hl. Geist.

Zwischen Gott und Welt besteht eine große lebendige Dynamik. Um diese Dynamik zwischen Welt und Gott beschreiben zu können, kommt die Theologie zur Logik der Dreifaltigkeit.

Was heißt das für unser Leben? Wenn Gott dreifaltig ist, ist er ein lebendiger Gott. In ihm ist Dynamik, Leben, er ist kein toter Klotz.

Wenn Gott dreifaltig ist, dann ist Gott wirklich da und wir sind wirklich in ihm. Er ist kein ferner Gott, den wir nicht erreichen könnten, sondern ein naher Gott, der erfahrbar ist.

Wenn Gott dreifaltig ist, dann führt er die Geschichte des Kosmos und die Geschichte der Menschen, weil es seine Geschichte ist. Er wird dieser Geschichte Sinn und ein gutes Ende geben.

Wahrhaftigkeit und Liebe, Angebot und Annahme Wir können uns noch einmal mit einem anderen Vergleich dem Geheimnis der Trinität nähern: Was passiert bei einem Heiratsantrag von einem Mann? Er bietet sich an. Er zeigt sich ehrlich und wahrhaftig, in seiner ganzen Wahrheit. Seine Geschichte hat ihn zu dem gemacht, was er ist, und er steht vor seiner Geliebten und sagt: Hier stehe ich nun, so wie ich bin, und bitte um dein Ja.

Sie nimmt sein Angebot an! Auf seine Wahrhaftigkeit antwortet sie mit Liebe: Ja ich liebe Dich! Sie sagt ja zu einer gemeinsamen

Zukunft! Diese gemeinsame Zukunft überschreiten sie beide als einzelne Menschen, das Ja der Liebe führt in das Geheimnis der Liebe, die uns über uns hinaus führt!

Im Heiratsantrag erscheinen zwei grundsätzliche Aspekte, die sich gegenseitig ergänzen und zusammen gehören: Wahrhaftigkeit und Liebe; Angebot und Annahme; Geschichte und offene Zukunft!

Gott bietet sich den Menschen an in Liebe, so wie der Mann sich seiner Geliebten beim Heiratsantrag anbietet. Jesus Christus ist der Höhepunkt des göttlichen Angebots: In Jesus Christus sagt Gott zu uns: So ist mein Wesen, das ist meine Wahrheit! So will ich mich selbst Dir Mensch anbieten!

Der Heilige Geist im Menschen treibt ihn zur Annahme des göttlichen Angebots! Der Heilige Geist in uns ist die Quelle unserer Liebe zu Gott! Er führt uns über uns selbst hinaus und weckt unsere Sehnsucht zum absoluten Geheimnis, Gott selbst! Der Heilige Geist führt uns so in die Zukunft, die Zukunft unseres irdischen Lebens und die absolute Zukunft in Gott.

Genau in diesen zwei Aspekten, dem göttlichen Angebot namens Jesus Christus und der Annahme des Menschen, durch den Heiligen Geist bewirkt, sind die zwei wesentlichen Seiten der Selbstmitteilung Gottes, dem ursprungslosen Geheimnis! Dass dieses göttliche Angebot von Menschen nicht immer angenommen wird, zeigt die Kreuzigung Jesu. Dass Gott sogar diese Verweigerung überwinden kann, zeigt Kreuz und Auferstehung.

Ja, Gott ist einer: das eine Geheimnis zeigt sich in den zusammengehörenden Aspekten von Angebot und Annahme, von Wahrhaftigkeit und Liebe!

Ja, die Rede von Gottvater, Sohn und Heiliger Geist bezeugt einen echten inneren Zusammenhang: das ursprungslose Geheimnis offenbart sich in Jesus Christus und der Heilige Geist treibt uns dazu, Jesus Christus zu folgen, um zum Vater zurückzukehren![34]

Fronleichnam: das Heilige und das Profane

Wir tragen den Leib Christi durch die Straßen unserer Stadt. Das wirkliche Zeichen der Gegenwart Jesu Christi, das wir ehrfürchtig im Tabernakel aufbewahren, nehmen wir an diesem Tag, an Fronleichnam, heraus und tragen es für alle sichtbar in aller Öffentlichkeit durch die Straßen unserer Stadt.
Wird da nicht das Heilige durch die Welt des Profanen, des Alltäglichen geführt?
Ja, und das provoziert die Frage, was für ein Verhältnis besteht zwischen dem Bereich des Heiligen, den wir in der Kirche erleben, und dem Bereich des Profanen und Alltäglichen, den wir zum Beispiel in den Straßen unserer Stadt erleben?!
Für das Verhältnis zwischen Alltagsbereich und Heiliger Bereich gibt es zwei Modelle. Ich glaube, es ist für jeden spannend, sich die Frage zu stellen: Nach welchem Modell stelle ich mir das Verhältnis zwischen Alltagsbereich und Heiliger Bereich vor? Ich möchte nun beide Modelle vorstellen.
Das erste Modell hat Karl Rahner das alte Modell genannt: in diesem Modell sind beide Welten bzw. Bereiche ziemlich getrennt voneinander. Ein Christ weiß, dass er in dieser profanen Welt versuchen soll, die Gebote Gottes zu erfüllen; und gleichzeitig erlebt er, dass er in dieser profanen Welt diese Gebote häufig nur schwer erfüllen kann. Ab und zu tritt er aus dieser profanen, alltäglichen Welt heraus und tritt in einen heiligen Bezirk. Er geht zum Beispiel zur Heiligen Messe und empfängt das Sakrament der Eucharistie. Das Sakrament heiligt und verwandelt ihn. In diesem Sakrament begegnet er Gott und Jesus. Dann muss er aber wieder in seine profane Welt zurück und seine graue Alltagspflicht, gewissermaßen fern von Gott, erfüllen. Im Sakrament fühlt er sich dem Herrn nahe und verbunden, aber im wirklichen Leben, im Alltag, in der Härte des realen Lebens erfährt er eigentlich nicht diese Nähe des Herrn.

Das neue Modell sieht eine enge Verbindung zwischen dem alltäglichen Bereich und dem Heiligen Bereich. Beide Bereiche durchdringen sich und verweisen aufeinander.
Das ist möglich, weil im neuen Modell erst einmal grundsätzlich davon ausgegangen wird, dass nicht nur speziell in Sakramenten sondern die ganze Welt durchdrungen ist von der Gnade Gottes. Gott ist mit seiner Gegenwart und seiner Gnade überall in der Welt gegenwärtig. Er kommt nicht nur punktuell von außen her kommend in die Welt hinein, um sich dann nur speziell im Heiligen Bereich in den Sakramenten zu zeigen.
Wir mögen den Alltag nicht immer als durchdrungen von der Gnade Gottes erleben; und trotzdem können wir, wenn wir mit einem offenen Blick unseren Alltag erleben, immer wieder Früchte der Gnade Gottes erkennen: einige Beispiele:
- wenn jemand bedingungslos liebt auch dort, wo man seine Liebe ausnützt;
- wenn jemand wirklich verzeiht, ohne das Gefühl, der Bessere zu sein;
- wenn jemand das Wunder der Liebe erfährt, die ihm geschenkt wird und er nicht weiß warum;
- wenn einem plötzlich bei irgendeiner Erkenntnis die Größe der ewigen Wahrheit beeindruckt;
- wenn jemand der Forderung seines Gewissens treu bleibt, obwohl diese Treue ihm Nachteile bringt;
- wo gelacht und geweint wird,
- wo Verantwortung getragen wird,
- wo geliebt, gelebt und gestorben wird,
- wo man dem Nächsten sein Herz öffnet und Hingabe schenkt,
- wo gegen alle Hoffnung gehofft wird,
- wo man in lächelnder Gelassenheit im Alltagsgetriebe nicht verbittert wird,
- wo man schweigen kann und wo durch Gnade und Gebet Verletzungen im Herzen heilen.
Bei all diesen Ereignissen des Alltags wird die Gnade Gottes wirklich erlebbar! Wenn wir ganz bewusst in solchen Ereignissen

die Gnade Gottes entdecken, merken wir, dass der Alltag selbst, die profane Welt regelmäßig Zeichen, d.h. Sakramente der Gnade Gottes aufzuweisen haben.

Wenn wir nun mit diesem Wissen in die Messe gehen, dann bringen wir ganz bewusst unsere Alltagserfahrungen mit in den Gottesdienst hinein. Wir verlassen nicht die Alltagswelt, um in einen heiligen Bereich zu gehen, der mit unserem sonstigen Leben wenig zu tun hat. Vielmehr wird uns in der Eucharistiefeier selber bewusst, dass wir im Gottesdienst ausdrücklich feiern, was wir im Alltag und in unserem Leben manchmal ganz leise und versteckt an Gnade Gottes erfahren.

Dass dieses neue Modell passender und sinnvoller ist, wird am deutlichsten, wenn wir uns an die **Kreuzigung Jesu** erinnern. Die Kreuzigung Jesu vollzog sich nicht im Tempel sondern außerhalb der Stadt. Und trotzdem ist das Kreuz unser heiliges Zeichen, weil in der Kreuzigung die Menschwerdung Gottes, des Heiligen Gottes zu ihrem Höhepunkt gelangt ist.

Wenn wir heute den Leib Christi durch die Straßen unserer Stadt tragen, dann kann uns in besonderer Weise bewusst werden, dass der Alltagsbereich und der Bereich des Gottesdienstes nicht getrennte Bereiche sind. Mögen wir im Alltag auch viel Schweres erleben, im Blick auf das Kreuz wird uns klar, dass gerade in unserer Ohnmacht die Gnade Gottes sichtbar werden kann: die Heilige Gnade Gottes in der profanen Welt. Und nichts anderes feiern wir im Gottesdienst. Denn genau darin liegt die frohe Botschaft vom Kreuz und der Auferstehung Jesu. Wir tragen zu Recht den Leib Christi durch die Straßen unserer Stadt, weil Jesus Christus schon in allen unseren Straßen gegenwärtig ist.[35]

2. Sonntag im Jahreskreis: Paulus schreibt den Korinthern

1 Kor 1, 1-3
Korinth - eine Hafenstadt
Korinth ist eine Hafenstadt, die sogar zwei Häfen vorzuweisen hat. Zwischen den beiden Häfen liegt nur eine schmale Landenge. Deswegen konnte Korinth für den Handel zwischen Ost und West, zwischen dem ägäischen und dem adriatischen Meer als zentraler Umschlageplatz dienen. Es war sozusagen das Hamburg der Griechen. Besonders die Athener schimpften über die Lasterhaftigkeit der Korinther. Eine große Hafenstadt hat schon in der Antike wie in der heutigen Zeit die verschiedensten Leute angezogen. 146 v. C. wurde das alte Korinth auf Grund eines Aufstandes von den Römern völlig zerstört. Julius Cäsar gründete 44 v. C. die Stadt neu als römische Kolonie. Deswegen war die Bevölkerung sehr gemischt: Römer, Griechen, Orientalen und auch Juden waren zu dort zu finden.

Die christliche Gemeinde in Korinth
Bei seiner zweiten Missionsreise gründet Paulus die christliche Gemeinde in Korinth. Nachdem Paulus 18 Monate in Korinth gewirkt hatte, wurde er auf Anklage der Juden im Frühjahr 52 n. C. vor den Richterstuhl des Prokonsuls Gallio gestellt, der jedoch die Klage abwies. Vielleicht wundern sich einige Zuhörer, dass ich das Jahr genau angeben kann. Denn die Briefe des Neuen Testaments und die Apostelgeschichte enthalten keine Jahreszahlen. Es gibt nur relative Zeitangaben: ein Jahr später oder vor drei Jahren. Zum Glück haben Historiker eine Inschrift gefunden, die angibt, in welchen Regierungsjahren des Kaisers Claudius Gallio Prokonsul von Achaja war: nämlich von Frühjahr 51 bis Frühjahr 52. Mit den relativen Zeitangaben aus den Briefen und der Apostelgeschichte ergibt sich dann z. B., dass Paulus von Frühsommer 48 bis Herbst 49 auf seiner zweiten Missionsreise war, 58 festgenommen wurde und nach Rom gebracht wurde, das Apostelkonzil

wahrscheinlich im Frühsommer 48 stattfand und Paulus das erste Mal nach seiner Bekehrung die Jerusalemer Christen im Jahre 36 besuchte.

In sozialer Hinsicht bestand die Mehrheit der Gemeinde in Korinth aus kleinen Leuten, Handwerkern, Sklaven, Hafenarbeitern. Aber neben Armen, die zum gemeinsamen Mahl nichts mitbringen konnten, gab es auch Wohlhabende, die über reiche Vorräte verfügten, Häuser besaßen und die sozial Schwachen unterstützten. Auch Frauen engagierten sich in der Gemeinde wie zum Beispiel Priska und Phöbe. In religiöser Hinsicht bestand die Gemeinde vorwiegend aus ehemaligen Heiden. Es gab aber auch einige Judenchristen.

Warum hat Paulus diesen ersten Korintherbrief geschrieben? Eine Gesandtschaft aus der Gemeinde, angeführt von Chloe, besuchte Paulus und stellte ihm einige Fragen. In den 16 Kapiteln des ersten Korintherbriefes versucht Paulus auf die Fülle von Fragen zu antworten. Es gibt sogar Hinweise, dass im 1. Korintherbrief zwei Antwortschreiben des Paulus nachträglich zusammengefasst worden sind.

Vier Streitthemen

Ich möchte vier Themen aus dem Brief auswählen, die immer mit der Auffassung von Paulus zusammenhängen, dass alle Mitglieder einer christlichen Gemeinde die Geheiligten in Christus Jesus sind, berufen als Heilige. So wie er es am Anfang des Briefes ganz deutlich verkündet!

Paulus kritisiert z. B. Missstände bei der Abendmahlsfeier: Die Reichen beginnen schon früher das Essen. Wenn die armen Hafenarbeiter von ihrer Arbeit zur Versammlung gehen, ist nichts mehr zu essen da. „Was ihr bei euren Zusammenkünften tut, ist keine Feier des Herrenmahles mehr; denn jeder verzehrt zugleich seine eigenen Speisen, und dann hungert der eine, während der andere schon betrunken ist." 1 Kor 11,20.

Ebenso peinlich ist es für Paulus, dass einige Mitglieder der Gemeinde miteinander streiten und diese Streitigkeiten vor einem weltlichen Gericht austragen. Er macht zwei Lösungsvorschläge:

In der Gemeinde sollen Schiedsgerichte eingesetzt werden; noch besser aber wäre es, auf sein Recht zu verzichten, als es sich zu erstreiten.

Bei beiden Fällen wird deutlich: Wenn ich meinen Mitbruder, meine Mitschwester in Christus nicht auch als Geheiligte ansehe, dann warte ich nicht und fange egoistisch an zu essen oder ich lasse einen Streit eskalieren. All das kann nicht die richtige Praxis zwischen Menschen sein, die berufen sind als Heilige.

Nicht nur meinen Mitmenschen soll ich als heilig achten, auch mich selber. Das zeigt das dritte Thema. In Korinth kursierte ein Schlagwort "Alles ist mir erlaubt". Weil ich durch die Taufe in die Auferstehung mit aufgenommen worden bin, bin ich ja schon in Sicherheit! Dieses Schlagwort wurde in Korinth verwendet, um den Verkehr mit Dirnen zu rechtfertigen. Aber Paulus argumentiert: Weil Gott den Leib auferwecken wird, ist es nicht belanglos, was durch ihn geschieht. Deswegen sagt er: "Alles ist erlaubt" - aber nicht alles nützt mir. Alles ist mir erlaubt, aber nichts soll Macht haben über mich. Vgl. 1 Kor 6,12. Dieses Beispiel macht deutlich: Ich muss auch meine eigene Person als zur Heiligkeit berufen ansehen.

Christus ist unser Herr und Erlöser – auf ihn sind alle getauft!
Die Heiligkeit bekommen wir nur von einem geschenkt und vermittelt: Jesus Christus. So kommen wir zum letzten Streitthema: Am Anfang des Briefes kommt Paulus auf Spaltungen in der Gemeinde zu sprechen. In Korinth haben sich in der Gemeinde Gruppen gebildet, die sich auf wichtige Persönlichkeiten berufen. Neben Paulus sind das Apollos, ein Judenchrist aus Alexandria, der in Korinth gewirkt hat, und Kephas, also Petrus, von dem wir aber nicht sicher wissen, ob er selbst in Korinth war. Paulus geht nicht auf die unterschiedlichen Meinungen in der Gruppe ein, sondern kämpft grundsätzlich gegen die Spaltungstendenzen. Wer die Gemeinde teilt, zerteilt Christus, auf dessen Kreuzestod die Gemeinde gegründet ist und auf dem alle getauft sind. Möglicherweise hat die Frage, von wem einer getauft wurde, bei der Gruppenbildung eine Rolle gespielt. So wurden vielleicht die

Leute von der Gruppe des Apollos von Apollos selbst getauft. Deswegen ist Paulus richtig froh, dass er ganz wenige getauft hat. Denn ihm ist wichtig, dass wir uns auf den Herrn ausrichten. Auf ihn allein werden wir getauft! Wenn wir uns dessen bewusst sind, kann es auch keine Spaltungen in der Gemeinde geben.

Wir sind am Ursprung der Heiligkeit angelangt. Wenn wir berufen sind als Heilige, dann müssen wir Christus nachfolgen und sein Evangelium verkünden. Von ihm her ergibt sich unsere Heiligkeit in Bezug zu mir selbst und im Bezug zu meinen Mitmenschen. Das heißt aber, letztlich so zu handeln wie Johannes im Evangelium: auf ihn, das Lamm Gottes verweisen!

3. Sonntag im Jahreskreis: Einführung in das Matthäusevangelium

Mt 4, 12-24 (bitte auch V.24 vorlesen)
Auftritt
Als Svatosljaw Richter das erste Mal in Amerika auftrat, stand auf großen Plakaten in New York: Weltgrößter Pianist spielt in der Carnegie Hall. Die Besucher waren allesamt gespannt und erwarteten bei seinem Auftritt ein einmaliges Musikereignis! Ähnlich erging es sicherlich vielen Adligen, als das Wunderkind Mozart anreiste, um ein Konzert zu geben. Die Zuhörer stellten sich auf eine Sensation sondergleichen ein.
Genau das Gleiche will Matthäus mit seinen Lesern erreichen. Jesus tritt öffentlich mit seiner Predigt erst im vierten Kapitel auf. In den drei Kapiteln davor macht er seinem Lesepublikum deutlich, dass hier nicht irgendein Mensch, irgendein Prophet oder Lehrer auftritt. Nein: In Jesus Christus offenbart sich Gott selbst. Allein in den ersten zwei Kapitel beschreibt Matthäus Jesus mit den höchsten Titeln: „Er ist Sohn Davids und Abrahams (1,1), er ist absolute Neuschöpfung Gottes, umschrieben mit dem Begriff Jungfrauengeburt (1,18-25), er ist „Jesus", das heißt Erlöser von den Sünden (1,21), er ist „Immanuel, das heißt: Gott ist mit uns" (1,23), er ist das Ziel der Heiden (2,1-12), er ist „Hirt des Volkes Israel" (2,6), er ist Sohn Gottes (2,15)"
Jesus und Johannes
Die meisten Leser in der Gemeinde des Matthäus kamen aus dem Judentum. Deswegen kann er auch voraussetzen, dass sie aus dem Buch Maleachi und Jesus Sirach wissen, dass zuerst Elija kommt, bevor Gott kommt. Johannes der Täufer versteht Matthäus sodann auch als wiedergekommenen Elija. Johannes geht Jesus voraus. Und Jesus ist Immanuel selbst, Gott mit uns. Zwischen beiden gibt es eine Kontinuität. Beide beginnen ihre Predigt mit denselben Worten: Kehrt um! Denn das Himmelreich ist nahe! Und beide stehen in Kontinuität zur ganzen Schrift. Deswegen zitiert

Matthäus auch beim ersten Auftreten von Johannes und von Jesus Prophetentexte. In Jesus erfüllt sich die ganze Schrift. 19 Mal betont Matthäus, dass sich nun die Schrift erfülle und zitiert dann aus dem Alten Testament. Die ganze Geschichte Jesu ist schriftgemäß und von Gott gelenkt.

Gott selbst redet durch Jesus zu den Menschen
Obwohl Jesus nur zwei Sätze bei seinem ersten Auftritt verlauten lässt, spüren die Menschen gleich: Hier passiert etwas Besonderes. „Und er wanderte in ganz Galiläa umher, lehrte in ihren Synagogen, verkündete das Evangelium vom Reich und heilte jede Krankheit und jedes Gebrechen im Volk. Und sein Ruf verbreitete sich in ganz Syrien. Und sie brachten alle Kranken zu ihm, die an verschiedenen Krankheiten und Qualen litten, von Dämonen Besessene, Mondsüchtige und Gelähmte, und er heilte sie. Und große Volksscharen folgten ihm nach aus Galiläa und der Dekapolis, aus Jerusalem und Judäa und von jenseits des Jordan." Wenn Jesus dann ein Kapitel später auf dem Berg predigt, dann ist dem Leser völlig klar: Gott redet selbst zu den Menschen und legt neu seine Offenbarung aus, die er Mose gegeben hat. Mit Jesus offenbart sich Gott in Wort und Tat. Deswegen folgen nach der Bergpredigt Wundergeschichten: Gott rettet, heilt und erlöst.

Die Gemeinde des Matthäus
Wir haben in unserem heutigen Evangelium auch einen Hinweis, wo die Gemeinde von Matthäus wahrscheinlich lag. Nämlich in Syrien. Denn schon nach dem ersten Auftritt Jesu heißt es zuerst, dass sich sein Ruf in ganz Syrien verbreitete. Erst zwei Sätze später werden Galiläa, Judäa, Dekapolis und Jordangegend erwähnt. Die Gemeinde des Matthäusevangeliums hatte wahrscheinlich ihren Ursprung in einer jüdischen Gemeinde einer ortsansässigen Synagoge. Vielleicht wurde die Gemeinde von Wanderpropheten gegründet, die eine Sammlung von Sprüchen Jesu mitbrachte. Diese Sprüchesammlung hat Matthäus dann in sein Evangelium genauso wie das Markusevangelium eingebaut. Diese Sprüchesammlung und das Markusevangelium lagen außerdem auch dem Lukas vor.

Als Matthäus sein Evangelium schrieb, hatte sich die Gemeinde von ihrer Ursprungs-Synagoge getrennt und sich gegenüber dieser in geradezu schmerzhafter Weise abgegrenzt. Pharisäer und Schriftgelehrte werden polemisch kritisiert. Die Trennung hat die Gemeinde in eine tiefe Krise gestürzt. Wer sind wir nun? Die Gemeinde des Matthäus sieht sich weiterhin als Teil Israels und gleichzeitig zu allen Völkern gesandt. Deswegen wird der Auferstandene am Schluss des Evangeliums die Jünger in alle Welt schicken.

Im Verlauf des Evangeliums wird die „Heidenmission" als ein Lernprozess dargestellt. Die Ablehnung durch viele Juden hat die Matthäusgemeinde noch nicht verarbeitet. Sie wollen sich durch größere Gerechtigkeit auch gegenüber den Pharisäern und Schriftgelehrten beweisen. Und diese größere Gerechtigkeit ist für Matthäus die Barmherzigkeit.

Barmherzigkeit

So wie Jesus zu Petrus barmherzig ist, so müssen wir miteinander barmherzig umgehen. Deswegen empfiehlt Jesus im Matthäusevangelium auch bei Konflikten in den Gemeinden ein barmherziges Vorgehen. Erst Vier-Augen-Gespräche. Wenn das nicht nützt, Gespräche im größeren Rahmen. Erst wenn das nicht weiterhilft, kann ein Ausschluss folgen – und trotzdem betont Matthäus mit Jesus die Bereitschaft zum Vergeben.

Volk Gottes – dienen statt herrschen

Zur größeren Gerechtigkeit gehört für Matthäus auch Bescheidenheit und gegenseitiger Respekt und gemeinschaftliches Überlegen und Handeln. Keiner soll die Macht an sich reißen und über die anderen herrschen. Man soll sich nicht Vater, Lehrer oder Meister nennen. Die Autorität, die Petrus von Jesus bekommen hat, geht für Matthäus auf die ganze Gemeinde über. Denn im Matthäusevangelium (Mt 18,18) wird der ganzen Gemeinde die Vollmacht zum Binden und Lösen zugesprochen, die vorher Jesus Petrus übertragen hat: Alles, was ihr (Plural) auf Erden binden werdet, das wird auch im Himmel gebunden sein. Usw.

Das II. Vatikanum hat dies wieder entdeckt: Erst kommt das Volk Gottes. Mit der Taufe haben wir alle die gleiche Würde. Und die Ämter in der Kirche müssen dem Volk Gottes dienen und sind diesem nachgeordnet. Die Versuchung, sich zu erheben, über andere zu stellen, Macht an sich zu reisen, besteht in der Kirche trotzdem immer noch. Das Matthäusevangelium kann uns alle daran immer wieder neu erinnern.

Denn Matthäus betont immer beides: Wir sind von Gott beschenkt. Gott läuft dem verlorenen Schaf nach und wendet sich den Armen und Sündern zu. „Denn das Reich Gottes ist nahe!" Es beginnt jetzt! Die Gnade kommt immer zuerst. Aber dann gilt auch: Kehrt um! Es reicht nicht, sich nur Christ zu nennen. Denn Gott kann aus diesen Steinen Kinder Abrahams machen. Wenn man von Gott eingeladen ist zum Himmelreich, im Gleichnis zum Hochzeitsmahl, dann kann man nicht ohne Hochzeitsgewand erscheinen. (Dieser Zusatz steht nur bei Matthäus.) Das Hochzeitsgewand ist nämlich unsere Barmherzigkeit in Denken, Reden und Handeln.

4. Sonntag im Jahreskreis: Was hat Jesus gesagt und getan? – Vier Testfragen für den historischen Jesus

Mt 5, 1-12a

Die Seligpreisungen berichten sowohl Matthäus als auch Lukas. Aber ein bisschen unterschiedlich. Da stellt sich die Frage: Was hat Jesus nun wirklich gesagt? Bei Matthäus steht nach der Übersetzung des Münchner NT, das sehr nah am Griechischen ist: Selig die Armen dem Geiste (nach), denn ihrer ist das Königtum der Himmel. Bei Lukas aber: Selig die Armen, denn euer ist das Königtum Gottes. Hat Matthäus „dem Geiste nach" dazu gefügt und „Königtum Gottes" in „Königtum der Himmel" verändert? Aber nach welchen vernünftigen Maßstäben soll man das entscheiden? Das obige Beispiel zeigt neben vielen anderen Beispielen: Wenn in einem Evangelium steht „Jesus sagte", heißt das noch lange nicht, dass Jesus, der historische Jesus, irgendwann in seinem Leben das genau so gesagt hat. Das führt uns zu vier Testfragen für den historischen Jesus, die Exegeten, Bibelwissenschaftler, entwickelt haben.

Natürlich haben alle vier Evangelisten vom heiligen Geist begnadet geschrieben und jeder hat auf maßgebliche Weise die frohe Botschaft von Jesus Christus verkündet. Deswegen sind auch Verse in Johannes, Matthäus, Markus oder Lukas, die der historische Jesus so nie gesagt hat, Wort Gottes.

Aber weil wir uns als Christen auf Jesus beziehen, wollen wir berechtigterweise wissen, was im Großen und Ganzen der historische Jesus gesagt und getan hat, damit wir uns vor unserer kritischen Vernunft und vor anderen Kritiker verantworten können. Wir wollen ja in Nachfolge von Jesus stehen!

Ich möchte Ihnen die vier wichtigsten Testfragen vorstellen, mit denen die Exegeten gearbeitet haben und heute noch arbeiten, um begründet zu sagen, was mit großer Sicherheit bzw. Wahrscheinlichkeit auf den historischen Jesus zurückführbar ist.

Die erste Testfrage: Was passt nicht ganz zu den ersten Christen? – Das könnte dann von Jesus selbst sein.
An einem Beispiel aus dem Markusevangelium lässt sich diese Testfrage gut erklären. „Jesus ging in ein Haus und wieder kamen so viele Menschen zusammen, dass er und die Jünger nicht einmal mehr essen konnten. Als seine Angehörigen davon hörten, machten sie sich auf den Weg, um ihn mit Gewalt zurückzuholen; denn sie sagten: Er ist von Sinnen." Mk 3,20-21. Matthäus und Lukas lag das Markusevangelium vor. Beide bauen fast den ganzen Markustext in ihr Evangelium ein. Aber diese Stelle lassen beide weg. Erstaunlich! Die Geschichte ist ihnen wahrscheinlich peinlich. Mutter Maria und der Herrenbruder Jakobus sind inzwischen in der Urkirche Autoritäten. Da hört man nicht gerne, dass Familienmitglieder Jesus für verrückt hielten, weil er als Wanderprediger herumstreunte, und ihn mit Gewalt zurück in die Heimat bringen wollten. So etwas Peinliches erfindet man nicht! Und Markus berichtet es trotzdem, also muss es passiert sein. Unsere Testfrage können wir positiv beantworten. Diese Geschichte passt nicht ins Konzept der ersten Christen. Also eine historisch sichere Geschichte von Jesus.

Zweite Testfrage: Was passt nicht ganz zum Judentum dieser Zeit? – Das könnte ebenso vom historischen Jesus sein.
Zum Beispiel: Jesus heilt am Sabbat und kritisiert die enge Auslegung des Sabbatgebots: Der Mensch ist nicht für den Sabbat da, sondern der Sabbat für den Menschen. Jesus war ein Jude und ist natürlich von der Religion und Kultur seines Volkes geprägt. Trotzdem brachte er Neues! Sonst hätte er nicht so viele begeistert. Wenn wir Jesu Worte und Taten mit denen der Pharisäer, Sadduzäer oder Zeloten vergleichen, können wir das Neue, Besondere von Jesus herausarbeiten.

Aber diese zwei Testfragen liefern uns nur einige Aspekte. Wir brauchen noch andere, um eine zusammenhängende Sicht auf den historischen Jesus zu bekommen.

Dritte Testfrage: Wie viele Quellen berichten davon? Umso mehr Quellen davon berichten, umso historisch wahrscheinlicher.
Umso mehr vielleicht sogar unabhängige Überlieferungen es gibt, umso wahrscheinlicher ist es wirklich passiert. Alle Evangelisten berichten: Die Taufe Jesu durch Johannes, die Tempelreinigung, das letzte Abendmahl, die Kreuzigung, die Auferstehungserfahrung der Jünger, manches davon berichtet sogar Paulus in seinen Briefen. All das sind mit Sicherheit Ereignisse im Leben Jesu.
Vierte Testfrage: Welche Reden Jesu passen zu seinem Handeln und umgekehrt?
Wenn es eine inhaltliche Übereinstimmung zwischen einem Wort und einer Handlung Jesu gibt, dann bestärkt dies die Annahme, dass diese Reden und Taten vom historischen Jesus selbst stammen.
Jesus predigte über das Reich Gottes in Gleichnissen. Das berichten drei Evangelisten ausführlich. Nach der dritten Testfrage ist es somit sicher, dass Jesus in Gleichnissen über das Reich Gottes redete. (Damit ist noch nicht klar, welche der Gleichnisse in welcher Fassung auf den historischen Jesus zurückgeführt werden können.) Im Reich Gottes werden die Benachteiligten von Gott bevorzugt, das erzählen viele Gleichnisse oder auch die Seligpreisungen. Jesus heilte Kranke, segnete Kinder, berührte Aussätzige, lud Zöllner zum Essen ein. Seine Gleichnisse, seine Reden zum Reich Gottes passen zu seinen Handlungen und umgekehrt. Diese Übereinstimmung bestärkt unsere Annahme, dass der historische Jesus Wunder an Kranken vollbracht und in Gleichnissen gepredigt hat.
Die vier Testfragen ergeben also im Zusammenspiel eine gut begründete Skizze für das, was der historische Jesus verkündet und getan hat.
Kommen wir noch mal auf die Seligpreisungen zurück: Jesus wendete sich den tatsächlich Armen, Benachteiligten zu. Also ist

es plausibel zu vermuten, dass Matthäus „dem Geiste nach" hinzugefügt hat. Eine Aussage durch Spiritualisierung zu verwässern – das wäre eine verständliche Erklärung für die Zufügung.
Ist deswegen dann der Satz falsch? Nein: Matthäus führte die Worte Jesu im Heiligen Geist weiter. Deswegen hat auch dieser veränderte Satz eine wertvolle Botschaft für uns Christen. Wir sollen uns nicht mit unseren Gedanken an Besitz binden, sondern im Geiste leer werden für Gott.
Aber damit der Spiritualität auch Taten folgen, ist es gut zu wissen, dass der historische Jesus wirklich die Armen selig gepriesen hat.

5. Sonntag im Jahreskreis: Über Gewissen bei Hannah Arendt und Selbsterforschung bei Ignatius und Focusing

Mt 5, 13-16
Ihr seid das Licht der Welt! Das Licht der Welt beginnt immer zu leuchten in unserem Geist. Denn was immer zuerst erleuchtet werden muss, ist unser Denken, unser Bewusstsein, unsere Gedanken, unsere Haltungen und Einstellungen. Was erleuchtet unseren Geist? Wie können wir das Licht, das wir nach Christus sind, zum Leuchten bringen, für die Welt zum Leuchten bringen?
Hannah Arendt: Mit sich leben können! Hannah Arendt, die große jüdische Philosophin, die Zeugin des Eichmann-Prozesses war, stellte sich eine ähnliche Frage: Warum haben einige beim Nazi-Regime nicht mitgemacht? Die normale bürgerliche Moral hat jedenfalls nicht verhindert, dass das Nazi-Denken in kürzester Zeit die meisten Deutschen mitriss.
Hannah Arendts Antwort: Diejenigen, die nicht mitmachten, waren die, die wagten, selber zu urteilen! Und sie urteilten nicht aufgrund eines bürgerlichen Wertesystems oder weil sie dem Gebot, „Du sollst nicht töten", folgten oder weil sie besonders differenziert Ethik und Philosophie studiert hätten. Sie urteilten, weil sie im Zwiegespräch mit sich selber waren. Sie entschieden sich, nicht beim Morden der Nazis mitzumachen, weil sie fähig und gewohnt waren, mit sich selbst zu leben und sich selbst anzuschauen. Ganz einfach gesagt: Sie entschieden, dass sie nicht mit einem Mörder zusammenleben wollten. Sie wollten am Morgen vor dem Spiegel nicht in das Gesicht eines Mörders schauen.
Das Gewissen, das Licht des Gewissens wird erfahrbar, wenn ich mit mir selbst reden kann, wenn ich mich selbst anschauen kann, wenn ich mich selbst reflektieren kann, wenn ich in mich hinein spüren kann.
Trost und Trostlosigkeit bei Ignatius Die bekannte Berufungsgeschichte von Ignatius zeigt das deutlich und führt uns weiter:

Ignatius, verletzt durch eine Kanonenkugel, liest Heiligenlegenden auf dem Krankenbett. Eigentlich würde er lieber Ritterromane lesen. Aber diese fehlen auf der elterlichen Burg. Daliegend träumt er ab und zu davon, ein großer Ritter zu werden. Dann stellt er sich in seinem inneren Kino vor, nach Jerusalem wie der Heilige Franziskus zu wallfahren und so engagiert wie der Heilige Dominikus das Evangelium zu verkündigen. Da bemerkt er: Beide Traumreisen sind attraktiv. Aber nur, wenn er sich vorstellt, ein heiliges Leben zu führen, ist er danach im inneren Frieden, zufrieden. Nach der Rittertraumreise fühlt er sich eher trostlos, leer. Er spürt in sich hinein. Und genau durch dieses In-sich-Hineinspüren entdeckt er das innere Licht des Heiligen Geistes, das ihn führt durch den Unterschied von Trost und Trostlosigkeit.

Genau so können wir unser Gewissen spüren: Wo ist mehr innerer Friede und Trost und Zufriedenheit? Das Gewissen ist die Stimme unseres inneren Lichtes.

Wir müssen jedoch hier differenzieren. Schon Henri Bergson unterschied das oberflächliche oder soziale Gewissen vom Tiefengewissen. Das oberflächliche Gewissen meldet sich, wenn wir die internalisierten Regeln unserer Familie, Gruppe, Gesellschaft brechen. Das eigentliche Gewissen kommt aber aus einer tieferen Quelle. Und so kann manchmal das soziale Gewissen und das tiefere Gewissen im Clinche liegen. Diejenigen, die nicht beim Nazi-Regime mitmachten, hörten auf ihr tieferes Gewissen – ihr soziales Gewissen klagte sie vielleicht sogar an, weil sie der deutschen Tugend „Pflichterfüllung" nicht nachkamen!

Wie können wir auf dieses tiefe Gewissen hören, wie können wir dieses innere Licht in uns mehr wahrnehmen und aus ihm leben? Ignatius hat uns den wichtigsten Hinweis gegeben: Schaue, wo mehr innerer Friede und Trost ist.

Mit Focusing das Nach-innen-Spüren üben Eugin Gendlin hat dieses Nach-innen-Spüren genauer erforscht und ergänzt mit seinen Tipps Ignatius. Gendlin entdeckte, dass genau bei den Patienten die Therapiegespräche erfolgreich waren, die einen Bezug zu sich selbst herstellen konnten. Nach dieser Erkenntnis kam ihm die Idee: Wenn ich meinen Patienten eine Hilfestellung und ein Training gebe, wie sie es lernen können, mit sich selbst in Beziehung zu kommen, dann habe ich die besten Voraussetzungen für weitere Erfolge geschaffen.

Ein ganz alltägliches Beispiel für ein Hineinspüren: Sie gehen in die Stadt und wollen Verschiedenes einkaufen. Dann überlegen Sie: Habe ich jetzt alles? Ihr Kopf sagt: Ja. Aber irgendein Gefühl sagt Ihnen, dass Sie etwas vergessen haben. Da ist so ein Unbehagen in Ihrem Bauch. Dieses unklare „Bauchgefühl" nennt Gendlin „felt sense"! Kennen Sie das? Plötzlich fällt es Ihnen ein: "Ich wollte ja noch dies einkaufen!" Und Sie bemerken eine kleine Erleichterung, als ob Ihnen Ihr Bauchgefühl sagen möchte: Genau, jetzt hast Du es kapiert!

Ganz allgemein geht das also in 6 Schritten: 1. Weg von den Gedanken und hinein in den Körper. 2. Ich habe folgende Frage oder Problem. Wie spüre ich das in meinem Körper? Wenn auch ganz unbestimmt und vage... 3. Dieser körperlich gespürten Qualität, dem Felt Sense, gebe ich einen Namen, einen "Griff". Ein Wort, ein Bild, eine Bewegung, eine Geste. 4. Stimmt das? Passt das? Das frage ich den Felt Sense. Und wenn er passt, bekommt man so ein innerliches Nicken, so einen Atemzug: "Ja, so ist es, mhm." Das ist der Shift. 5. Und so kann ich weiter den Felt Sense befragen und ich komme zu neuen Ideen, Lösungen, Antworten – und gleichzeitig merke ich, dass sich körperlich etwas verändert und verbessert. Zuletzt schaut man zurück und bewahrt das Wertvolle bewusst auf. So kann man nach Gendlin mit seinem vagen „Bauchgefühl" ins Gespräch kommen. Für mich ist dieses Hinein-Spüren nach Gendlin ein Weg, dem inneren Licht, meinem tiefen Wissen und Gewissen näher zu kommen. Gendlin hat die Achtsamkeit auf Trost und Trostlosigkeit, die Ignatius entdeckt hat und in seinen Exerzitien immer wieder als Übung empfiehlt, neu entdeckt und für heutige Menschen gelehrt.

Das Gespräch mit Jesus Ein anderer Weg ist das Gespräch mit Jesus Christus: Wer offen mit Christus spricht, wer betet und mit Christus seine Fragen bespricht, wer dann ins Schweigen und

Lauschen geht, dem zeigt sich auch immer mehr das innere Licht, die innere Klarheit. Denn wie Gotteserkenntnis und Selbsterkenntnis zwei Seiten einer Medaille sind, so führt das Gespräch mit Christus zu einem ehrlichen Gespräch mit sich selbst und das Hineinspüren in sich führt zum Licht des Heiligen Geistes.

6. Sonntag im Jahreskreis: Bergson „Die beiden Quellen der Moral und der Religion"

Mt 5, 17-37
Wir können den heutigen Bibeltext nicht als einen normalen Gesetzestext verstehen. Wir können ihn nicht Eins zu Eins umsetzen wie die Anweisungen für eine Kaffeemaschine. Jesus fordert uns nicht auf, wirklich ein Auge auszustechen oder eine Hand abzuhacken. Jesus war nie für eine sture, wortwörtliche Erfüllung von Regeln. Jesus selbst hat am Sabbat geheilt, weil der Sabbat für den Menschen da ist. "Wenn eure Gerechtigkeit nicht weit größer ist als die der Schriftgelehrten und Pharisäer, werdet ihr nicht in das Himmelreich kommen" (Mt 5,20). Das ist der Schlüsselsatz. Er gibt unmissverständlich an, wie alles weitere zu verstehen ist: "Der Buchstabe tötet, der Geist aber macht lebendig" (2 Kor 3,6). Das muss man sich klar machen. Ansonsten hat man beim heutigen Evangelium den Eindruck, Jesu wolle die Gefahr der Übertreibung und Perversion durch noch strengere Gesetze bekämpfen. Mit welcher Interpretationsbrille wird dann dieser Text sinnvoll und wertvoll? Einen möglichen Interpretationsrahmen möchte ich anbieten:
Der Philosoph Henri Bergson hat am Ende seines Lebens das Buch geschrieben: **Die beiden Quellen der Moral und der Religion.** Er beginnt mit dem Problem, dass die Intelligenz des Menschen das menschliche Zusammenleben bedroht. Denn Wesen mit Intelligenz erkennen ihren persönlichen Nutzen und verfolgen diesen. Aber persönlicher Nutzen kann sehr häufig mit dem Allgemeinwohl im Widerspruch stehen. Wenn alle schonungslos sich als Egoisten aufführen würden, dann fielen alle unsere gesellschaftlichen Systeme zusammen. Damit der Mensch überhaupt gesellschaftsfähig sein kann, muss die Natur ein Gegengewicht gegenüber der Intelligenz schaffen.

Die soziale Verpflichtung Die erste Lösung ist nach Bergson die soziale Verpflichtung. In gewisser Weise wirkt in jeder menschlichen Gesellschaft so etwas Ähnliches wie der Instinkt bei den Ameisen und Bienen. Es ist die soziale Verpflichtung. Schüler gehen in die Schule, auch wenn sie keine Lust dazu haben. Denn es ist Pflicht! Wir leben in einem System der Gewohnheiten; und häufig merken wir gar nicht, dass wir selbstverständlich sozialen Verpflichtungen folgen. Die soziale Verpflichtung ist das Gegengewicht gegenüber der egoistischen Tendenz der Intelligenz. Es ist aber nur eine Eindämmung, keine Überwindung! Die Pflicht wirkt unpersönlich, sie äußert sich in allgemeinen Gesetzen wie die Straßenverkehrsordnung. Durch Druck und Ermahnung schafft sie Ordnung in der jeweiligen sozialen Gruppe.

Begeisterung und Nachfolge Aber daneben gibt es eine andere Quelle der Moral (und der Religion): ein Mensch ist von einem anderen ganz begeistert und möchte ihn nachahmen. So wollte sich zum Beispiel der Heilige Franziskus die Armut von Jesus zum Vorbild nehmen, oder der Heilige Ignatius wollte so radikal leben wie Franziskus. Diese andere Quelle der Moral braucht keinen Druck, sie äußert sich nicht in allgemeinen, unpersönlichen Gesetzen; sondern sie wirkt durch Appell, Begeisterung und Aufschwung.

Jesu Bergpredigt sollten wir in diesem Kontext lesen: Er will uns begeistern, ihm nachzufolgen, nicht um die größten Auswüchse des Egoismus nur einzudämmen sondern ihn von innen her zu überwinden. „Wer mein Jünger sein will, der verleugne sich selbst, nehme sein Kreuz auf sich und folge mir nach."

Erst nach dieser Überwindung des Egoismus fließt die Lebensfreude und Hingabe, wirkliches Leben und Lieben wird möglich. Weil aber der Egoismus hartnäckig ist und Jesus weiß, dass wir immer wieder in ihn zurück fallen und dass der Egoismus Tricks kennt, um seine zerstörerische Seite zu verdecken, ist Jesus im heutigen Bibeltext so extrem.

Wurzelbehandlung Das ist eine echte Wurzelbehandlung! Jesus sagt uns: Schau genau hin! Wo beginnt es ganz leise, dass Du

Deine Begeisterung für die Hingabe, für die Nachfolge langsam wieder verlässt. Wer in seinem Herzen Zorn hegt, der beschneidet sich selbst. Wer in seinem Herzen auf eine andere Frau, auf einen anderen Mann spekuliert, der verrät seine Liebe. Wer meint schwören zu müssen, der lebt nicht im Vertrauen, dass sein Wort gilt. Das ist die gesunde Provokation des heutigen Textes!
Feindesliebe Nächsten Sonntag steigert sich das bis zur Feindesliebe. Hier haben wir wieder eine Entsprechung zu Bergson: Die Moral des Drucks baut eine soziale Verpflichtung auf, die sich auf eine abgeschlossene soziale Gruppe bezieht: die Familie, die Gemeinde oder die Nation. Die soziale Verpflichtung fördert deswegen die Familienehre, den Lokalpatriotismus und den Nationalstolz. Die soziale Verpflichtung kann sich nicht auf die ganze Menschheit ausdehnen, weil Familie, Gemeinde oder Nation eine geschlossene Gesellschaft bilden. Die ganze Menschheit ist aber ein offenes Ganzes. Die Menschheitsliebe gehört deswegen zu Moral der Nachahmung und Begeisterung. Jesus lehrte dies in der Nächstenliebe und Feindesliebe.
Aus diesem Geist heraus haben christliche Politiker nach dem II. Weltkrieg z. B. die UNO geschaffen. Wenn wir die heutigen großen Probleme der Menschheit lösen wollen, wie z. B. Klimawandel, dann gilt es Jesus nachzufolgen und die Gruppenegoismen eines Volkes zu überschreiten und im Geist der Menschheitsliebe und Feindesliebe zu denken und zu handeln. Eine immense Herausforderung, der wir uns nur mit der Gnade Gottes stellen können.

7. Sonntag im Jahreskreis: Ronja Räubertochter

Mt 5, 38-48
(Sie können diese Predigt auch mit zwei Lesern präsentieren)
„Ich aber sage Euch: Liebt Eure Feinde!" – Wie soll das gehen? "Ronja Räubertochter" von Astrid Lindgren erzählt auf wunderbare Weise, wie Feinde Freunde werden können. Und so ist diese Geschichte ein Kommentar zu unserem Evangelium.
Der Anfang von Ronja Räubertochter ist wie in Romeo und Julia: Zwei Familien stehen sich schon seit Generationen gegenüber. Sie bekämpfen sich und verachten sich gegenseitig. Nicht Liebe sondern Verachtung verbindet die beiden Familien. Die Räuberbande von Mattis und die Räuberbande von Borka. Aber dann werden zwei Kinder geboren: Ronja, die Tochter von Mattis, und Birk, der Sohn von Borka. Können sie die Familien zusammenführen?
Aber nun erst einmal der Reihe nach. Die Mattisräuber leben auf einer Burg. Ronja wird in einer stürmischen Nacht geboren. In derselben Nacht schlägt der Blitz mitten in die Burg ein und zerteilt diese in zwei Hälften. Seit dieser Nacht gibt es mitten in der Burg einen tiefen Graben, der Höllenschlund genannt wird.
Als Ronja schon ein stattliches Mädchen geworden war, lernte es von ihren Eltern, dass es gut ist, wenn man im Wald keine Angst hat. Um ihre Angst zu überwinden, geht sie zum Höllenschlund. Dort will sie hinunter schauen, um ihre Angst zu überwinden. Da sieht sie auf einmal einen Jungen auf der anderen Seite. Es stellt sich heraus, dass es der Sohn von Räuberhauptmann Borka ist: sein Name ist Birk. Der Erzfeind von Mattis, Borka hat sich mit seiner ganzen Familie in die andere Hälfte der Mattisburg einen Tag vorher eingenistet. Denn im Borkawald kontrollierten zu viel Soldaten des Landgrafen. Ronja und Birk stacheln sich gegenseitig an; da muss Ronja ihren Mut beweisen und springt über den Höllenschlund. Birk macht es ihr nach, und wieder springt Ronja, und wieder Birk usw. - da auf einmal rutscht Birk ab! Auf einer kleinen Stufe findet er noch Halt. Ronja holt ihren Gürtel heraus

und zieht Birk herauf. Obwohl Birk der Sohn vom Erzfeind ihres Vaters ist, rettet sie ihm das Leben.
Als Birk in Lebensgefahr schwebt, ist das Mitleid bei Ronja größer als die Ablehnung. Wenn ein Mensch dem Tod nahe ist, dann merkt man: All unsere Meinungen und Vorurteile sind zweitrangig. Wichtiger ist: Da ist ein Mensch - in Gefahr. Ja Ronja begibt sich auch in Gefahr, um ihn zu retten! Und wenn einer einen anderen gerettet hat, dann sind diese beiden Menschen im Guten verbunden! Das ist schon eine Art Liebesverbindung!
Mattis ist außer sich vor Wut, dass Borka in seiner Burg Quartier gesucht hat. Aber wie soll er ihn wieder herauswerfen? Dazwischen ist der Höllenschlund und sonst kann man den anderen Teil der Burg nur über einen steilen Felshang erreichen.
Einige Zeit später treffen sich Ronja und Birk im Wald. Ronja ist wütend: Muss sie diesen Lümmel in ihrem Wald wieder sehen. Plötzlich wird es neblig und Birk fragt, ob sie ihm den Weg zur Burg zurück zeigen kann. Sie holt ihren Gürtel heraus und gibt das eine Ende ihm, das andere hält sie fest. Da hört Ronja in den Nebelschwaden einen lockenden Gesang! Sie sagt: Ich komme. Birk merkt es und hält sie zurück. Er ruft ihr zu: "Wenn du dich von den Unterirdischen locken lässt, bist du verloren." Ganz kräftig hält er sie zurück, damit sie diesem Ruf nicht folgt. Der Nebel geht fort und Ronja kann sich an nichts mehr erinnern. Jetzt hat Birk Ronja das Leben gerettet. Da sagt Ronja zu Birk: Willst du mein Bruder werden? Ja, antwortet Birk.
Zur Liebe gehört das gegenseitige Helfen. Ronja führt Birk und Birk hält sie von den Unterirdischen ab. Dann schaut sich Ronja Birk genauer an und merkt: Birk ist ihr sympathisch. Sie muß das Gerede und die Vorurteile beiseitelassen und ganz nüchtern und frei den anderen anschauen. So wird Birk Bruder von Ronja und Ronja die Schwester von Birk! Liebe will auch in Worte gefasst werden. Liebe blüht auf, wenn man sich gegenseitig zur Liebe bekennt.
Es kommt der Winter. Ronja findet in den Kellergängen einen Weg zur anderen Seite der Burg, so dass sie sich mit Birk treffen

konnte. Birk ist ganz ausgehungert. Er und seine Familie müssen Not leiden. Heimlich bringt Ronja einiges von dem Essen, das in großen Mengen die Mattisräuber in ihrer Burg aufbewahren. Jetzt ernährt sie schon die Borkaräuber - wenn das Mattis erfahren würde!

Der Stärkere, in diesem Fall Ronja, hilft dem Schwächeren anstatt die Schwäche des anderen auszunutzen. Liebe setzt sich für den anderen ein und riskiert etwas für den anderen.

Eines Tages im Frühlingsanfang ist Mattis in bester Stimmung: Er hat Birk festgenommen. Als Ronja das sieht, ist sie entsetzt. "Wenn du Menschen raubst, möchte ich deine Tochter nicht mehr sein." Am Tag darauf treffen sich Mattis und Borka auf den zwei Seiten des Höllenschlundes. Mattis schlägt einen Tauschhandel vor: Wenn Borka sich von der Burg verzieht, bekommt er den Sohn zurück. Aber Borka kann noch nicht die Burg verlassen. Die Soldaten besetzen immer noch seinen Wald. Ronja sieht es, hört zu und möchte ihren Vater bestrafen, weil er so unbarmherzig ist. Unvorhersehbar fällt ihr etwas ein: Sie springt über den Höllenschlund. Jetzt ist sie in den Händen von Borka, dem Feind ihres Vaters! Borka triumphiert und schlägt einen Tauschhandel vor: Birk gegen Ronja. Mattis ist entsetzt: "Birk kannst du haben. Aber ich habe keine Tochter mehr." Jedoch Lowis, die Mutter von Ronja, mischt sich ein: "Aber ich habe eine Tochter und ich möchte sie zurück haben, auch wenn ihr Vater den Verstand verloren hat."

Das ist wahrlich ein Höhepunkt! Ronja hält öffentlich zu ihrem Bruder. Sie wendet sich öffentlich gegen ihre eigenen Leute! Vor ihrer Räuberbande bekennt sie, dass sie mit dem Hass der eigenen Leute und ihrem Handeln nicht einverstanden ist und sogar bereit ist, die natürliche Bindung zu den eigenen Leuten aufzugeben. Weil die Liebe - wie Paulus sagt - sich nicht freut über das Unrecht, muß Ronja zu Birk halten. Liebe ist oft auch taktisch klug. Der Sprung Ronjas war ein genialer Schachzug.

Danach kommt für die, die aus Liebe das Unrecht anprangern, eine schwere Zeit. Die eigenen Leute verstehen das Verhalten

nicht und schimpfen: Nestbeschmutzer, Verräter! Der eigene Vater sagt: Du bist nicht mehr meine Tochter. Es ist Zeit, die eigenen Leute zu verlassen. Es ist gut, wenn das wie bei Ronja möglich ist.
Am Abend jenes Tages entschließt sich Ronja, die Mattisburg zu verlassen. Sie will, sie muss ihre Eltern verlassen. Als sie zur Bärenhöhle kommt, in der sie in der nächsten Zeit wohnen will, sieht sie ein Feuer. Birk hat auch seine Eltern verlassen. Jetzt sind Schwester und Bruder, Ronja und Birk zusammen.
In dieser Zeit passiert noch mal eine ganz besondere Szene. Sie haben ein Messer, lebenswichtig in der Wildnis. Auf einmal ist das Messer weg. Sie fangen an, sich zu streiten, wer das Messer verloren hat. Die alten Vorurteile kommen wieder hoch: auf einen Borkaräuber ist eben nicht Verlass; einem Mattisräuber kann man nicht vertrauen. Nach dem heftigen Streit finden sie es unter dem Moos.
Man muss manchmal nicht nur sich gegen seine eigenen Leute stellen. Man muss sich auch dem eigenen Hass, den verborgenen Vorurteilen in einem selber stellen. Das gehört auch zum Wachstum der Liebe, der auch schmerzlich und beschämend sein kann.
Der Frühling vergeht, der Sommer vergeht und Ronja und Birk leben die ganze Zeit in der Bärenhöhle. Als der Herbst kommt, besucht eines Tages Lowis ihre Tochter. Sie erzählt, wie sehr der Vater leidet. Einige Wochen später sieht Ronja an der Quelle ihren Vater sitzen, weinend. Da fallen sie sich in die Arme. "Ronja, meine Tochter, komme mit mir auf die Mattisburg. Ich bin sogar bereit, Birk auf der Mattisburg aufzunehmen."
Die Liebe zum eigenen Kind ist letztlich stärker als der Hass! Und der Vater hat verstanden: Meine Tochter liebt Birk und teilt das Leben mit ihm. Sie war bereit, alles für diese Liebe zu verlassen. Sie hat ihr Leben dieser Liebe gewissermaßen hingegeben. Und eine solche Liebe verwandelt.
Als die Soldaten des Landgrafen noch stärker kontrollierten, entschließen sich die beiden Hauptmänner, eine gemeinsame Räuberbande zu bilden. Der Hauptmann wird durch einen Zweikampf

entschieden. Die Feindschaft zwischen den zwei Gruppen ist vorbei. Mattis folgt letztlich seiner Tochter und geht den Weg der Liebe. Auch für ihn ist die Liebe größer als der Hass.

Jesu Weg des Friedens
Auch Jesus Christus ist in seinem Leben diesen Weg des Friedens gegangen!
1. Station „Mitleid": Jesus hatte besonders Mitleid mit den Ausgestoßenen, den Schwächeren. Die Zöllner, die Sünder, die Aussätzigen - all diese wurden gehasst, und mit diesen hatte Jesus Mitleid.
2. Station „Vorurteile loslassen": Jesus ging auf die Ehebrecherin zu, weil er nicht auf die Vorurteile hörte, sondern vertraute, dass sie ein neues Leben anfangen kann.
3. Station „Den Schwachen helfen": den Besessenen, den Blinden, den Kindern, den Lahmen - all diesen half Jesus.
4. Station „Öffentlich sich auf die Seite der Gegner stellen": der faule Friede möchte die Ungerechtigkeiten unter den Teppich kehren. Aber Jesus weiß, dass der wahre Friede nur über die Wahrheit zu erreichen ist. Deswegen isst er mit den Zöllnern und sagt: Nicht die Gesunden sondern die Kranken brauchen den Arzt. Er stellt die Menschenwürde über das Gebot des Sabbats. Er reinigt den Tempel und kritisiert den verlogenen Kult.
5. Station: Hier läuft es anders als bei Ronja Räubertochter. Er geht nicht für eine Zeit weg sondern stellt sich dem Konflikt. Er ist bereit, seinem Vater und seiner Botschaft treu zu bleiben. Der Versuchung, seinen Gegnern Böses zu wünschen, widersteht er. Am Kreuz verzeiht er ihnen und betet zu seinem Vater, dass er ihnen verzeihe.
6. Die letzte Station bei Jesus ist ebenso der Sieg der Liebe über den Hass. Das offenbart uns Ostern!
Jesus lädt uns ein, diesen Weg des Friedens zu gehen. Wir können ihn nur gehen mit der Kraft Gottes, um die wir nun auch beten wollen.

8. Sonntag im Jahreskreis: Gegenwart und Faust.

Mt 6, 24-34
Ein Vergleich
Ich lade Sie ein, zwei Geisteszustände zu vergleichen, ich möchte fast sagen den Unterschied bewusst nachzuspüren, zu schmecken:
1. Stellen Sie sich vor, Sie sind in der Natur und staunen. Sie sind einfach hier und jetzt da.
2. Und dann stellen Sie sich vor: Sie planen, grübeln, erinnern sich, haben Angst vor diesem und jenem, das Gedankenkarussell der Sorge.

Was ist der Unterschied?
- Beim ersten Geisteszustand bin ich in der Gegenwart, beim zweiten entweder in der Vergangenheit oder in der Zukunft.
- Beim ersten Geisteszustand bin ich in der Realität, ich spüre die Fülle, ich spüre, dass die Gegenwart frisch ist. Beim zweiten bin ich in Gedanken, in der grauen Gedankenwelt, quasi einer Parallelwelt.
- Beim ersten Geisteszustand erlebe ich Stille, vielleicht bin ich ohne Gedanken, ich bin voll im Sein und im Wahrnehmen. Im zweiten Geisteszustand erlebe ich den inneren Lärm, das Gedankenkarussell, die Aktivität und das Grübeln. Ich bin in meinem Geschichtennetz, dem Netz meiner Erlebnisse, Pläne und Sorgen.

Fausts Suche und seine Sorgen
Es gab einen, der wollte das finden: den Augenblick, wo er sagt: „Verweile doch: du bist so schön!" Es war Faust in Goethes berühmtem Drama. Mephisto lässt Faust alles erleben: Liebe, Macht, Geld, Jugend, Schönheit und wirtschaftlichen Erfolg. Aber was blieb übrig bei Faust? Die Sorge! Faust wollte sich den schönen Augenblick organisieren und fand ihn deswegen nie. Zurück blieb die Sorge!

Der Grundfehler von Faust ist, dass er meint: ich muss es selbst organisieren. Und er vergisst: mir wird es geschenkt. Faust fehlt es an Gottvertrauen. Er ist verfangen in der Selbstüberschätzung: Ich kann es selbst!

Zuviel Sorgen

Warum macht sich der Mensch sorgen? Pflanzen und Tiere sind sich ihres Gedächtnisses nicht bewusst und können deswegen nicht in die Zukunft denken. So wissen sie auch nicht, dass sie etwas verlieren können, dass sie krank werden können und dass sie sterben müssen. Der Mensch kann das. Aus seinem Gedächtnis heraus kann er sich eine ideale Zukunft planen.

Sorge ist das ständige Hin und Her im Denken, ob die Zukunft wie geplant eintritt und wie man sie organisieren kann. Es ist, wie mit einer Arznei oder wie mit Wein: in kleinen Mengen zum richtigen Zeitpunkt ist es gut. Aber nicht ständig in Überdosis. Nachdenken, Planen ist gut in kleinen Mengen zum richtigen Zeitpunkt. Aber fast alle Menschen übertreiben es. Muss man beim Spazierengehen, beim Abwaschen etc. grübeln? Man verpasst die Gegenwart! Man verpasst das Leben, denn nur in der Gegenwart geschieht Leben. Gegenwart kann man auch genießen, wenn nichts Spektakuläres geschieht.

„Die große Stille"

Vielleicht haben Sie den Film „Die große Stille" gesehen. Viele würden sagen: ein ganz langweiliger Film über den Trapistenorden. Aber wer sich darauf einlässt, kann sogar den Moment genießen, wie eine Fliege um eine Küchenschüssel fliegt. Als ich den Film im Kino gesehen habe, merkte ich am nächsten Tag, dass ich ganz bewusst, langsam und voll in der Gegenwart in meiner Küche abspülen konnte. Ich spürte ganz bewusst die Schüssel oder die Pfanne in der Hand, die ich spülte und abtrocknete.

Gottvertrauen

Warum haben wir so viel Sorgen? Es fehlt das Vertrauen, dass Gott uns beschenkt. Wir haben zu wenig Vertrauen, auch weil wir uns viel zu wenig bewusst machen, wie sehr uns das Universum

und unsere Mitmenschen täglich beschenken: Wer macht sich bewusst, wie viel Sauerstoff uns täglich geschenkt wird? Wer macht sich bewusst, wie selbstverständlich mein Herz klopft? Wer macht sich bewusst, wie viele Menschen gearbeitet haben, damit mein Auto fährt? Wer macht sich bewusst, wie viele kleine Dinge am Tag von anderen für uns getan werden? Aber wir merken sofort, wenn einer etwas vergessen hat, wenn einer etwas macht, das wir nicht wollten!
Wer aus den Sorgen und dem Grübeln aussteigt, der spürt in der Gegenwart: ich werde beschenkt. Das Leben ist jetzt. Und Gottes Gegenwart ist immer nur in der Gegenwart zu entdecken. Wer das einübt, merkt, dass die Sorgen weniger werden, das Vertrauen und die Dankbarkeit größer werden und das Planen sinkt auf das nötige Maß. Und das Wichtigste: Es geht immer weniger um das Organisieren des eigenen Ideals wie bei Fausts „Pseudoparadies", sondern immer mehr um die Suche nach dem Reich Gottes im Hier und Jetzt. Das ist die Wende von der Ichsucht und der Angst zur Gottsuche!
„Euch aber muss es zuerst um sein Reich und seine Gerechtigkeit gehen; dann wird euch alles andere dazugegeben."

9. Sonntag im Jahreskreis: Die Heldenreise oder: Ist Jesus ein Held?

Mt 7, 21-27

Wir lieben Heldengeschichten: Unser Fernsehprogramm, unsere Kinos sind voll von Heldenreisen. Immer etwas abgewandelt, aber letztlich können wir das Schema der Heldenreise in den meisten Krimis, Agententhrillern, Fantasystories, Western und Science fiction – Filmen wieder entdecken.

Wir lieben es, mit dem Held mitzuleiden und mit dem Held den Sieg zu feiern. Wir lieben die Spannung, natürlich hoffen wir auf das Happy End. Aber wie wird der Held es erreichen? Besonders in den gefährlichsten Situationen: Wie schafft der Held da den Ausweg?

Die Handlung ist eigentlich nie kompliziert. Gut und Böse sind klar verteilt. Es braucht einen Held, der durch Einsatz zum Erfolg kommt und das Böse besiegt. Das Schema Heldenreise in 12 Stationen:

1. Station: Die gewohnte Welt. Z. B. Harry Potter lebt bei seinem Onkel und seiner Tante. Sein Leben ist langweilig, spießig und öde. Irgendwie passt er in diese Welt nicht hinein. Er ist der Außenseiter!

2. Station: Der Ruf des Abenteuers. Plötzlich treffen Briefe aus der Zauberschule Hogwarts bei den Potters ein. Erst fängt der Onkel die Briefe ab. Aber als hunderte Briefe gleichzeitig eintreffen und die Schule den großen Wildhüter Hagrid schickt, ist klar: Harry ruft das Abenteuer, ein neues Leben in der Zauberschule.

3. Station: Die Weigerung. Onkel und Tante wollen Harry hindern. Sie sind die sogenannten Schwellenhüter – die gilt es zu überwinden. Bei einem Krimi kann das der Vorgesetzte sein, der den Kommissar stoppen will, die Ermittlungen fortzusetzen, weil sonst ein politischer Skandal an die Oberfläche kommt.

4. Station: Die Begegnung mit dem Mentor. Der weise alte Mann, der erfahrene Mann, Mentor und Lehrer tritt auf. Für Harry

Potter ist das natürlich Prof Dumbledore. Für Bilbo Beutlin der gütige und weise Gandalf.

5. Station: Überschreitung der Schwelle und Aufbruch zum Abenteuer. Wenn nun noch ein Anlass, eine Katastrophe dazu kommt, verlässt der Held die gewohnte Umgebung. Bei James Bond ist das immer die Lagebesprechung im Hauptquartier: der Held wird wieder auf eine Mission gesendet, um einen fiesen Kerl dingfest zu machen.

6.Station: Bewährungsproben – Verbündete und Feinde. Der junge Held ist erst mal überfordert und fasziniert: Harry kommt nach Hogwarts. Alles ist neu und anders. In welches Haus wird der sprechende Hut ihn schicken? Erste Gefährten und Gegner zeigen sich. Harry freundet sich mit Ron und Hermine an und weiß schnell: Mit Lucius Malfoy wird er Ärger bekommen.

7. Vordringen zur tiefsten Höhle des Bösen. James Bond bricht in einen irrwitzigen Gebäudekomplex des Bösen ein, um ein Geheimpapier, ein Labor oder eine gefangen gehaltene Person zu finden. Harry Potter dringt mehrmals in tiefste Höhlen des Bösen ein, zum Beispiel in die Kammer des Schreckens im zweiten Band. Oder später in das Zaubereiministerium, um einen Gegenstad zu finden und zu zerstören.

8. Station: Die entscheidende Prüfung. Der Held ist in höchster Lebensgefahr. James Bond wird gefangen genommen. Im Film „Goldfinger" kommt ein Laserstrahl auf ihn zu, in letzter Sekunde kann Bond mit seiner Uhr den Laser umleiten.

Manchmal scheint der Held wirklich zu sterben: Zum Beispiel als Gandalf beim Kampf mit einem Balrog in den Abgrund stürzt, gehen die Gefährten lange davon aus, dass sie Gandalf für immer verloren haben. Doch plötzlich taucht er neu verwandelt in strahlendem Weiß wieder auf.

9. Station: Die Belohnung - Das Ergreifen des Schwerts. Das Vordringen in die gefährliche Höhle des Bösen und die Prüfungen haben sich gelohnt. Der Kommissar hat das entscheidende Beweisstück gefunden. James Bond weiß nun, was der Bösewicht wirklich vorhat und kann einen Plan entwickeln. Harry Potter kann aus der Kammer des Schreckens ein wertvolles Schwert mitnehmen.

10. Station: Der Rückweg. Der Held hat dazugelernt, ist gereift, er weiß nun, wie es klappen kann! Er ist fest entschlossen, die Geschichte zu beenden.

11. Station: Die Auferstehung und der Sieg. Jetzt erfolgt der neue Aufbruch. James Bond greift noch mal an, gut vorbereitet. Die Prüfung und die Todesgefahr haben den Held verändert und reifen lassen. Harry Potter lernt nach jedem gefährlichen Abenteuer dazu. Gandalf kann die Gefährten noch souveräner leiten und anführen. Und natürlich geht nun alles gut aus: Bond besiegt den Bösewicht, das Unheil ist abgewendet. Bei Harry Potter braucht es 7 Romane, 7 Schuljahre, aber dann ist Voldemort wirklich endgültig besiegt.

12. Station: Die Rückkehr. Das Happy End wird gefeiert. Der Held ist verändert, alle Guten sind erleichtert und feiern.

Ist Jesus ein Held? Können wir bei ihm die 12 Stationen wiederfinden? Schon irgendwie! Jesus verlässt sein gewohntes familiäres Umfeld und macht sich auf das Abenteuer der spirituellen Wanderschaft.

Sein Lehrer und Mentor ist zuerst Johannes der Täufer, bis er erkennt, dass das Reich Gottes schon angebrochen ist und wir nicht mehr – wie Johannes dachte – darauf warten müssen.

Die Verwandten wollen ihn an seinem Abenteuer der Verkündigung hindern und ihn einmal sogar mit Gewalt zurückholen. Sie denken, er sei verrückt geworden.

Er hat viele Verbündete und Gefährten, die ihm folgen: die 12 und viele mehr, darunter auch Frauen wie Maria Magdalena.

Er hat Gegner: mit den Pharisäern und Schriftgelehrten hat er immer wieder Streitgespräche.

Als er im Tempel die Tische der Händler und Geldwechsler umwirft, bringt ihn das in die Höhle seiner Gegner: erst vor den Hohen Rat und dann zu Pilatus.

Er stirbt wirklich am Kreuz, wird vom Vater zu neuem Leben erweckt, kehrt an Himmelfahrt zum Vater zurück und das Happy End ist Pfingsten: Wir bekommen alle den heiligen Geist.

Aber ist Jesus wirklich ein so klassischer Held? Oder gibt es doch paar feine Unterschiede, die zeigen: Jesus Christus ist doch noch etwas anderes für uns? Bei Jesus kann man die Menschen nicht so einfach in Gut und Böse aufteilen: Jesus isst mit Zöllnern, lässt sich von Sünderinnen die Füße salben, ein Pharisäer namens Nikodemus kümmert sich um seine Beerdigung, der Hauptmann erkennt am Kreuz: Wahrlich dieser Mensch ist Gottes Sohn. Jesus ermahnt uns: Urteilt nicht! Gott lässt die Sonne über Gute und Böse aufgehen. Reißt das Unkraut nicht vorzeitig aus, sonst reißt ihr auch den guten Weizen mit heraus.

Und wie überwindet Jesus das Böse? Die Römer sind nach Ostern nicht vertrieben. Die Pharisäer und die Hohenpriester haben weiterhin die religiöse Macht inne. Kein Gegner sitzt im Gefängnis oder ist beseitigt.

Das ist die Torheit des Kreuzes, von der Paulus spricht. Nach dieser oberflächlichen Bilanz ist Jesus das Gegenteil von einem Helden. Seine Mission ist gescheitert. Oder war es nicht eher die Mission, die die Masse sich erträumt hat?! Am Palmsonntag machen sie Jesus zu ihrem Helden. Aber Jesus verweigert sich, in diese Rolle zu schlüpfen. Er überwindet das Böse nicht, indem er seine Gegner vernichtet, sondern indem er ihnen am Kreuz vergibt.

Er rettet die Menschen, indem er nicht stark sondern ganz ohnmächtig am Kreuz wird, sich mit allen Leidenden solidarisiert und in der totalen Dunkelheit seinem Vater vertraut.

Der Held schafft uns die schnelle Lösung! Die Heldenreise entführt uns in eine Welt, in der zwar gekämpft wird, aber am Ende sind alle Probleme gelöst! Ist die Heldenreise nicht manchmal eine Flucht aus unserem Alltag?

Aber wer hält uns in dieser komplizierten Welt, mit ihren Unklarheiten, Widersprüchen, Irrungen und Wirrungen? „Meinen Frieden gebe ich euch." Jesus Christus gibt uns den Beistand, den

Heiligen Geist, damit wir nicht in Heldenfantasien flüchten müssen sondern mit innerem Frieden uns den Herausforderungen des Lebens stellen können. Dann haben wir unser Leben auf Fels und nicht auf Sand gebaut![36]

10. Sonntag im Jahreskreis: Prinzipen der katholischen Soziallehre

Mt 9, 9-13
Barmherzigkeit
Aus Barmherzigkeit geht Jesus auf Matthäus zu. Er gibt ihm eine Chance, ihm nachzufolgen. Er schaut auf seine Person und seine Würde statt auf seinen Beruf! Indem er gerade den Zöllner beruft, signalisiert er allen: Jeder hat eine Würde, zu jedem sollen wir barmherzig sein.
Diese Grundhaltung ist das Fundament der katholischen Soziallehre. Es wird ausgefaltet in **sechs Prinzipien**:

- Jeder Mensch hat eine Würde, die geschützt und geachtet werden muss!
- Menschen sollen gerecht miteinander umgehen und gerecht behandelt werden!
- Menschen sollen sich gegenseitig unterstützen, solidarisch sein!
- Subsidiarität: Die unterste Ebene, die ein Problem lösen kann, soll das Problem auch lösen!
- Menschen sind verantwortlich gegenüber dem Gemeinwohl!
- Menschen sind verantwortlich gegenüber Natur und nachfolgenden Generationen und sollen nachhaltig handeln!

Anhand eines Beispieles lässt sich das Zusammenspiel dieser Prinzipien am besten erläutern:
Stellen Sie sich vor: Sie sind Bürgermeister in einer kleinen Stadt in Indien, Kerala. Seit den letzten 10 Jahren hat ein internationales Unternehmen die Wasserversorgung Ihres Gebietes gewährleistet. Aber das Wasser ist für die Armen zu teuer. Es wird über mehrere Kilometer aus dem Staudamm transportiert.
Jetzt hat ein ökologischer Berater Ihnen vorgeschlagen, dass die Wasserversorgung die Gemeinde als Ganzes organisieren kann,

wie es in den letzten Jahrhunderten üblich war. Alle Gemeindemitglieder sollen Bewässerungssysteme bauen, um das Regenwasser aufzufangen. Mit einer einfachen Technik mit UV-Licht kann das Wasser von Keimen befreit werden. Er hat Ihnen vorgerechnet, dass das Wasser dann billiger ist, und erzählte von Erfolgen in einer anderen indischen Region. In heißen Zeiten empfahl er den alten indischen Brauch, Trinkwasser in gewissen Mengen kostenlos an bestimmten Stellen anzubieten. Sie sind Katholik (im Staat Kerala gibt es viele Katholiken). Sie möchten nach den sechs Prinzipien der katholischen Soziallehre entscheiden.
Ihre Entscheidung ist sicherlich schnell gefällt: Alles spricht für den Vorschlag des ökologischen Beraters.

- Die ganze Gemeinde kann die Versorgung mit Wasser übernehmen, also soll es kein internationales Konsortium übernehmen. – Subsidiarität!
- Indem alle Gemeindemitglieder die Bewässerungssysteme bauen, arbeiten sie für das Gemeinwohl!
- Solidarisch ist man gegenüber den Ärmsten, wenn man ihnen Trinkwasser in gewissen Mengen kostenlos übergibt!
- Die neue Wasserversorgung ist auch nachhaltiger, weil weniger Energie insgesamt verbraucht wird und weil nur das Wasser verbraucht wird, das durch Regen wieder nachkommt.
- Höhere Wasserpreise sind nicht gerecht! Denn frisches Wasser braucht jeder Mensch. Es ist nur gerecht, allen Menschen Zugänge zu Trinkwasser zu ermöglichen.
- Denn mit dem Zugang zu Trinkwasser beginnt die Achtung der Würde aller Menschen!

Diese sechs Prinzipien gehören zusammen. Alle Regeln und Prinzipien sind für den Menschen da. Genauso wie der Sabbat für den Menschen da ist und nicht umgekehrt. Sie drücken aus, wie man mit der Haltung der Barmherzigkeit zusammenleben kann.

Deswegen steht die **Personwürde an erster Stelle**: Wir sind alle Ebenbilder Gottes! Die Freiheit und die Würde jedes Menschen sind deshalb zu schützen und zu achten! Alle anderen Prinzipien folgen letztlich daraus.
Zum Beispiel **Gerechtigkeit**: Gerecht ist, wenn wir das Wohl aller beachten! Gerecht ist, wenn alle vor dem Gesetz gleich behandelt werden! Gerecht ist, wenn die Reicheren etwas abgeben, um die Ärmeren zu unterstützen! Gerecht ist, wenn Menschen angemessen für ihre Arbeit entlohnt werden! Gerecht ist, wenn so viel Freiheit wie möglich gewährt wird, soweit sie nicht die Würde und Freiheit eines anderen einschränkt! – All das folgt aus der Achtung der Würde aller und aus Barmherzigkeit!
Zum Beispiel **Solidarität und Gemeinwohl**: Zur Würde des Menschen gehört, dass er Mensch nur ist mit Mitmenschen. Nur in einer Gemeinschaft, nur mit Mitmenschen werde und bin ich Mensch. Deswegen bin ich nur Mensch, wenn ich nicht egoistisch werde, wenn mir die anderen nicht egal sind, wenn ich weiß: Er oder sie ist genauso Mensch wie ich und wir sind vernetzt untereinander auf vielfältige Weisen! Wir sind aufeinander angewiesen – das leben wir mit Solidarität und der Achtung des Gemeinwohls!
Das **Subsidiaritätsprinzip** verhindert das Abgleiten in zwei Straßengräben: Erstens Bevormundung durch obere Ebenen und zweitens Nicht-Übernehmen von Verantwortung!
Normalerweise können und sollen Eltern ihre Kinder erziehen. So wird die Würde der Elternschaft geachtet. Wenn sie dagegen ihre Kinder schlagen, verwahrlosen lassen usw., muss das Jugendamt eingreifen. Denn die Würde der Kinder wird verletzt! Die unterste Ebene, die Familie, kann die Aufgabe der Erziehung nicht mehr allein übernehmen. Es wäre schlimm für die Kinder, wenn das Jugendamt ihre Verantwortung für diese Kinder nicht übernehmen würde.
Bevormundung dagegen erlebten die Bischofskonferenzen auf der ganzen Welt. In den letzten Jahren übersetzten sie neu die liturgischen Bücher. Der Vatikan kontrollierte und korrigierte die

Übersetzungen, damit sie nahe am lateinischen Urtext seien. Hier hält sich der Vatikan nicht an das Prinzip der Subsidiarität. Eine Bischofskonferenz ist weise und klug genug, allein verantwortlich die liturgischen Bücher neu zu übersetzen. Ist es nicht ein Zeichen von Misstrauen, wenn der Vatikan die Entwürfe kontrolliert und korrigiert? Und bei diesem Fall zeigt sich noch etwas anderes: Wenn die obere Ebene hineinpfuscht, obwohl die untere Ebene es allein schaffen kann, wird das Ergebnis meist schlechter! Die Römer legten z. B. im Englischen Formulierungen fest, die englischsprachige Menschen als gestelzt und holprig empfinden.

Das Prinzip **Nachhaltigkeit** ist nachträglich in den letzten Jahrzehnten ergänzt worden. Gerade mit der Enzyklika „Laudato si" betonte das Lehramt: Alle Prinzipien der Soziallehre können wir nur umsetzen, wenn wir nachhaltig mit der Natur, mit der Erde, mit den Ökosystemen umgehen!

Und Franziskus betonte dabei immer wieder: Unser Umgang mit der Natur und unser Umgang miteinander hängen zusammen! Gerade wenn wir lernen, respektvoll, sparsam, achtsam mit der Natur, mit der Schöpfung umzugehen, lernen wir auch, respektvoll, achtsam und barmherzig miteinander umzugehen!

11. Sonntag im Jahreskreis: Paulus – Garant von Ostern! Zeuge der Trotzdem-Liebe Gottes! Offenbarer des inneren Lehrers

Von Anfang an gab es Skeptiker! Gleich nach Ostern gab es Gerüchte, die Jünger hätten selbst das Grab leer geräumt. Matthäus erzählt, die Hohenpriester hätten die Soldaten bestochen, so dass sie dieses Gerücht verbreiteten. Mt 28,12f.

Ja es ist aus der skeptischen Sicht folgendes denkbar: Die Jünger waren nach dem Tod Jesu erst einmal völlig am Boden. All ihre Hoffnungen waren zerstört. Sie waren nicht nur voller Trauer, auch ihr Weltbild war dahin. – Wenn einer der Jünger eine angebliche Vision des wieder erstandenen Jesus gesehen hat, dann kann für den Skeptiker auch der Wunsch der Vater der Vision sein. Alle Ostererfahrungen doch nur eine kollektive Einbildung, die durch eine unglaubliche Stresssituation ausgelöst wurden? Die Ostererfahrungen nur ein Symptom von durchgedrehten, psychisch kranken, traumatisierten Jüngern? Immerhin ermöglicht die Ostervision der Jünger, dass sie ihr zerstörtes Weltbild wiederherstellen können. Oder war es ein bewusster Schachzug, eigentlich Betrug? Auch diese Vermutung haben Skeptiker immer wieder geäußert. Denken wir nur an Reimarus in der Zeit der Aufklärung!

Garant von Ostern Aber einer macht all den Argumenten der Skeptiker einen Strich durch die Rechnung: Paulus!

Er hat die Christen verfolgt! Er hatte keinen Grund, diesem Jesus plötzlich zu folgen. Ganz im Gegenteil – er hat die Christen verhöhnt.

Aber plötzlich erscheint ihm, der Christen verfolgt, Jesus Christus, der Auferstandene! Gott sei Dank ist Christus Paulus erschienen! Denn die Logik der Skeptiker funktioniert nicht bei Paulus. Er muss nicht ein zerstörtes Weltbild durch eine Christusvision wieder herstellen. Er muss nicht durch eine Betrugsgeschichte eine Gruppe zusammenhalten. Ganz im Gegenteil, er will doch die Jesus-Anhänger verfolgen. Wenn ihm Jesus Christus erschien, dann ist wirklich der Auferstandene auch anderen Jüngern erschienen!

Für die Wahrheit von Ostern ist Paulus immens wichtig. Seine Bekehrung ist das stärkste Argument, dass Ostern passiert ist, dass der Auferstandene wirklich Jüngern erschienen ist. Und ich staune darüber, dass Jesus Paulus ausgewählt hat, dass der Auferstandene dem Verfolger erscheint und bekehren kann.

Trotzdem-Liebe Gottes Aber die Bekehrung verdeutlicht auch ein Geheimnis des Kreuzestodes und der Liebe Gottes. Im Römerbrief schreibt er: „Christus ist schon zu der Zeit, da wir noch schwach und gottlos waren, für uns gestorben. Gott aber hat seine Liebe zu uns darin erwiesen, dass Christus für uns gestorben ist, als wir noch Sünder waren." Röm 5,6.8. Wenn die Liebe Gottes so groß ist, dann umfängt sie alle Menschen! Im Kreuz zeigt sich die Liebe Gottes allumfassend und als eine unfasslich große Trotzdem-Liebe!

Ja Paulus sieht es als reine Gnade, unbegreifliche Gnade, dass Jesus gerade ihm erschien: Er konnte doch nichts vorweisen – ganz im Gegenteil, er hat Christen verfolgt. Aber ihm, der Missgeburt, wie er sich selbst im Korintherbrief bezeichnet (1Kor 15,8), ist er begegnet. Christus „hat mich für treu gehalten und in seinen Dienst genommen, obwohl ich ihn früher lästerte, verfolgte und verhöhnte." 1 Tim 1,12f. Und so begreift Paulus ganz tief an sich selbst das Geheimnis Gottes, das er im Kreuz offenbart: Gott macht den ersten Schritt. Gott schenkt trotz allem einfach seine Gnade! Alles ist letztlich Gnade! Mit der Gnade beginnt alles – und endet alles! Diese Gnade ist Trotzdem-Liebe auch zu den Ablehnern und Verwirrten und Ungläubigen. Das erlebt Paulus an sich selbst – und kapiert damit: das gilt für alle Menschen!

Der innere Lehrer Aber was macht Paulus nach seiner Bekehrung? Er geht nicht nach Jerusalem, um sich erzählen zu lassen, was der historische Jesus gepredigt hat! Nein, er geht in die Wüste und vertieft in der Stille der Wüste seine innere Beziehung zu Jesus Christus. Die Jünger, die mit Jesus unterwegs waren, haben Jesus als äußeren Lehrer erlebt. Er steht ihnen gegenüber, lehrt

sie mit seinen Predigten und Gleichnissen, mit seinen Handlungen, mit seinem Vorbild, mit seinen Haltungen und Einstellungen.
Aber Paulus erlebt Jesus Christus als inneren Lehrer. Er spürt in sich hinein und vertieft sich in seine Beziehung zum Auferstandenen. Er weiß, dass der Heilige Geist ihn in alles einführt – warum sollte er dann sich Geschichten anhören, was Jesus zu seinen Lebzeiten im Einzelnen gepredigt hat. Das war für ihn nicht nötig!
Und so haben wir im Neuen Testament beides: Vier Evangelien, die uns von Jesus erzählen, wie die Jünger ihn erlebt haben. Und Briefe von Paulus, die uns zeigen, was der innere Lehrer, der auferstandene Christus ihn gelehrt hat.
Beides sind unterschiedliche UND sich gegenseitig ergänzende Wege zu Jesus Christus. Uns stehen heute beide Wege weiterhin offen: Wenn wir die Evangelien lesen, lernen wir Jesus als Meister und Lehrer uns gegenüber kennen. Wenn wir in die Stille lauschen, wenn wir uns in Jesus Christus, dem Auferstandenen, der hier und jetzt da ist, vertiefen, folgen wir dem inneren Lehrer in uns, horchen wir auf den Heiligen Geist in uns. Beide Wege ergänzen sich auch heute noch.
Manche sehen Paulus als einen Verzerrer der ursprünglichen Botschaft des Jesus von Nazareth. Aber meine drei Punkte zeigen etwas ganz anderes:
Paulus ist: Garant von Ostern! Zeuge der Trotzdem-Liebe Gottes! Offenbarer des inneren Lehrers!
Ich glaube, Jesus Christus wollte uns gerade mit Paulus zeigen, dass zum Christsein beide Wege gehören! Jesus Christus wollte zeigen, dass Ostern kein Wunschtraum ist, sondern wirklich die Erfahrung des Auferstandenen! Und Jesus wollte in der Berufung des Paulus uns zeigen, dass seine Liebe schon beginnt, als wir Sünder noch waren, dass seine Liebe alle umfasst, sogar die größten Missgeburten! Unfassbare Liebe Gottes!

12. Sonntag im Jahreskreis: Über Nahtoderfahrungen

Mt 10, 26-33
Ich möchte noch einmal vier Sätze aus dem Evangelium herausgreifen: „Fürchtet euch nicht vor denen, die den Leib töten, die Seele aber nicht töten können. Bei euch aber sind sogar die Haare auf dem Kopf alle gezählt. Fürchtet euch also nicht! Ihr seid mehr wert als viele Spatzen. Wer sich nun vor den Menschen zu mir bekennt, zu dem werde auch ich mich vor meinem Vater im Himmel bekennen."

Wir haben Angst vor Menschen, die unserem Körper Gewalt antun. Wie kann ein Mensch davor nicht Angst haben? Vor körperlichen Schmerzen, vor Gewalt, die den Körper auf Dauer schädigt? Eine zweite Frage schließt sich an:

Kann man Leib und Seele so voneinander trennen? Berichte über Nahtoderfahrungen legen das nahe. Ein Mensch erlebt meistens Nahtoderfahrungen, wenn er einige Minuten klinisch tot ist, d.h. sein Herz nicht mehr schlägt und die Atmung ausgesetzt ist. Die heutige Medizin schafft es immer wieder, durch Elektroschocks und Spritzen Menschen im klinischen Tod wieder zu beleben. Deswegen haben auch heute viel mehr Menschen als früher Nahtoderfahrungen.

Was erlebt man bei Nahtoderfahrungen?
Alle Berichte über Nahtoderfahrungen zeigen ein gemeinsames Schema. Die jeweilige Ausgestaltung ist unterschiedlich. Aber die Elemente des gemeinsamen Schemas tauchen bei allen auf, unabhängig von der Kultur, unabhängig davon, ob jemand Christ, Buddhist, Atheist oder Muslime ist. Das ist für mich ein Hinweis dafür, dass wir bei Nahtoderfahrungen wirklich zu dem vordringen, was uns Menschen alle angeht: eine Wahrheit, die für alle Menschen gilt. Dieses gemeinsame Schema ist nicht ein Produkt unserer kulturellen Prägung, nicht ein Produkt unserer eigenen Vorstellungen.

Das erste Element ist das Gefühl, tot zu sein, die Erfahrung von Frieden und Schmerzfreiheit und das Erlebnis der Außerkörperlichkeit. Sabine Uhlig erlebte bei der Kaiserschnittgeburt ihrer Tochter, wie sie ihren Körper verließ, und berichtete von ihrer außerkörperlichen Erfahrung, dass sie an der Decke mit ihrem Bewusstsein schwebte: Sie sah zu, wie die Ärzte hektisch versuchten, ihren Körper wiederzubeleben. „Während der OP konnte ich ins Nebenzimmer schweben und sehen, wie die Schwestern meine neugeborene Tochter badeten. Dann dachte ich an meinen damals neunjährigen Sohn, der mit seinem Chor auf Sylt war. Ich konnte beobachten, wie er zu Mittag aß, und ich spürte irgendwie, dass er mich noch braucht."[37] Später befragte Frau Uhlig die Krankenschwestern, fuhr sogar selbst nach Sylt, um sich das Hotel anzuschauen, in dem ihr Sohn gewesen war - alles war genauso, wie sie es im Todeskampf gesehen hatte!

Dieses Beispiel zeigt etwas sehr Wichtiges! Viele kritische Wissenschaftler behaupten, dass die Nahtoderfahrungen gewissermaßen Halluzinationen sind, die durch zu wenig Sauerstoff im Gehirn oder extrem hoher Ausschüttung von Adrenalin entstehen. Aber dieses Beispiel legt den Schluss nahe, dass sich wirklich der Geist, das Bewusstsein, die Seele vom Körper getrennt hat und auch den Sohn im Hotel in Sylt wahrgenommen hat. Denn aus den vorangegangenen Erfahrungen und Erlebnissen ihres Lebens hätte sie sich nicht in ihrem Geist dieses Hotel in einer Quasi-Halluzination vorstellen können.

Die Seele bzw. der Geist trennt sich vom Körper
„Fürchtet euch nicht vor denen, die den Leib töten, die Seele aber nicht töten können" - Die Seele, der Geist, das Bewusstsein eines Menschen, das zeigen die Nahtoderfahrungen, geht über den Körper des Menschen hinaus. Unser Bewusstsein ist nicht nur ein Effekt von Gehirnströmen. Unser Bewusstsein ist eindeutig mehr. Und kein Mensch kann unsere Seele, unseren Geist bzw. unser Bewusstsein zerstören. Fürchtet euch also nicht! - wir haben aber Furcht vor Körperschmerzen. Und wir haben Angst vor dem Tod.

Menschen, die eine Nahtoderfahrung erlebt haben, verändern ihre Einstellung zu Körperschmerzen und zum Tod:
"Ich habe jetzt keine Angst mehr vor dem Tod. Ich kann Ihnen aus persönlicher Erfahrung versichern, dass der Schmerz endet, auch wenn er noch so schlimm wird und Sie finden sich außerhalb Ihres Körpers wieder, in einer anderen Dimension, noch sehr lebendig, aber ohne jeden Schmerz."[38] Und gleichzeitig finde ich es trotzdem sehr tröstlich, dass Jesus im Garten Getsemani große Angst vor Schmerzen und Tod erlebte. Für mich heißt das: Ich darf Ängste davor haben und darf mir gleichzeitig sagen: Fürchte dich nicht!
Auf diese Trennung folgt das sogenannte Tunnelerlebnis: der Tunnel ist der Übergang in die geistige Welt. Manche berichten davon, durch eine Dunkelheit oder Leere hindurch gegangen zu sein. Häufig kommt es dabei zu einer Begegnung mit schon verstorbenen Angehörigen.

Bedingungslose Liebe und Lebensrückschau
Nach dem Tunnel trifft man auf ein unbeschreibliches Licht. Das Licht wird als reine, bedingungslose Liebe erfahren. Christen deuten diese Erfahrung als Begegnung mit Jesus Christus oder mit dem Heiligen Geist, Buddhisten deuten dieses Licht als Buddha. Die Deutungen sind unterschiedlich. Aber auch der Atheist erlebt dieses Licht als bedingungslose Liebe: „Bei euch aber sind sogar die Haare auf dem Kopf alle gezählt. Ihr seid mehr wert als viele Spatzen."
Mit dieser Erfahrung des Angenommenseins schaut der Mensch auf sein Leben zurück: Bei der Lebensrückschau erleben wir viele Situationen unseres Lebens noch einmal. Dabei werden wir mit den Folgen unserer Gedanken, Worte und Taten konfrontiert. Ein Betroffener schildert, dass er sein ganzes Leben bis hin zur Gegenwart in einer Art dreidimensionalem Panoramarückblick gezeigt wurde. Er nahm nicht nur sein ganzes Leben von seinem eigenen Blickwinkel wahr, sondern nun wusste er auch um die Wirkungen seiner Taten und Worte. „Während des Rückblicks

wurde die ganze Zeit auf die Wichtigkeit der Liebe hingewiesen."[39]

Wie sagte Jesus heute im Evangelium? „Wer sich nun vor den Menschen zu mir bekennt, zu dem werde auch ich mich vor meinem Vater im Himmel bekennen. Wer mich aber vor den Menschen verleugnet, den werde auch ich vor meinem Vater im Himmel verleugnen." Wir bekennen uns aber am deutlichsten zu Gott durch die Nächstenliebe! Von den Berichten der Nahtoderfahrungen her können wir vermuten, dass das Gericht nach dem Lebensende nicht darin besteht, dass ein Richter uns sagt, was wir in unserem Leben richtig und falsch gemacht haben. Sondern dass wir in einer Lebensrückschau völlig uneingeschränkt und unverzerrt unser Leben vor Augen sehen und auch die Wirkungen unseres Lebens auf unsere Mitmenschen, auf die Natur usw. wahrnehmen. Dieses Wahrnehmen wird ein reinigendes, reuiges, heilendes und erlösendes Wahrnehmen sein.

Ich finde es bemerkenswert, dass man in einer Nahtoderfahrung zuerst das Licht erfährt und dann den Lebensrückblick. Zuerst fühlt man sich bedingungslos geliebt und mit dieser Erfahrung kann man seine Fehler im Leben wahrnehmen. Erst umarmt der Vater den zurückkehrenden Sohn!

Zuletzt noch eine Bemerkung: Menschen, die eine Nahtoderfahrung erlebt haben, brauchen ca. sieben Jahre lang, um diese Erfahrung zu verarbeiten. Diese Erfahrung prägt sie sehr stark und macht die meisten zu zufriedenen, gelassenen und gläubigen Menschen, die zu mehr Nächstenliebe fähig sind.

Denn sie haben erfahren: Fürchtet euch nicht vor denen, die den Leib töten, die Seele aber nicht töten können. Bei euch aber sind sogar die Haare auf dem Kopf alle gezählt. Fürchtet euch also nicht! Ihr seid mehr wert als viele Spatzen. Wer sich nun vor den Menschen zu mir bekennt, zu dem werde auch ich mich vor meinem Vater im Himmel bekennen.

13. Sonntag im Jahreskreis: Lebenssinn nach Frankls Logotherapie

Mt 10, 37-42
„Wer das Leben gewinnen will, wird es verlieren; wer aber das Leben um meinetwillen verliert, wird es gewinnen." Ein paradoxer Satz! Wie können wir uns ihm nähern? Welche Erfahrungen können seinen tiefen Sinn erhellen? Mir hat hier besonders Viktor Frankls Erkenntnis geholfen, dass wir Menschen eigentlich nach Sinn suchen. Damit widerspricht er einer weitverbreiteten Vorstellung. Viele Menschen denken, dass wir Menschen hauptsächlich nach Lustmaximierung streben.
„Wer das Leben gewinnen will, wird es verlieren."
Wenn jemand glaubt, dass das passende Lebensziel für ihn ist, seine Lebenslust auszuleben, wie lebt er dann? Er wird Strategien nachgehen, die ihn schnell Lust erfahren lassen. Da bieten sich Spielcasinos, sexuelle Abenteuer, Drogenexperimente an. Wer es nicht ganz so gefährlich haben will, begnügt sich mit Partys, Discos, Alkohol, Zigaretten, Fußballstadien, Shoppingtouren, Computerspielen. „Wer das Leben gewinnen will", also wer Lust erfahren will, dem wird jede dieser Strategien irgendwann überdrüssig. Und er denkt sich: Ich brauche mehr davon, um den Kick zu erleben. Aber umso mehr er sich müht, die Lust zu erreichen, umso weniger stellt sie sich ein. „Wer das Leben gewinnen will, wird es verlieren."
Viktor Frankl hat genau dies erkannt und sich gegen Sigmund Freud gewandt: Der Mensch erlebt zwar gerne Lust, er wünscht sich Glück, aber eigentlich ist er auf Sinn ausgerichtet. Wenn ein Mensch Sinn sucht, wenn ein Mensch redlich versucht, sein Leben sinnvoll zu gestalten, dem stellt sich Lebensglück quasi zusätzlich ein. Lebenszufriedenheit ist normalerweise die Zugabe bei sinnvollem Leben.
Aber wie sucht man nach Lebenssinn?

Ein junger Mann, der tief enttäuscht wurde, ging in ein Zen-Kloster und fragte den Abt, wie er Erleuchtung erreichen könne. Er bat um einen schnellen, kurzen Weg, weil er kein großes Durchhaltevermögen habe.

Der Abt fragte ihn, was ihn wirklich interessiert habe. Der junge Mann erinnerte sich, dass er lange Zeit gerne Schach spielte.

Der Abt ließ einen Mönch holen und gab ihm die Anweisung, dass nun beide um ihr Leben Schach spielen sollten. Der Verlierer würde durch das Schwert sterben.

Sie begannen das Spiel. Der junge Mann versank in das Spiel und setzte seine Konzentration ein. Er spielte um sein Leben und mit voller Hingabe suchte er nach dem besten Spielzug. Im Spiel schaute er auf den Mönch und sah ein Gesicht voller Ernsthaftigkeit. Er dachte an sein wertloses Leben und bekam Mitleid. Absichtlich beging er einige Fehler, um seine gute Stellung zu ruinieren. Da sagte der Abt plötzlich: „Hier gibt es keinen Gewinner und keinen Verlierer, hier kann kein Kopf fallen! Nur zwei Dinge sind erforderlich: völlige Konzentration und Mitgefühl. Du, Jüngling, hast heute beides gelernt. Du warst völlig auf das Spiel konzentriert und konntest doch Mitgefühl empfinden und warst bereit, dein Leben zu opfern. Bleibe nun einige Monate hier und verfolge unsere Ausbildung in diesem Geiste, dann ist dir die Erleuchtung gewiss."[40]

Drei Sinndimensionen

Die Geschichte verdeutlicht die drei Möglichkeiten, Sinn zu erleben, die für Viktor Frankl zentral sind. Das Erste: Ein Mensch gibt sich für etwas hin, versenkt sich in eine Aufgabe, er ist für etwas da: Seine Konzentration ist darauf gerichtet. Ein Buch schreiben, eine politische Aktion durchführen, einen Verein unterstützen, in einer Firma etwas weiterentwickeln, im Labor Neues erforschen usw.

Das Zweite: Ein Mensch gibt sich anderen Menschen hin, schenkt einem Mimenschen Zeit, Aufmerksamkeit, Hilfe, pflegt, hört zu, begleitet, trägt Leid mit.

Ein Drittes: Ein Mensch hofft in einer hoffnungslosen Situation, gibt im Leiden nicht auf, sucht Sinn im scheinbar Sinnlosen!
Der junge Mann konzentriert sich erst auf Schach, Hingabe für etwas, dann hat er Mitleid mit dem Mönch, Hingabe für jemand, und sieht Sinn darin, dass er verliert und macht extra Fehler…
„Wer aber das Leben um meinetwillen verliert, wird es gewinnen."
„Wer aber das Leben verliert" – das kann ganz bewusste Hingabe sein, Hingabe an etwas oder Hingabe für jemand. Ich verschenke Zeit für etwas oder für jemand, quasi ich verliere diese Lebenszeit. Das kann aber auch angesichts von zugefügtem Leid der Schrei nach Sinn sein: Warum? Wie weiter?
„Der wird es gewinnen." – der wird Sinn erfahren, bei dem wird sich tieferes Lebensglück und Lebenszufriedenheit einstellen als bei dem, der nur nach Lusterfahrungen strebt.
Und was meint: „um meinetwillen"? Ignatius hat dies übersetzt in: Tue es zur größeren Ehre Gottes. Mein Einsatz für etwas oder mein Einsatz für jemand sei letztlich zur größeren Ehre Gottes! Probieren Sie es mal aus! Sagen Sie sich, das sei nun getan zur größeren Ehre Gottes! – Was bewirkt das? Wenn wir uns in der Gemeinde zum Beispiel engagieren, kann es sein, dass wir uns mit der Zeit zu sehr hineinsteigen, dass wir irgendetwas haben oder erreichen wollen, dass unser Ego doch etwas mehr geschmeichelt werden will oder Macht erreichen will.
„Um Christi willen", „zur größeren Ehre Gottes" schafft immer wieder einen Impuls, auch noch das eigene Ego zu übersteigen. Dann werde ich gelassener, unverkrampfter, unabhängiger von konkreten Ergebnissen und führt mich noch mehr in den Frieden Gottes. Wer sich von Gott führen lässt, wird sein Leben gewinnen!

14. Sonntag im Jahreskreis: Vom Mangel und von der Fülle, vom Vergeben und vom Heilwerden.

Siehe „Exerzitien der Nächstenliebe"
Predigt der 38. Woche, S. 155 - 156 drei oberen Absätze
Darin eingeschoben Vergebensübung, S. 108 letzter Absatz - 109.

15. Sonntag im Jahreskreis: Das Lebendige in der christlichen Tradition

Mt 13, 1-9
Es ist wahrlich ein großes Geheimnis, das das Gleichnis ausdrückt: Gute Worte fruchten nicht! Warum ist das so? Jesu Worte werden oft auch verstellt. Die Dornen der falschen Vorstellungen verhindern, dass Jesu Worte fruchtbar werden. Und ebenso gilt: Lernprozesse haben immer etwas Unberechenbares. Man lernt und kommt oft weiter durch etwas, was man nicht als Hilfe eingeschätzt hätte.
Dornen Der Theologe Matthias Wörther hat in seinem biografischen Buch „Als ich noch älter war. Durch Dogmen das Leben entdecken" von solchen Dornen berichtet. Zum Beispiel die Trennung der Welt in heilig und profan. Er erlebte als Oberministrant die Wirklichkeit in zwei streng getrennte Welten geteilt: einerseits der banale Alltag und andererseits die heiligen Gottesdienste.
Zweites Beispiel für Dornen: Das Tabu und die Verbote. Anstelle einer Heranführung eines verantworteten Umgangs arbeitete man mit Tabus, schlechten Gewissen und Verboten.
Drittens der Platonismus: Alles ist im Reich der Ideen, im Kopf Gottes festgelegt. Gott hat einen festen Plan. Aber was ist der Plan Gottes für mein Leben? Wie kann ich ihn herausfinden? Und was passiert, wenn ich ihn nicht finde und ihn nicht gehe? Wer im Modell denkt, dass alles so festgelegt ist, der ist schnell festgefahren: Vielfalt, Dynamik, Entwicklung wird erschwert oder sogar verhindert
Viertes Beispiel für Dornen: Tiefes Denken, fromme Sprüche, großartige Worte aber ohne Lebensbezug: Zum Beispiel Jesus liebt dich! Aber wie merke ich das? Oder glaube ich es einfach nur?

Raus aus den Dornen Sätze, die fruchtbar waren, hat Matthias Wörther dann bei Bob Dylan gefunden: „Kein Grund sich aufzuregen; hier muss es doch einen Ausweg geben." Das führte zu einer befreienden Lebenshaltung, die dem Abenteuer Leben mit Zutrauen entgegentritt. Er fand mit Bob Dylan aus den Dornen heraus.

„Wenn dir dein Leben wert ist, dann fange besser an zu schwimmen" – Dieser Satz lud ihn ein: Hinein ins Leben, Erfahrungen sammeln, im Leben selbst Gott entdecken!

„Lass deine Hilfskonstruktionen hinter dir, etwas ruft dich" – Das rüttelte ihn wach: Entdecke deine falschen Denkrahmen und denke neu, vom Leben her!

Im Theologiestudium in Würzburg wurden dann die Samenkörner fruchtbar. Was waren die Samenkörner? Die Dogmen! Die Dogmen verstand er nun nicht als abstrakte Sätze, sondern sie wurden Öffnungen, um neu und anders Wirklichkeit zu erfahren!

Samen auf fruchtbaren Boden Zum Beispiel: Gott ist Geheimnis und die Welt seine Schöpfung! – Das öffnete ihm den Blick für das Geheimnisvolle der Welt, er begann zu staunen. Es kann nicht alles bis zu Ende erklärt werden. Es bleibt ein wunderbar geheimnisvoller Rest!

Zum Beispiel: „Jesus Christus ist wahrer Gott und wahrer Mensch!" – Das ermöglichte ihm, sich als Mensch besser zu verstehen. Jeder Mensch ist Ebenbild Gottes. Das ist ein Geschenk. Gott ist in mir! Das erkenne ich, wenn ich menschlich bin, wenn ich demütig mich von Gott führen lasse! – Dieses Dogma gibt uns auch eine Regel über Gott zu reden: Alles Weltliche hat eine göttliche Bedeutung. Und jede theologische Aussage muss auf weltliche Erfahrungen bezogen sein. Ansonsten sind es leere Worthülsen!

Ein neues Verhältnis zum menschlichen Körper fand er auch durch die Dogmen: Wenn die Schöpfung gut ist, ist auch der Körper gut. Die Menschwerdung Jesu Christi zeigt: Gott würdigt den Körper. Er wird selbst Mensch. Auferstehung des Fleisches bedeutet: Alles im Menschen hat Zutritt zum Reich Gottes.

Was es uns lehrt... Warum sind dieses Gleichnis und die Konkretisierung am Beispiel Matthias Wörther so wertvoll für uns und die heutige Situation der Kirche?

1. Schon Jesus hat erlebt, dass das Wort Gottes nicht bei jedem fruchtet. Das ist tröstlich. Rückschläge und Enttäuschung hat auch er erlebt. Früher gingen zwar mehr Menschen in die Kirche, viele aber aus gesellschaftlicher Verpflichtung heraus. Aber bei vielen hat es ihren Lebensstil nicht wesentlich geändert.
2. Bei Matthäus werden die Hindernisse nur im Hörer gesucht. Das ist für die Analyse heute zu wenig! Es gibt auch Hindernisse/Dornen, die sich zwischen Verkündiger und Hörer stellen. Zum Beispiel: Enttäuschungen und Frust mit der Kirche, falsche Vorstellungen, die der Hörer unbewusst voraussetzt und die ihm mitgegeben wurden, wie z.B. die Trennung von Weltlichem und Heiligem.
3. Menschen kommen auf unterschiedlichsten Wegen zu Jesus Christus, zum Glauben, zu ihrer Spiritualität. Umwege und Irrwege gehören oft auf geheimnisvolle Weise zum Lernprozess. Und was Bob Dylans Rolle beim Glaubensweg von Matthias Wörther zeigt: Menschen finden heute oft Zugänge zum Glauben über ganz untypische Wege und Orte und Erfahrungen.
4. Manche Worte erreichen die jetzige Ebene des Zuhörers nicht. Man muss anders reden, immer neu versuchen, den Glauben durchzubuchstabieren.

- Gefragt ist also ein geschärfter Blick für die Dornen, die zwischen Verkündiger und Hörer wachsen.
- Den Menschen dort abholen, wo er ist: In seiner Sprache, in seiner geistlichen Entwicklung, in seinem Zeitkontext. Deswegen ist das Zuhören so wichtig! Nur so können wir uns gegenseitig immer wieder neu kennen lernen.
- Lassen wir Zeit für Entwicklung und Wachstum und übergeben wir es letztlich dem Heiligen Geist. Wer weiß: Manche Samen liegen mehrere Jahre in der Erde und gehen dann erst auf.[41]

16. Sonntag im Jahreskreis: Böses bekämpfen?

Mt 13, 24-43
Eine Leverage-Geschichte Parkers FBI-Kontakt Agent McSweeten bittet das Leverage-Team um Hilfe. Sein Vater Peter McSweeten, selbst ehemaliger FBI-Agent, ist todkrank und ein ungelöster Fall aus den 70er Jahren lässt ihm keine Ruhe. 1971 drohte der Flugzeugentführer D.B. Cooper auf einem Flug von Portland nach Seattle, eine selbst gebaute Bombe zu zünden. Er bekam die geforderten 200.000 Dollar, sprang mit einem Fallschirm ab und blieb für immer verschollen. Schon bald wurde D.B. Cooper zur Legende und zum Volkshelden. Peter McSweeten hatte die Sache damals bearbeitet und den Fall nie gelöst. Nate verspricht nun dessen Sohn, den Fall noch einmal aufzurollen und hinter das Geheimnis des berüchtigten Flugzeugentführers zu kommen, damit der Vater endlich damit abschließen kann. McSweetens ehemaliger Partner Steve Reynolds soll dem Team dabei helfen. Seine Frau war damals Stewardess auf dem Flug und hatte als einzige an Bord der Maschine Kontakt zu D.B. Cooper. Nate gibt sich als Profiler aus und McSweeten schildert ihm ausführlich die Geschehnisse von damals.
Und mit der Zeit bekommt das Leverage-Team Folgendes heraus: D.B. Cooper hat bei der Entführung der Stewardess seine Liebe gestanden und sie hat diese Liebe erwidert. Einige Zeit nach dem Fallschirmsprung taucht er bei ihr auf und sie werden ein Paar. Da taucht McSweeten an ihrer Wohnungstür auf. Sie befürchten schon, dass er ahnt, dass Cooper da ist. Aber als er eintritt und ein Gespräch beginnt, bietet er dem Ehemann der Stewardess, nun mit dem Namen Steve Reynolds, an: Er sei beim Militär gewesen und arbeitslos. Er könne doch dann mit ihm beim FBI nach dem verschollenen Cooper ahnden.
Erst am Ende des Films ahnt man: McSweeten hat gewusst oder zumindest geahnt, dass der neue Ehemann der Stewardess eigentlich der verschollene Cooper ist. Doch schon ziemlich am Anfang

des Films sagt er zu seinem Team, dass man nie auch die möglichen guten Seiten bei den Straftätern übersehen sollte.
So erahnt man als Zuschauer eine Strategie: Er hat Steve Reynolds alias Cooper bei sich eingestellt, um ihm so eine zweite Chance zu geben, ein guter Mensch mit guter Lebensführung zu werden.
Alle Menschen haben Gutes und Schlechtes in sich. Aber man verliert das Gute, wenn man beim anderen das Schlechte herausreißen will. Aber man kann auch das Gute fördern und damit das Unkraut verdrängen wie in der Geschichte McSweeten.
Böses bekämpfen?
Wer Böses bekämpft, den beeinflusst das Böse selbst und greift auf ihn über! Es gibt in der Menschheitsgeschichte dafür viele erschreckende Beispiele: Kommunistische Revolutionen wollten die soziale Ungerechtigkeit mit brachialer Gewalt beseitigen. Terror und Schrecken, Folter, Tod und Elend waren die Folge unter Stalin in Russland oder unter den Roten Khmer in Kambodscha. Georg W. Bush führte Krieg gegen den Irak, um den Terror zu bekämpfen. Aber durch die Folter in Guantanamo hat die USA ihre moralische Integrität verloren. Donald Trump möchte isalmistischen Terror in den USA ausrotten, indem er am besten alle Muslime aus dem Land wirft!
Noch ein Beispiel aus der Kirchengeschichte: Die Donatisten wollten nur heilige Bischöfe akzeptieren. Ein in der Verfolgung schwach gewordener Bischof kann nicht mehr einen anderen Bischof weihen. Sie vergaßen erstens, dass der Heilige Geist der eigentlich Wirkende ist und zweitens unser heutiges Evangelium.
Meine Macken? Perfekt sein?
Man kann aber auch dieses Gleichnis auf sich selber anwenden. Unsere Macken gehören oft auch zu unseren Liebenswürdigkeiten. Makellos ist nicht gleich sympathisch. Denken wir an die vielen Gesichtsoperationen von Michael Jackson – sie haben ihn nicht schöner gemacht, ganz im Gegenteil. Und wer wirklich an sich arbeiten möchte, der sollte lieber eine schlechte Eigenschaft

durch eine gute ersetzen, als die schlechte Eigenschaft in sich ausrotten zu wollen.

Das Gleichnis ist auch gegen Perfektionswahn aller Art gerichtet. Menschen, die immer ein Unkraut in sich sehen und es ausreisen wollen, sind in einem ständigen inneren Kampf. Sie erlauben sich nicht, schwach zu sein, nicht Erfolg zu haben, Angst zu haben, Langeweile zu haben, Fehler zu machen.

Da ist es gut, zu sich zu sagen: Das Unkraut darf jetzt einfach einmal da sein. Ich darf mich jetzt schwach fühlen, ich darf auch einmal nicht Erfolg haben, ich darf Angst haben, es darf auch einmal langweilig sein, und ich darf auch Fehler machen.

Gottes Umgang mit Unkraut?

Wie geht Gott mit unserem Unkraut um? Paulus zum Beispiel rühmt sich seiner Schwachheit, weil darin die Gnade Christi offenbar wird. Das ist ein ganz großes Geheimnis der Gnade Gottes: Unsere Schwächen macht er zu Wegen zu ihm. Gott schreibt auch auf krummen Linien gerade.

Fazit: Zwei Fragen kann ich mir stellen, wenn in mir der Satz aufkommt: „Das ist ein Unkraut!", wenn ich Widerstand in mir spüre: 1. „Ist das die einzige Perspektive? Kann ich das auch anders sehen, deuten?" 2. „Gott lässt das zu. Kann ich es innerlich dann auch da sein lassen, ohne dem Impuls mit Handeln zu folgen?" Denn Wandlung, echte Veränderung und Heilung geschieht dann, wenn ich durch diese zwei Fragen hindurchgehe. Wenn wir uns öffnen und annehmen statt verurteilen und verdammen, erleben wir Vielfalt und Leben und darin die geheime Führung des Heiligen Geistes.

17. Sonntag im Lesejahr: Wo findet man das Reich Gottes? Pastoralkonstitution oder Papst Benedikt?

Mt 13, 44-46
Der Acker ist die Welt
Wo findet man den Schatz? In welchem Acker müssen wir graben, um das Reich Gottes zu finden? Der Heilige Franziskus umarmte den Aussätzigen und entdeckte Christus in seinem Angesicht. Er zog sich in die Stille einer kleinen Kapelle zurück, um auf den Heiligen Geist zu lauschen. Papst Franziskus entschied sich, in seiner ersten Reise als Papst die Flüchtlinge in Lampedusa zu besuchen. Aber auch er zog sich immer wieder als Jesuit in Exerzitien zurück. Die Pastoralkonstitution verkündet eine Solidarität mit allen Menschen, besonders allen Armen und Bedrängten, weil alle Menschen durch den Heiligen Geist berufen sind, in jedem Menschen ein göttlicher Samen ist.
Der Acker für den Heiligen Franziskus, Papst Franziskus und Gaudium et spes ist: der einzelne Mensch und seine innere Berufung, die Mitmenschen, besonders die Armen und Bedrängten, die weltlichen Herausforderungen und auch der Alltag und das Leben der Menschen, letztlich die ganze Welt. In mir, in meinem Leben, in der jetzigen Welt, im Dialog mit Menschen, in den Zeichen der Zeit, im Alltag entdecke ich den Schatz, das Reich Gottes unter uns. Die Liturgie hat dann die Aufgabe, dies zu feiern, dies bewusster zu machen und zu erhellen. Gottesdienste machen transparent, was im alltäglichen Leben oft nur verdeckt da ist: die Gegenwart Gottes.
Zeichen der Zeit
Natürlich ist die moderne Welt von Irrungen und Wirrungen durchzogen. Man muss im dreckigen Acker graben. Man muss suchen, immer wieder sich kritisch in Frage stellen. Die Unterscheidung der Geister ist beim Graben gefragt!
Aber gerade an den Orten, wo die Ungerechtigkeit am stärksten ist, wo um die Menschenwürde gerungen wird, finden sich auch

Menschen, die, wie Jesus in den Seligpreisungen sagt, ihre Sehnsucht nach Gerechtigkeit wach halten, ein reines Herz haben und in ihrer Armut nicht aufgeben. Das meint das II. Vatikanum mit Zeichen der Zeit: das sind Probleme unserer Zeit, wie soziale Ungerechtigkeit, Frauenfrage, Krieg und Frieden zwischen den Völkern – und in diesem Acker ist der Schatz begraben. Z. B. die Menschen, die ihrer Sehnsucht nach mehr Frieden, Gerechtigkeit und Würde folgen.

Weil der Schatz überall im Acker der Welt gefunden werden kann, hat das II. Vatikanum Dialoge angeboten und begonnen, mit anderen Christen, mit anderen Religionen, mit allen Menschen guten Willens, mit der Welt.

Kirche als Stadt auf dem Berg

Papst Benedikt hat die Frage, wo der Schatz zu finden ist, anders beantwortet: Gerade in der Liturgie, in der Kirche, die die eine Wahrheit des Glaubens verkündet und feiert, ist der Schatz zu finden. Es ist ein besonderer Acker: die strahlende Kirche auf dem Berg, die die Menschen anzieht. So drückt er es schon als junger Konzilstheologe in einem Entwurf für eine Eröffnungsdeklaration des II. Vatikanums aus: „Unser Herr Jesus Christus hat seine Kirche gegründet, damit sie eine Stadt auf dem Berge sei, von der das wahre Licht Gottes die Menschen erleuchte, die in dieser Welt im Dunkel und in den Schatten des Todes umhergehen. Diese Hl. Synode kommt im Wissen um die Dunkelheiten dieses Zeitalters, in denen die göttliche Sonne verdunkelt und der Herr inmitten von Sturm und Wellen zu schlafen scheint." Nein: der Acker ist für ihn nicht die Welt!

Josef Ratzinger war immer schon geprägt von Platon. Und so können wir sein Verständnis wohl mit dem berühmten Höhlengleichnis von Platon verdeutlichen. Die meisten Menschen sind in der Dunkelheit einer Höhle und sehen nur Schatten. Das ist die Situation der Menschen in der modernen Welt für Ratzinger: Weit weg von der einen Wahrheit, sie sehen nur die Schatten eines Feuers, aber nicht das Licht der einen Sonne, die für die einzige göttliche Wahrheit steht. Als einer sich loskettet und die Höhle verlässt, muss er sich erst an das Licht gewöhnen. Aber dann erkennt er die Realität, das wahre Licht und merkt, dass er vorher in der Höhle nur Schatten und nicht das Wahre gesehen hat. Als er zurückkehrt und den anderen davon erzählt, halten sie ihn für verrückt.

Ist Ratzingers Bild von der Kirche als Stadt auf dem Berg, die das wahre göttliche Licht in die dunkle Welt senden soll, nicht quasi eine Variation des Höhlengleichnisses? Ratzinger hat die Kirche in der Welt von heute erlebt als der Mann, der in die Höhle zurückkehrt mit der einen göttlichen Wahrheit und dann von den angeketteten Menschen Ablehnung und Kopfschütteln erfahren hat. Was soll man tun? Die eine Wahrheit leuchten lassen – in der Verkündigung und in der Liturgie – und hoffen, dass manche Menschen sich losketten und aus der Höhle gehen.

Genau das hat Benedikt auch getan: Er nahm immer das erste vorkonziliare Hochgebet, es stand für erhabene Liturgie, die die eine Wahrheit feiert… Und seine Predigten und Enzykliken und Jesusbücher sollten die Wahrheit in die dunkle Welt hinausbringen. Anstatt in Dialogen den Schatz im Acker der Welt zu suchen, versuchte er nach außen hin die eine Wahrheit zu verteidigen. Zum Beispiel die evangelischen Kirchen werden zu kirchlichen Gemeinschaften degradiert, damit die Katholische Kirche als die einzige Hüterin der einen vollen Wahrheit erstrahle. Aber mit den Piusbrüdern verhandelt man über die Relativierung des II. Vatikanischen Konzils.

Das platonische Denken führte Benedikt auch zu allgemeinem Denken: hier die strahlende Kirche, dort die dunkle Welt, die nicht mehr fähig ist, die wirklich konkreten strukturellen Sünden der Welt zu benennen. Schon der junge Ratzinger kritisierte an der Pastoralkonstitution, dass sie zu sehr die wandelbare konkrete moderne Welt analysiere, man sollte doch mehr das Ewige des Glaubens präsentieren. Knapp 50 Jahre später kommt von Benedikt kein wirklich prophetisches Wort zur Banken- und Finanzkrise.

Und wenn die Welt nicht auf die eine Wahrheit antwortet? Dann muss die Kirche die Wahrheit in dieser Zeit des Winters bewahren und hüten. Benedikt fand dafür einen Begriff: Entweltlichung! Genau das hat Bischof Tebartz-van Elst mit der Errichtung seines Bischofshauses getan. Tebartz-van Elst mag als Person eingebildet und egozentrisch sein, aber viel wichtiger ist: Nur mit der Theologie von Benedikt konnte er seine Strategie vor sich und anderen als katholisch ehrenwert und richtig verkaufen. Thomas Assheuer in der ZEIT bezeichnet passend seinen neuen Amtssitz als geballte Theologie: Sinnbild für den Rückzug aus der Welt. Wenn die Welt das göttliche Licht nicht sehen will, dann bewahren wir es hinter verschlossenen Türen und warten den Winter dieser gottlosen Zeit ab. Dafür z. B. die edlen Vitrinen von Martyrer-Reliquien, die der Bischof in seinem Haus zur Verehrung aufgestellt hat. Ein Hüter der einen Wahrheit darf dann auch dafür viel Geld ausgeben und muss sich im weltlichen Bereich nicht an Meineidsregeln halten…

Kirche auf Goldgräbersuche
Hans Joachim Sander verglich diese Strategie der Kirche mit einer Bank, die wegen Misstrauen das Geld hortet, das Geld nicht an andere Banken oder Firmen weiter verleiht. Dann kommt es zur Krise. In der normalen Wirtschaft hat dann die Zentralbank die Geldmenge erhöht. Genau das empfahl Sander auch der Kirche: Das Geld der Kirche ist die Gegenwart Gottes. Also nicht die Spuren der Gegenwart Gottes unter den Menschen von heute leugnen, wie es Benedikt getan hat, sondern vielmehr auf Goldgräbersuche gehen: Wo überall ist etwas vom Schatz der Gegenwart Gottes im Acker der Welt zu entdecken? Das eigene Geld nur vergraben z. B. in einem Bischofshaus und abwarten – das hat Jesus schon im Gleichnis mit den Talenten als untragbar bezeichnet.[42]

18. Sonntag im Jahreskreis: Geizig mit sich selbst

Mt 14, 13-21
Es gibt Menschen, die sparsam sind, zurückgezogen leben und steinreich sind. Manche der Allerreichsten der Welt gehören zu diesem Menschentyp. Auf den ersten Blick erscheinen sie uns seltsam und inkonsequent: Warum leben sie sparsam, wenn sie viel Geld haben? Warum leben sie zurückgezogen, wenn sie doch in allen Zügen ihr Leben genießen könnten?
Der klassische Moraltheologe würde sagen: Sie sind geizig! Aber warum sind sie geizig? Wie wurden sie geizig? Und kann das Erforschen dieser Fragen nicht auch für uns alle erhellend sein?
Man kann geizig mit seinem Besitz sein. Dann ist man habgierig, ist nicht spendabel, rechnet im Kopf genau nach, wie viel man vom anderen schon bekommen hat und wie viel man nach gesellschaftlichem Usus mindestens geben muss.
Man kann aber auch mit sich geizig sein: Die anderen mögen nicht zu nahe kommen. Lieber im Hintergrund bleiben und beobachten. Nicht zu viel von sich preisgeben.
Und tendieren wir nicht alle möglicherweise dazu, in einer Situation, in der wir nicht genau Bescheid wissen, in einer fremden Kultur zum Beispiel, erst einmal abzuwarten, zu beobachten, die Lage zu analysieren? Diese mögliche Reaktion, die in manchen Situationen sehr sinnvoll und normal sein kann, kann aber auch zu einem grundsätzlichen Lebensmuster werden. Und unsere sparsamen und zurückgezogenen Superreichen sind Extrembeispiele von Menschen, die diese Reaktion zum grundsätzlichen Lebensmuster gemacht haben. Aus lauter Angst, vereinnahmt zu werden, scheinen sie sich vor dem Leben zu verstecken, sich abzukapseln und in ihre eigene private Welt zurückzuziehen. Lieber beobachten als daran teilnehmen und sich nicht verpflichtet fühlen müssen.
Wie kann ein solches Lebensmuster entstehen? Eine grundsätzliche, tief sitzende verzerrte Sicht führt zu einem solchen Lebensmuster: Jeder von uns ist letzten Endes von jedem anderen

getrennt. Das ist eine verzerrte Grundannahme, die jeder Egoist, jeder Egozentriker hat. Wenn aber diese Verzerrung dominant wird, wird ein Mensch geizig. Insgeheim denkt er: Ich bin von den anderen getrennt. Wie soll ich mich schützen vor der auf mich zukommenden Welt? Durch Rückzug, durch Bewahrung dessen, was zu mir gehört, durch Wissen und Forschung, damit ich gewappnet bin!

Man kann diesen Menschentyp auch Denker oder Beobachter nennen. Wir Menschen brauchen alle Orientierung und Sicherheit. Wenn ein Kind seine Umwelt als bedrohend oder unsicher erlebt, vielleicht weil es selbst sehr sensibel ist oder ein Elternteil besonders aufdringlich ist oder weil es zu wenig passend mit Kontakt und Nahrung versorgt wird, kann es darauf reagieren, dass es sich zurückzieht. Lieber dicht machen, lieber mit Abstand beobachten, analysieren, Wissen ansammeln und abwägen, bis man den nächsten Schritt macht.

Gleichzeitig hat dieser Mensch auch Angst vor der inneren Leere, die es in sich vorfindet. Die Angst, von der feindseligen Welt verstoßen zu werden. Sie fühlen sich nicht gesehen und nicht gewürdigt, entfremdet und isoliert.

Wie soll man dagegen vorgehen? **Die Strategie der Geizigen:** Das wenige, das sie besitzen, könne ihnen ja auch noch genommen werden und müsse deshalb geschützt werden. Von anderen, von außen, so fürchten sie, wird ihnen selten etwas entgegenkommen. Deswegen schränken sie ihre Wünsche und Sehnsüchte ein. Die fehlende Orientierung in der Kindheit versuchen sie durch Schulung des Verstandes wett zu machen, um ihre Umwelt zu erkunden. Sie ersetzen echte Erfahrungen machen durch Wissen ansammeln. Denn echte Erfahrungen machen würde bedeuten, wirklich wieder aus dem Versteck herauszugehen! Wissen bedeutet für sie Sicherheit!

Indem der Denker und Beobachter versucht, seinen inneren Raum und seine Seele dadurch zu bewahren, dass er sich vom Leben zurückzieht, kapselt er sich ab und sein Inneres wird öde und leer!

Aber das ist ja gerade der Mangel, den er nicht spüren will! Also wird er die riesige innere Wüste, in der er allein, isoliert und abgeschnitten und beschämt ist, durch Wissen ansammeln verdrängen.

Zwei Bibelstellen sollte der geizige Denker und Beobachter besonders meditieren.

Zuerst Paulus´ Gleichnis vom Leib und den vielen Gliedern. „Wenn der Fuß sagt: Ich bin keine Hand, ich gehöre nicht zum Leib!, so gehört er doch zum Leib." 1 Kor 12,16. Wir können weiterdenken: Die einzelnen Zellen, Organe und Systeme des Körpers wirken zusammen. Zellen haben zwar Zellwände. Diese sind jedoch durchlässig. Zwischen den Zellen gibt es einen ständigen Austausch von Hormonen, Signalstoffen, Nährstoffen, Ionen, Wasser usw. Und gleiches gilt für uns Menschen. Wir leben nur in Beziehungen und Verknüpfungen und ständigem Austausch.

Und dieses Geben und Nehmen kann Fülle hervorbringen. Vielleicht liegt das Wunderbare in der Erzählung von der Speisung der 5000 darin, dass Jesus die Menschen zum Teilen brachte. Was hier geschieht, steht im genauen Gegensatz zu den Erwartungen und Erfahrungen der Geizigen: die Menschen teilen und alle bekommen genug. Die Knappheit an körperlicher wie geistiger Nahrung ist die Wahrnehmung, die die Geizigen dazu treibt, ihre Zeit, Energie und Gefühle zu horten. Sie definieren Reichtum wie typische Kapitalisten: Reichtum ist "das, was ich habe". Ich muss es dir entweder wegnehmen oder mit so wenig wie möglich auskommen, damit mein kleiner Reichtum so lange wie möglich ausreicht. Im Gleichnis dagegen ist Reichtum "das, was wir teilen". Wenn die Menschen in Gemeinschaft leben und teilen, schaffen sie Überfluss und das Reich Gottes wächst. Wenn sie im Wettbewerb zueinander stehen, schaffen sie erst die Knappheit, die sie mit ihrem Kampf gegeneinander dann zu beseitigen versuchen.

Der Denker versucht eigentlich etwas Göttliches und etwas Spirituelles zu simulieren. Durch sein Wissen ansammeln versucht

er, die Allwissenheit Gottes zu imitieren, und durch seine Rückgezogenheit erscheint er als indifferent. Aber sein Wissen ist blutleer.
Heilung geschieht, wenn er sich auf die Suche macht, wirkliche Erfahrungen zu machen. Zu allererst muss der Beobachter seine Distanz zu sich selbst loslassen. Stattdessen soll er wirklich seinen Körper, seine Gefühle und Bedürfnisse wahrnehmen, ohne sie mit Denken gleich zu überspielen und sich mit Denken zu distanzieren. Daran wird sich die Unterscheidung der Geister zeigen, ob es ein gesundes Loslassen oder ein unheiles Distanzieren ist. Der Beobachter imitiert aus Angst, enttäuscht zu werden, die Haltung der Indifferenz. Er lebt so, als säße er in einem Theater in der hintersten Bank mit sicherer Distanz zur Bühne. Wenn er eine gesunde Indifferenz lebt, geht er auf die Bühne und stellt sich in aller Freiheit und Weisheit immer neu der jeweiligen Situation.
Dies kann er aber nur, wenn er weiß, dass er voll von der Gnade des Heiligen Geistes ist. Die Seele ist ein gottförmiges Vakuum. Der geizige Denker spürt dieses Vakuum und füllt dieses Vakuum. Z. B. mit Wissen, eventuell sogar mit Geld. Es geht jedoch darum, Gott zu dienen. Unsere Sehnsucht nach Gott kann nicht durch Geld oder Wissen ansammeln erfüllt werden. Wenn wir aber wissen, dass wir nach Gott suchen, wird der Blick frei für die Gnade: In unserer Beziehung zu Gott haben wir nicht nur immer genug, sondern bekommen es auch ohne Gegenleistung zur Verfügung gestellt und sind verpflichtet, es mit anderen zu teilen. Unsere Grundhaltung ist nicht Bedürftigkeit, sondern Dankbarkeit dafür, dass unsere Bedürfnisse schon befriedigt sind, auch wenn wir es noch nicht wissen. Denn Liebe vermehrt sich, wenn man sie weitergibt!
Anmerkung: Diese Predigt ist eine Predigt zum Enneagrammtyp 5. In folgenden Büchern werde ich auch die anderen Enneagrammtypen in Predigtform darstellen.

19. Sonntag im Jahreskreis: Erbsünde – ein verstaubter Begriff kann aktuell sein

Mt 14, 22-33

Erbsünde – was sollen wir heute damit anfangen? Ist Erbsünde ein verstaubter Begriff, den wir ad acta legen können? Oder kann er uns neu gedeutet wertvoll und erhellend werden? Jedenfalls können wir nichts mit der Vorstellung von Augustinus und der klassischen Theologie anfangen: die ersten Menschen, Adam und Eva, haben eine persönliche Sünde begangen, und die Ursünde und deren Unheilsfolgen werden weiter vererbt auf die ganze Menschheit. So verstanden ist Erbsünde ein zu allgemeiner Begriff mit einer seltsamen Theorie, die heute nicht verständlich ist. Es fehlt der Lebensbezug - der Begriff ist dann bedeutungslos.

Es ist mir schon öfters passiert, dass von anderen Bereichen her die Konkretisierung und der Lebensbezug klarer wurden. So will ich einige Zugänge vorstellen, wie wir heute Erbsünde neu und lebendiger verstehen können, um letztlich auch das Geheimnis unserer menschlichen Existenz besser zu verstehen.

1. Zugang - Verschüttetes Urvertrauen: Ein Kind, ein Neugeborenes kommt mit natürlichem Urvertrauen in die Welt. Es ist sich dieses Urvertrauens nicht bewusst, aber es ist ihm mitgegeben. Wenn das Kind aber erleben muss, dass es nicht gehalten wird, dass es nicht geborgen ist, verliert es dieses Urvertrauen teilweise. Wenn z.B. ein Kind nachts aufwacht und sich alleine fühlt und schreit und keiner kommt zu ihm, fühlt es sich nicht gehalten. Die Eltern mögen einfach tief schlafen, wer mag es ihnen verübeln. Und trotzdem kann diese Erfahrung prägen. Viel schlimmer sind natürlich Schläge, regelmäßige Vernachlässigungen, fehlende Zärtlichkeit oder schlimme Tabus. Dann wird das Urvertrauen stark beschädigt und das Kind denkt sich bewusst oder unbewusst: ich muss es alleine schaffen. Ich werde nicht gehalten!

Wir alle haben einen guten Kern. Von diesem aus sind wir in Harmonie mit uns selbst, mit unseren Mitmenschen, mit Gott und der Welt. Aber durch negative Erfahrungen wächst eine dunkle Schicht um diesen dunklen Kern und wir haben keinen direkten Zugang mehr dazu. Wir wollen diese verdrängten dunklen Erfahrungen nicht mehr spüren und entwickeln Abwehrmechanismen. Dadurch verbauen wir uns aber auch einen direkten Zugang zu unserem Kern. Das innere Licht kann nur noch schwächer nach außen leuchten, beim einen mehr, beim anderen weniger.
Wir müssen zwei verwirrende Vorstellungen beseitigen. Erstens: Sünde ist eine aktive, bewusste Tat, ein Regelverstoß. Aber Sünde ist erst einmal die falsche Sicht, nicht gehalten zu sein. Es ist die Wirkung der dunklen Schicht, die unseren guten Kern verdeckt. Die aktiv schlechten Taten sind oft eine Folge dieser falschen Sicht. Aktive Taten kann man aktiv ändern. Dunkelheiten müssen langsam heilen und erhellt werden. Falsche Sichtweisen müssen durch Erfahrungen des Gehaltenwerdens beendet werden. Vielleicht haben viele auch eine zweite verwirrende Vorstellung: Erbsünde ist abstrakt und sie ist mit der Taufe weg. Aber es ist eher so: Die Wirklichkeit „Wir sind von Gott gehalten" müssen wir durch die Lebenserfahrung einholen. Taufe ist die Zusage, der erste Anfangsimpuls. Trotzdem lösen sich die Dunkelheiten nur langsam auf.
Wie können wir die Erbsünde konkret noch erfahren?
2. Zugang - Strukturelle Sünde: Die Befreiungstheologie von Lateinamerika hat den Begriff der strukturellen Sünde entwickelt. Stellen Sie sich vor, Sie müssen als Kind in einem Kriegsgebiet aufwachsen oder in einem Land, in dem einige Reiche durch Macht und Gewalt das Volk unterdrücken und ausnützen. Krieg, soziale Ungerechtigkeiten, Unterdrückung sind strukturelle Sünden. Ein Kind wächst fast zwangsläufig mit Unsicherheit, Angst, fehlendem Urvertrauen, Minderwertigkeitsgefühlen in einer solchen Umgebung auf.
3. Zugang – Last aus dem Familiensystem: Auch in einem Familiensystem kann es Verwirrungen geben. Zum Beispiel wird

ein Mitglied der Familie tabuisiert und unbewusst übernimmt ein Kind diesen Platz des Ausgeschlossenen. Plötzlich zeigt es ein geändertes Verhalten oder wird krank. Hier kann Heilung nur durch Bewusstmachung geschehen. Das Tabu muss aufgebrochen werden, das ausgeschlossene Familienmitglied wieder gewürdigt werden.

4. Zugang – trennende, gewaltsame, verurteilende Sprache:
Wir alle sprechen mehr oder weniger oft eine gewaltsame Sprache, die verurteilt. Urteile gehen von angeblich unveränderlichen Eigenschaften aus: „du bist blöd, faul oder schlampig." Wenn ein Kind solche Urteile regelmäßig hört, internalisiert es diese Vorstellung. Entweder es reagiert mit Minderwertigkeit darauf: ich bin wirklich blöd, faul oder schlampig. Oder es wehrt sich mit Aggression dagegen.

Festgefahrene Muster: All diesen negativen Erfahrungen können sich in uns verfestigen zu Mustern, die uns hindern, wirklich aus Vertrauen zu leben. Wenn diese Muster immer wieder abgerufen werden, zeigt sich, dass sie eher Schmerz und Leid für das eigene Leben und das der anderen bringen als wirklich Schutz, den sie vielleicht in der ersten Situation gegeben haben. Denken Sie zum Beispiel an eine unglückliche Ehe, in der sich die Partner immer wieder in ähnlicher Weise bekriegen. Eigentlich wollen sie endlich Verständnis vom anderen, aber ihre Strategien führen immer wieder zu Frusterlebnissen.

Erbsünde erleben wir also tatsächlich: Wir werden alle nicht in eine heile Welt hinein geboren und wir nehmen das Negative-Zerstörerische auf. Wir wehren uns und werden alle mehr oder weniger tendenziell egoistisch – es ist dann schwer, wieder in Offenheit und Liebe sich zu begegnen.

Wie kann da Heilung geschehen? Wie wirkt die Gnade Gottes im Leben, die wir in der Taufe versprochen bekommen? Unser heutiges Evangelium und die heutige Lesung zeigen den Weg der Gnade auf: Petrus kann über das Wasser laufen, weil er auf Jesus schaut. Der Blickkontakt zu Jesus gibt ihm die Kraft. Verliert er

Jesus aus den Augen, wird er von den dunklen Wellen mitgerissen. Aber er bekennt seine Ohnmacht: Hilf mir, ich kann es nicht selbst. Sofort erfährt er die helfende Hand Jesu.

Der Heilungsprozess verläuft langsam. Wir sollten unserer Sehnsucht nach Gott und seinem Frieden folgen. Bevor sich dieser Friede aber zeigt, kommen die Dunkelheiten zum Vorschein. Elija erlebt sie als Erdbeben, Sturm und Feuer. Wer im Blick auf Jesus, wie Petrus, die dunklen Gefühle wie Angst, Wut, Trauer, Verzweiflung und Sinnleere anschaut und diese Gefühle Jesus gibt, statt sie zu verdrängen oder ändern zu wollen, der lässt die Gnade wirken. Immer deutlicher zeigt sich der leise Frieden Gottes: Gott zeigt sich dann in der Stille, in der Ruhe des Herzens. So wie Elija im leisen Säuseln Gottes Gegenwart entdeckte. Wir merken deutlicher, dass unser Innerstes das Licht des Hl. Geistes ist, und leben daraus.

20. Sonntag im Jahreskreis: Über die Tugend des Lernens

Mt 15, 21-28

„Lerne dein Leben lang!" Lernbereitschaft wird zur Recht hoch geschätzt. Aber: Ist Lernen biblischer Wert? Barmherzigkeit, Gerechtigkeit, Wahrhaftigkeit, Treue, Friedfertigkeit, Geduld - das sind bekannte Werte aus der Bibel; aber Lernen ein biblischer Wert?

Jesus lernt dazu: Das heutige Evangelium belehrt uns eines besseren. Jesus ist bereit, Kritik von der Frau anzunehmen und von ihr zu lernen. Vor dem Gespräch mit der Frau geht Jesus davon aus, dass er nur für die Juden gekommen ist. „Lasst zuerst die Kinder satt werden; denn es ist nicht recht, das Brot den Kindern wegzunehmen und den Hunden vorzuwerfen." Die Kinder sind die Juden, die Hunde sind die Heiden. Die Frau antwortet höchst bewundernswert: geschickt, ohne zu verletzen, gibt sie einen Denkanstoß: „Ja, du hast recht, Herr! Aber auch für die Hunde unter dem Tisch fällt etwas von dem Brot ab, das die Kinder essen." Sie widerspricht Jesus nicht. Aber sie greift sein Bildwort auf, das eigentlich zu ihren Ungunsten gesprochen ist, und variiert es zu ihren Gunsten. Jesus ist sofort bereit, auf diese Antwort einzugehen. Mit seiner Tat zeigt er, dass er dazugelernt hat. Er, von seinem Vater beauftragt, das Reich Gottes zu verkünden, ist auch für die Heiden gekommen. Jesus hat hier keine Kleinigkeit dazugelernt! Es geht um eine Grundsatzentscheidung von immenser Bedeutung. Paulus und Petrus mussten auf ihre Weise Lernprozesse durchlaufen, um zur ähnlichen Erkenntnis wie Jesus zu kommen.

Lernen – eine christliche Tugend: Wenn Jesus Christus bereit war, dazuzulernen, müssen wir es umso mehr sein. Aber warum wird das Lernen als ein biblischer Wert nie oder selten thematisiert? Vielleicht deswegen, weil die anderen Werte Früchte von

Lernprozessen sind. Die Früchte verdecken die Zeit des Wachsens, das Ergebnis verdeckt den Entstehungsprozess. Aber wenn wir das Lernen in so einem umfassenden Sinn verstehen, dann ist offensichtlich, dass Werte wie Barmherzigkeit, Gerechtigkeit, Wahrhaftigkeit, Treue, Friedfertigkeit, Geduld usw. nur aus dem Schweiß des Lernens geboren werden können.

Wir alle können dazulernen: Ohne die Bereitschaft zu lernen, ist keine menschliche Gemeinschaft möglich. Die Unterscheidung zwischen Lehrenden und Lernenden muss problematisiert werden. Keiner darf davon ausgehen, dass seine Lernprozesse schon abgeschlossen sind. Alles andere wäre Illusion, die zu Arroganz und Verkümmerung wesentlicher Werte führt.

Studierende haben natürlich von ihren Professoren zu lernen, Schüler von ihren Lehrern, Lehrlinge von ihren Meistern. Aber wirkliches Lernen geschieht nicht dadurch, dass wir unhinterfragt und unkritisch Informationen, Wissen und Erklärungen in uns aufnehmen, sondern nur dadurch, dass wir kritisch nachfragen, unsere eigenen Ansichten, Vorstellungen und Erfahrungen mit den Ideen, die wir von anderen bekommen, konfrontieren, wobei daraus neue Ideen erwachsen können.

Lernen ist abenteuerlich: Wesentliches Lernen passiert oft in Begegnungen, die uns erst einmal überrumpeln. Die uns erschüttern. Die unsere alten Denkgleise durcheinanderbringen. Jesus war erstaunt über die Frau. Er ließ sich auf die Begegnung und auf den Lernprozess ein.

Lernen ist abenteuerlich: Echtes Lernen ist deswegen nicht Wissen ansammeln – auch wenn es oft dafür gehalten wird. Echtes Lernen ist immer ein Abenteuer, ungewiss im Ausgang, und es passiert im Leben selbst. Ein besonderes Wort des Philosophen Gilles Deleuze drückt dies geradezu poetisch aus: „Man weiß niemals im voraus, wie jemand lernen wird – durch welche Liebschaften man gut in Latein wird, durch welche Begegnungen man Philosoph ist, in welchen Wörterbüchern man denken lernt."[43]

Was haben Sie in Ihrem Leben bzw. durch Ihren Lebenslauf gelernt? Eine wertvolle Frage für eine stille Stunde… Vielleicht so manche Lebensweisheit, die man schwer in Worte fassen kann? Oder eine innere Haltung oder eine Kompetenz, eine Fähigkeit, die man so nie auf Papier festhalten kann? Und welcher gute Geist hat Sie in Ihren abenteuerlichen Lernprozessen geführt? Können Sie ihn nun im Rückblick erahnen?

Schauen Sie nur die Art und Weise an, wie Jugendliche heute lernen! Anders als die Generation vor ihnen. Eltern, Lehrer sind verwirrt und irritiert, denn sie lernen irgendwie anders. So mancher lernt Englisch und Deutschaufsatz schreiben mehr durch Youtube oder SMS schreiben als mit einer Englischgrammatik oder einem Erzählband von Stefan Zweig. Gregory Bateson tröstet uns: Jede Generation möchte ihre kulturellen Errungenschaften einfach weitergeben. Aber Kultur kann nicht 1 zu 1 eins weitergegeben werden wie die DNA. Lernen ist immer auch kreative Neuschaffung, abenteuerlicher Findergeist und Aufnahme alter Werte, Fähigkeiten und Kulturgüter.[44]

Lernen und schöpferische Kraft des Heiligen Geistes: Auch von der christlichen Gotteslehre her muss die Bedeutung des Lernens betont werden. Denn wir glauben an einen Gott, der sich immer als ein Geheimnis zeigt. Wir haben kein Wissen darüber, wie Gott ist. Und gerade große Mystiker, die tiefe Gotteserfahrungen hatten, betonen, dass sie Gott als ein Geheimnis erfahren haben, dass er sich unserer vernunftmäßigen Durchdringung entzieht (was nicht heißt, dass der Glaube an Gott unvernünftig ist, sondern dass er nur über die Vernunft geht). Aber er zeigt sich als eine Macht in Lernprozessen. Alle großen Künstler wie zum Beispiel Bach oder Rilke erspürten in sich selber eine schöpferische Kraft, die in ihnen wirkt, über die sie aber nicht bestimmen konnten, sondern ihr höchstens dienen konnten. Wir Christen sehen darin die Wirkkraft des Heiligen Geistes. Alle großen Künstler werden bestätigen, dass sich diese schöpferische Kraft des Heiligen Geistes nur durch viel Fleiß, im Auf und Ab schwieriger Lernprozesse entfalten kann. Gleiches gilt noch mehr für Heilige und Propheten der Kirchengeschichte: Paulus, Ignatius von Loyola, Oscar Romero... Sie alle blieben offen für das Neue in ihrem Leben, um im Dialog mit der Wirklichkeit lernen zu können. Und so hören das Lernen und das Auf-dem-Weg-Sein nie auf. Aber im Lernen selbst und im Auf-dem-Weg-Sein entfaltet sich die schöpferische Kraft Gottes und im Hier und Jetzt wird das Reich Gottes erfahrbar.

21. Sonntag im Jahreskreis: Über die Vielfalt der Jesusbilder und christologischen Titel

Mt 16, 13-20
Für wen halten mich die Leute?
Die Frage ist berechtigt! Wir machen uns alle Bilder von unseren Mitmenschen, und die können sich teilweise sehr stark unterscheiden. Erst recht gibt es eine immense Vielfalt von Christus-Bildern.
Gemalte Bilder von Christus versuchen oft, das innere Bild nach außen zu wenden. Das gemalte Bild ist eine Zusammenfassung und Darstellung einer möglichen Antwort auf die Frage: Für wen halte ich Jesus?
Diese Zusammenfassung hat oft etwas Intuitives! Denn das innere Bild von Jesus Christus ist immer vielschichtig und kann nicht auf einen einfachen Begriff gebracht werden.
Die gemalten Bilder von Christus in der Kunstgeschichte zeigen uns diese große Vielfalt auch der inneren Christusbilder:
Christus der Weltenherrscher. Der leidende Christus, der in die ganze Menschheitsqual hineingezogen wird bei Matthias Grünewald. Der sozial Gerechte. Das fromme Jesuskind. Der Bruder der Menschen. Der strahlende Auferstandene Usw.
Auch Ordensgemeinschaften gehen von einem Christusbild aus, das ihre Identität und ihre Besonderheit prägt. Etwas holzschnitzartig könnte man sagen:
Die Benediktiner sehen in Jesus Christus insbesondere den anbetungswürdigen Gottkönig. Deswegen ist ihnen das lobsingende Gebet besonders wichtig.
Die Franziskaner betonen besonders den menschgewordenen Gott, das Jesuskind, das demütig im Stall liegt, solidarisch mit allen Armen, und bereit ist für die Menschheit am Kreuz zu sterben.

Die Jesuiten folgen Jesus als dem Gründer des Reiches Gottes nach und verstehen sich als Arbeiter im Weinberg des Herrn.[45]

Vielfalt von Jesusbildern und Titeln gab es seit Jesu Zeiten!
Diese Vielfalt gab es schon in der Urkirche: Über 30 Titel für Jesus können wir im Neuen Testament finden, z. B.: Messias, Christus, Menschensohn, Prophet, Herr, Hohepriester, Sohn Gottes, Logos, Sohn Davids, Erlöser.

Ähnlich wie die Maler versuchen die ersten Christen mit einem Titel ihre Erfahrungen mit Jesus und ihren Glauben an ihn zusammenzufassen, zu bündeln. Dabei können wir folgendes schon festhalten:

Eine Vielfalt von Bildern und Titel für Jesus sind wertvoll. Diese Vielfalt verhindert Einseitigkeiten und Verzerrungen. Außerdem ist diese Vielfalt notwendig, weil Leben, Wesen und Bedeutung Jesu Christi für uns vielseitig sind und bleiben wird. Schon in der Zeit der Kirchenväter wurden einige Titel wie Herr, Gottessohn, Christus, Logos bevorzugt und andere Titel eher vergessen, wie Knecht oder Hohepriester, was zu Verzerrung und Verarmung geführt hat. Deswegen dürfen wir mit neuem kulturellen Horizont und neuen Fragen auch neue Jesusbilder und Titel bilden: Zum Beispiel Jesus als Befreier in der Befreiungstheologie oder Christus als Punkt Omega der Evolution bei Teilhardin de Chardin.

Bilder und Titel beleuchten Jesus UND Jesus beleuchtet die Bilder und Titel neu: Bilder und Titel selbst bergen auch eine Gefahr in sich. Sie können sich zwischen uns und Jesus stellen. Wir müssen Christusbilder und Titel bilden, denn sie fassen verschiedene Facetten zu einem Ganzen zusammen.

Aber wir müssen dann auch immer wieder kritisch fragen, inwieweit unsere Vorstellungen, Bilder, Begriffe auch mit Jesus übereinstimmen. Zum Beispiel nimmt die Urkirche Titel aus ihrer kulturellen Umgebung und wendet sie auf Jesus an. „Jesus ist der Herr!" Jedoch auf Jesus angewendet verändert sich die übliche Vorstellung vom Kyrios: Der Herr wäscht seinen Jüngern zum Beispiel die Füße. Wir müssen also von Jesus selbst her die Titel neu beleuchten. Nur wenn der Prozess des Verstehens in beide

Richtungen geschieht, Bilder und Titel beleuchten Jesus UND Jesus beleuchtet die Bilder und Titel neu, gehen wir nicht irre und verharren wir nicht in unseren engen Vorstellungen.
Denn Jesus selbst verändert unsere alten Vorstellungen und die üblichen Bedeutungen. Das Neue Testament hat das klar erkannt: Für Markus ist Jesus der Herr, weil er dient. Für Paulus ist Jesus der Messias, weil er der Gekreuzigte ist. Und für den Hebräerbrief ist Jesus der wahre Hohepriester, weil er sich selbst als Opfer anbietet.
Und für wen haltet Ihr mich? Und für wen hältst du Jesus? Lassen wir uns von dieser Frage wirklich persönlich ansprechen. Denn es gibt einen Zusammenhang zwischen meinem Lebenskonzept und meinem Bild von Jesus. Man könnte fast sagen: Sage mir, was du von Jesus hältst, und ich sage dir, wer du bist!
Unser Christusbild unsere Existenz und Beziehung zu uns selbst hängen zusammen. „Wer bist du?" UND „Für wen hältst du Jesus?" – diese Fragen gehören zusammen. Jede sprachliche Antwort auf beide Fragen ist vorläufig. Es gilt, immer wieder in diese Fragen hineinzugehen und in sich hinein zu lauschen.
Die eigentliche Antwort auf beide Fragen ist unser Leben! In unserer Lebenspraxis entscheiden wir die Frage. Der heilige Franziskus, der im Aussätzigen Christus erkennt, ist ein Beispiel dafür. Oder die heilige Theresa von Lisieux, die trotz ihrer inneren Dunkelheit weiter betet. Oder Dietrich Bonhoeffer, der nicht in Amerika bleibt sondern nach Deutschland zurückkehrt und sich in der Todesstunde geführt weiß. Und es ist sehr tröstlich auf Petrus zu schauen, der einpaar Mal durch die praktische Prüfung durchgefallen ist.
Die tiefste Antwort geschieht in der Stille. Denn da geschieht und vollzieht sich unsere Christusbeziehung. Das Gebet zu Christus prägt unser Leben und Tun. Eine Geschichte erzählt von einem einfachen Bauern, der vor dem Allerheiligsten betet. Der Priester fragte ihn, was er da mache. Der Bauer antwortet: er schaut mich an und ich schaue ihn an. In diesem Gebet sind die beiden Fragen

„Wer bist du?" UND „Für wen hältst du mich?" gut aufgehoben, ja in der Stille beantwortet.

Das einfache Hier-Dasein vor Christus ist Fülle, Antwort, Gnade und Führung! Weil wir im Gebet für Christus und aus Christus leben!

22. Sonntag im Jahreskreis: Wie dem Schmerzkörper begegnen?

Mt 16, 21-27

Jesus offenbart den Jüngern, dass sein Leiden, sein Weg des Leidens Heil bringen wird. Petrus will ihn abhalten. Aber Jesus reagiert erstaunlich energisch! Nein, der Weg des Leidens gehört zum Christsein, zur Erlösung, zur Heilung!

Aber nicht jedes Leiden bringt Heilung. Nicht wenige Menschen leiden – und nichts verbessert sich, nicht bei ihnen und nicht bei anderen. Vielmehr Abneigung, Frustration, Hass, Leid vertiefen sich eher mit der Zeit.

Welches Leiden ist heilend und welches Leiden vertieft nur die Qual?

Kein Mensch wird in ein Paradies hineingeboren. Jedes Baby, jedes Kind, jeder Mensch erlebt Enttäuschungen. Manche müssen viele Enttäuschungen ertragen, andere weniger, wieder andere sogar sehr wenig. Und Enttäuschungen können mal schnell überwunden werden, ein anderes Mal legen sie sich wie ein dunkler Schatten auf die Seele. Diese Dunkelheiten, diese alten emotionalen Schmerzen können sich ansammeln und quasi ein dunkles Energiefeld bilden. Eckhart Tolle nennt das den Schmerzkörper. Manche Ehepaare erleben, dass sie so manche Themen oder Auslöser haben, so dass sie in die immer gleichen Streitgespräche fallen. Da spürt der Mann oder die Frau einen inneren Schmerz, alte Enttäuschungen und schmerzhafte Erfahrungen werden wach gerufen, so wie eine Saite die Obertöne zum Schwingen bringt. Und plötzlich läuft impulsiv der alte Mechanismus ab, um sich davor zu schützen. Das kann ganz verschieden sein: Zum Beispiel Gegenangriff und Verurteilung des anderen. Wenn der Partner nun auf diese Reaktion allergisch ist, wenn sein Schmerzkörper nun anspringt, dann ist der unheilsame Ehekrach in vollem Gange!

Tolle beschreibt den Schmerzkörper folgendermaßen: Ein Schmerzkörper „kann sich als Verärgerung ausdrücken, als Ungeduld, finstere Stimmung, als Wunsch zu verletzen, als Wut, Depression, als Bedürfnis nach Drama in deiner Beziehung und so weiter. Greife ihn dir in dem Moment, in dem er aus seinem Ruhezustand erwacht. Der Schmerzkörper will leben wie alles andere in der Existenz auch, und das kann er nur, wenn er dich dazu bringt, dich unbewusst mit ihm zu identifizieren. Er kann dann aufstehen, sich deiner bemächtigen, „du werden" und durch dich leben. Er muss seine „Nahrung" durch dich bekommen. Er lebt von jeder Erfahrung, die mit seiner eigenen Art von Energie mitschwingt, von allem, was mehr Schmerz erschafft, in welcher Form auch immer: Wut, Zerstörung, Hass, Trauer, emotionalem Drama, Gewalt und sogar von Krankheit."[46]

Was ist nun erlösendes und was unheilvolles Leiden? Wenn mein Schmerzkörper aktiv ist und ich Sklave seiner Dynamik bin, dann geschieht keine Heilung, keine Erlösung! Von der Erfahrung des Schmerzkörpers her wird deutlich:

Jesus will uns einen Weg des Leidens zeigen, der uns von unseren Schmerzkörpern befreien will! Aber wie soll das gehen? Wie schaut so ein erlösender Weg des Kreuzes aus?

Nehmen wir zwei typische Schmerzkörper: Ich empfinde Wut auf einen anderen und möchte am liebsten das Schlägern anfangen! Oder ich verurteile mich selbst, sage zu mir „ich bin ein Versager!" und alles wird dunkel, katastrophal, ausweglos!

Es kommt immer darauf an: Fahre ich in der Achterbahn des Schmerzkörpers mit oder stelle ich mich vor die Achterbahn und schaue den wild fahrenden Wagen des Schmerzkörpers zu. Oder anders gesagt: Sitze ich voll in der Wut oder Depression drin und lass mich mitreißen und sehe, denke und erlebe alles durch dieses eine Gefühl. Oder kann ich zu mir sagen: In mir ist Wut oder Selbstanklage – aber ich bin das nicht!

Wenn ich drin sitze, ist das Leiden nicht erlösend! Wenn ich es anschauen kann, wenn ich vor der Achterbahn bin, geschieht schon Heilung.

Was kann helfen, vor die Achterbahn zu kommen? Drei Empfehlungen:
1. Wenn ich vor der Achterbahn stehe, bin ich aufmerksam, akzeptierend und absichtslos. Diese drei Worte mit A fassen alles Wichtige zusammen.
Aufmerksam – ich merke: In mir meldet sich ein destruktiver Impuls und ich nehme das bewusst wahr, ahh so fühlt sich der an.
Akzeptierend – ich sage zu dem Gefühl: Du darfst da sein, aber ich setze mich nicht in dich hinein.
Absichtslos – ich muss nichts ändern in mir, das Gefühl darf in mir sein. Also das Gegenteil von Grübeln, wie kann ich schnell die Misere lösen, warum ist mir das passiert usw. Denn genau der aktive Verstand, das Grübeln gibt dem Schmerzkörper mehr Energie.
Aufmerksam, akzeptierend und absichtslos wahrnehmen lässt den Schmerzkörper dahin schmelzen wie Schnee in der Sonne!
2. Gebe starken Schmerzkörpern einen Namen und rede mit ihnen. Das schafft erste Distanz und gleich wird klar: Das bin nicht ich! Der Impuls ist nur in mir! Ein ganz einfaches harmloses Beispiel: Ich habe einem Kind, das Heimweh im Zeltlager hatte, gefragt, wie das Heimweh ausschaut, wenn es ein Tier wäre. Das ist wie ein Drache. Dann haben wir dem Drachen einen Namen gegeben und überlegt, was man machen kann: Den Drachen auslachen, streicheln und ihm zuhören oder wegjagen.
3. Den Impuls, das negative Gefühl, den Schmerzkörper Jesus geben. Ich kann zu Jesus beten: Nimm du meine Wut und heile sie! In so einem Gebet bin ich aufmerksam, akzeptierend und überlasse Jesus Christus die Initiative und kann absichtslos sein. Ich vertraue mich der heilenden und erlösenden Kraft Gottes an. Dann kann ich den Impuls loslassen und klarer in die Gegenwart blicken: Was ist jetzt wirklich los? Was ist jetzt der beste nächste Schritt im Sinne des Herrn?

Den Schmerzkörper innerlich so wahr zu nehmen ist nicht angenehm. Ja wenn ich ihn in mir aufmerksam, akzeptierend und absichtslos anschaue und Jesus gebe, dann erleide ich ihn auch. Aber das ist dann der erlösende Weg des Kreuzes.

Was ich nun vom Heilungsprozess in mir gesagt habe, gilt eigentlich auch zwischenmenschlich. Jesus hat es uns auf seinem Kreuzweg vorgelebt: Den Hass, die Verachtung, die Gewalt der Hohenpriester, der Römer und des Volkes hat er ertragen, den Menschen verziehen und mit seiner Verzweiflung sich an seinen Vater gewandt.

Weil Jesus nicht zurückschlug, nicht verurteilte, sondern bewusst seinen Leidensweg akzeptierte und dabei immer auf seinen Vater schaute, ist er aus der Spirale der Gewalt ausgebrochen, ist sein Kreuzweg erlösend, heilend für alle Menschen geworden!

23. Sonntag im Jahreskreis: Gemeinden und Pfarreien im Wandel

Mt 18, 15-20

Kirche ist gewaltig im Wandel! Und man ist schnell dabei, eine Geschichte des Verfalls zu schreiben. Früher waren viel mehr Leute in der Kirche, früher gab es vielmehr Jugendgruppen, früher war beim Gemeindefasching der Saal voll.

Wenn man aber etwas differenzierter hinschaut, merkt man, dass zwar der Wandel gewaltig ist, aber man nicht sagen kann, dass alles in den letzten Jahrzehnten schlechter geworden ist. Wir haben eher einen Wechsel von verschiedenen religiösen Stilen mit ihren Vor- und Nachteilen. Einher geht eine Veränderung der Bilder und Stile von Gemeinde und Pfarrei. Und all diese Stile von Pfarrei und Kirche hatten und haben auch ihre Vor- und Nachteile.

Um dies zu verdeutlichen, möchte ich etwas holzschnittsartig drei Denkstile bzw. drei Epochen unterscheiden.

Beginnen wir mit der Nachkriegszeit: die meisten Katholiken dachten da noch **traditionell**.

Mein Opa und meine Oma waren typische Vertreter dafür. Mein Opa war 50 Jahre lang Mesner in Hallstadt bei Bamberg. Er war fleißig, sparsam, pflichtbewusst und dem Pfarrer gegenüber Gehorsam. Ebenso meine Oma. Sie hatte ihre besondere Art von „Bete und arbeite": Ich sehe sie noch heute, wie sie in der Küche steht und die Klöße kocht und gleichzeitig läuft der Kassettenrecorder entweder mit Marienliedern oder mit einem vorgebeteten Rosenkranz, den sie mitbetet. Man sagte bei ihr nicht „Dankeschön" sondern „Vergelt's Gott". Dahinter stand die damalige Theologie: die Welt hier ist ein Jammertal, aber wer mit Opfermut sein Leben Gott opfert in seinem jeweiligen Stande, dem wird es Gott vergelten: Er wird in die Ewigkeit bei Gott eingehen. Natürlich ist uns diese Theologie heute fremd. Ist sie besser, weil mehr

Leute in die Kirche gegangen sind? Ist sie schlechter, weil ihre Theologie und Spiritualität einseitig war? Schauen wir fair und realistisch mit zwei Geschichten auf sie:
Mein Vater hat mit meinem Opa nach den Sonntagsmessen die Empore der Kirche aufräumen müssen. Jeden Sonntag mussten sie mehrere Bierkrüge und viele Zigarettenstummel beseitigen. Während der Messe haben viele Männer oben auf der Empore gegenseitig sich Säu verkauft, Karten gespielt und geraucht und getrunken. Es gab eine soziale Kontrolle – man konnte nicht einfach von der Messe wegbleiben. Heute ist das ehrlicher: es gehen die Menschen in den Gottesdienst, die wirklich in den Gottesdienst gehen wollen.
Eine andere Geschichte: als mein Opa 1942 aus dem Kriegsdienst auf Heimaturlaub zurückkehrte, ließ er sich ein Werkzeug aus Eisen auf den Fuß fallen, so dass er so verletzt war, dass er kriegsuntauglich war. Er erzählte uns Enkeln mit Tränen, dass er sowohl im ersten als auch im Zweiten Weltkrieg nie auf einen Menschen geschossen hat. Sein christlicher Glaube und die Treue zur katholischen Kirche hatten ihn immun gegen die braune Verführung gemacht und ihn davor bewahrt, zu einem Tötenden zu werden. So wie er es konnte, folgte er dem Friedensweg Jesu. Dieser traditionelle Glaube gab ihm diesen festen Halt!
In diesem traditionellen Denken ist der Pfarrer der Mittelpunkt, Leiter der ganzen Pfarrei. Es ist seine Pfarrei. Im Zentrum der Seelsorge steht die Spendung der Sakramente. Kinder sollen würdig auf Beichte, Kommunion und Firmung vorbereitet werden. Die Pfarrei ist hierarchisch strukturiert. Die höhere Ebene hat mehr Verantwortung und wer unten steht, hat Gehorsam zu üben und Respekt zu zollen. Der Pfarrer ist für die geistlichen Dinge zuständig, die Laien für die weltlichen.
Mit den sechziger und siebziger Jahren entstand ein neues Lebensgefühl, auch in der Kirche. Das zweite Vatikanische Konzil öffnete sich der Welt von heute. Nun konnte man Glaube, Kirche, Gemeinde, Engagement in der Welt **modern** durchbuchstabieren. In dieser Zeit wurde der moderne Sozialstaat gestaltet. Und so

kamen auch in der Kirche andere Werte in den Blick: Nicht mehr Gehorsam und Opfer standen im Mittelpunkt sondern: Verantwortlichkeit für die Gestaltung einer gerechten Gesellschaft, Suche nach immer besseren Lösungen, Begeisterung für moderne Technik, Mitverantwortung und demokratisches Denken.

In der Kirche entstehen die **Aktivisten-Pfarreien**: darin gibt es verschiedenste Runden, Kreise, Gruppen und Aktionen und ein buntes Pfarrleben für alle Altersstufen. Der Pfarrer ist eher Animator und Moderator. Er muss vor allem Brücken zwischen den einzelnen Gruppen aufbauen, vermitteln und Konflikte beilegen. Das Pfarrzentrum wird für viele zu einem Raum der Freizeitgestaltung, zum erweiterten Wohnzimmer, zum Ersatz fürs Wirtshaus oder Spielplatz für Kinder und Treffpunkt für Jugendliche. Es ist der Ort für eine große Familie, wo viele aktiv sich mitbeteiligen. Man ist ehrenamtlich dort engagiert, weil man kompetent ist, weil man an den Aufgaben wächst, weil man soziale Verbindungen knüpfen kann und einen sozialen Status bekommt, der Ansehen verschafft, und weil man in einer solchen Pfarrei auch Macht erreichen kann. In einer solchen Pfarrei werden z. B. nicht 100 Schlüssel an jeden Ehrenamtlichen ausgegeben, sondern einige wenige haben den Schlüssel, den sie an andere unter klaren Bedingungen und Kontrolle weitergeben. Diese wenigen sind zum Beispiel der Kirchenpfleger, der Pfarrgemeinderatsvorsitzende, die Pfarrsekretärin oder der gewählte Leiter des Jugendausschusses.

Die Verantwortung liegt nicht mehr auf den Schultern des Pfarrers allein. Die Hierarchie ist durch Gremienarbeit und Mitentscheidung aufgebrochen. Und der strenge Dualismus zwischen geistlich und weltlich ist überwunden: Kirche und Gemeinde engagiert sich in den Fragen der Zeit und versucht Glauben in der Welt von heute durch zu buchstabieren, z. B. in Bibelkreisen oder durch den Drei-Schritt Sehen – Urteilen – Handeln, den insbesondere die christliche Arbeiterjugend in die Kirche eingebracht hat.

Ist das nun die ideale Pfarrei? Nicht unbedingt! Die engagierten Ehrenamtlichen können unter Arbeitsüberlastung leiden: wer bereits aktiv ist, muss verwandte Bereiche als Aufgabe dazu nehmen. Je mehr Menschen aktiv sind, desto weniger bleiben bloße Teilnehmer übrig. Da kann sich die Sinn-Frage stellen: arbeite ich nun in der Pfarrei, um eine vorgestellte ideale Pfarrgemeinschaft aufzubauen, um dort für mein Ego einen sozialen Status zu haben, aber meine innerliche Entwicklung kommt zu kurz, mein inneres spirituelles Suchen bleibt wegen lauter Aktivismus auf der Strecke? Oder sollte nicht die Pfarrei unserm Christsein und Christwerden dienen?

Und so kam ab den Neunzigern Jahren nicht nur die moderne Welt, der moderne demokratische Sozialstaat sondern auch die moderne Aktivisten-Pfarrei in die Krise. Immer mehr zeigen sich die Fragen der **Postmoderne**: Zerstört all der Luxus, den wir uns leisten nicht die ökologischen Grundlagen der Erde? Können wir immer weiter auf Wachstum setzen? Wie gehen wir mit den Eskalationen der Finanzwirtschaft um? Religiös sucht man stärker wieder nach einer persönlichen Gottes Beziehung, getragen von einer gläubigen Gemeinschaft. Man will Religiosität und Spiritualität ganzheitlich erfahren: mit Leib und Seele, in Solidarität mit den Armen, den Ausgebeuteten und der Natur.

Gemeinde wünschen sich viele Menschen nun eher als eine Art Karawanserei: Dort kann man Kraft tanken für sich, für seine eigene Lebensorientierung. Aber man kann in aller Freiheit, wenn Berufsleben oder Familie oder eigene Suche sich verändert, wieder weiterziehen. Wenn ihn etwas an der Gemeinde bindet, dann ist es seine persönliche Berufung. Er hat bei sich Charismen entdeckt, die er in das Gemeindeleben einbringen möchte.

Wir sind gerade mitten dabei, unser Pfarrei- und Gemeindeleben auf diese veränderten Herausforderungen postmoderner Welt umzugestalten. Einfache Lösungen gibt es nicht. Es ist und bleibt ein Abenteuer, und aufmerksames Hinschauen, Experimentieren, Umdenken und Neuanfangen ist immer wieder nötig.

Die drei Denktypen haben zwar alle ihre Hochzeiten gehabt: 50er Jahre und natürlich davor die traditionelle, 70 er und 80 er Jahre die moderne, ab den 90 er Jahren die postmoderne. Trotzdem finden sich in unseren Gemeinden alle drei Denktypen mehr oder weniger ausgeprägt. Und sogar in einer Person können die drei Denktypen mehr oder weniger ausgeprägt sein und sogar miteinander streiten.

Problematisch wird es immer dann, wenn jemand einen Denktyp zum richtigen Weg erklärt und sowohl blind ist für die Nachteile des eigenen Denktyps als auch nicht offen ist für die Vorteile und Chancen der anderen Denktypen.

Ein klassisches Beispiel: „Nach der Erstkommunion sieht man die meisten Kinder nicht mehr." - Wer in der Logik der modernen Aktivisten-Pfarrei denkt, der möchte die Erstkommunionkinder gewinnen für die Ministranten, für eine Jugendgruppe, für den Kinderchor oder für den Familiengottesdienstkreis. Und wer traditionell denkt, der kann nicht verstehen, wie man so lax mit dem Gebot des Sonntagsgottesdienstes umgehen kann. Aber nehmen wir einmal an, dass die Erstkommunion-Vorbereitung gut gelaufen ist, dass sie den Kindern Räume und Hilfen gegeben hat, über ihren Glauben nachzudenken und eine Beziehung zu Jesus Christus zu entdecken, dann hat diese Zeit etwas in sich Sinnvolles: es hat einigen Kindern bei ihrer Suche nach ihrem Glauben, nach ihrer Lebensberufung geholfen und hat ihr Leben vertieft und sie echte Freude erfahren lassen. Was will man mehr?

Ich könnte nun noch einige Beispiele von Streitigkeiten zwischen traditionellen, modernen und postmodernen Denktypen durchspielen. Aber ich glaube, Ihnen fallen weitere selbst ein, und außerdem möchte ich nun die entscheidende Frage stellen: **Wie gehen wir als Christen mit diesen unterschiedlichen Denktypen und ihren Konflikten um?**

Im Evangelium haben wir einen Text aus der Gemeinderegel des Matthäus gehört. Er empfiehlt: Wenn es Streitigkeiten, Irritationen oder Missverständnisse gibt, rede erst unter vier Augen mit der Person. Wenn das nicht hilft, mit der Person und einem Mediator (neudeutsch ausgedrückt) oder in einem Gremium. Wenn das nicht hilft, muss man sich vielleicht trennen, aber (so möchte ich Matthäus korrigierend verstehen) in Toleranz und in Bedauern und nicht in Rechthaberei.

Das entscheidende ist hier: Wir müssen im Dialog bleiben, wir können nur unseren Horizont weiten und die Enge unseres Denkstils aufbrechen, wenn wir im Dialog bleiben, wenn wir lernbereit bleiben. Nur so bleiben wir auch offen für die Winke des Heiligen Geistes, der uns zeigen möchte, wie wir heute als Christen in der Welt wirken sollen, wie wir unsere jeweils speziellen Charismen entfalten können, in unseren Gemeinden und in unserer Gesellschaft und Welt.[47]

24. Sonntag im Jahreskreis: Vergeben und Einführung in Naikan

Siehe „Exerzitien der Nächstenliebe" 5. Woche
Auch Predigt zu Vergeben

25. Sonntag im Jahreskreis: Was ist der eine Denar?

Mt 20, 1-16
Über mehrere Jahre durfte ich ein Sommerzeltlager leiten. Eine Diskussion ergab sich fast jedes Jahr aufs Neue: Ältere Leiter beschwerten sich regelmäßig über die jüngeren Co-Leiter. Sie seien nicht geeignet, und ich musste regelmäßig die jüngeren Co-Leiter in Schutz nehmen. Nach 2-3 Jahren konnte ich die älteren Leiter daran erinnern, dass ich vor zwei oder drei Jahren für sie gesprochen habe, als ältere Leiter sie für unfähig hielten. Hatte nicht der heilige Benedikt in seiner Regel ausdrücklich betont, dass man jüngere Mitbrüder hören sollte?! Denn aus ihnen kann ja auch der heilige Geist sprechen. Insofern zeigt das Gleichnis etwas von der Arroganz der Älteren, die man immer wieder erfährt.
Aber es geht in diesem Gleichnis ja eigentlich ums Himmelreich, um das Reich Gottes, um die Fülle des Lebens in Gott. Und was sagt uns da das Gleichnis?
1. Was ist der eine Denar? In der Gegenwart Gottes verweilen, in seiner Liebe sein, in seinem Frieden sein. Wie soll es da zwei Denare oder fünf Denare geben? Wir können nicht mehr als einen Denar bekommen. Das ist schon die ganze Fülle!
2. Im Himmelreich hören das Vergleichen und die Trennung auf. In der Vollendung Gottes steht die Einheit vor dem Unterscheiden. In der Olympiade, in der Schule gibt es Trennung und Ranglisten. Im Himmelreich, im Reich Gottes, das immer schon hier anfangen will, wird der enge Zusammenhang und die Verknüpfung aller Menschen erfahren. Die Leute, die sich beschweren, denken nicht von der Einheit aus.
3. Alles ist Geschenk und Gnade aus der Güte Gottes. Warum soll man auf die „eigene Leistung" pochen, wenn sie letztlich Gnadengeschenk ist?!
4. Im Himmelreich wird die Zeit anders erfahren. Unser Verstand überblickt Vergangenheit und Zukunft und vergleicht. Aber wer in der Gegenwart Gottes ist, schaut auf die Gegenwart: Jetzt bin ich da. Jetzt erfahre ich Gott. Da ist es nicht mehr so wichtig, was

vorher war. Entscheidend ist von daher schon in diesem irdischen Leben immer nur: wende ich mich jetzt Gott zu?
Der Denar ist vielleicht nur ein Symbol für das eigentliche: die Freude im Weinberg jetzt arbeiten zu dürfen.
Nochmal zurück zum Beispiel von den Zeltlagerleitern. Die Freude, Kindern Freude bereiten zu können – sie geschieht nur, wenn die Leiter sich als Team verstehen, wenn die Einheit und Zusammenarbeit betont wird.
Die Freude, Kindern Freude bereiten zu können, wird erlebt,
- wenn die Leiter ihr Leitersein als Chance sehen und nicht als Recht.
- wenn der Augenblick genossen wird, das Spiel mit den Kindern bewusst genossen wird.
- wenn jeder wachsen und reifen darf und mit seinen jeweiligen Fähigkeiten geschätzt wird

Dann werden sie eine Weisheit erkennen, die Spinoza folgendermaßen beschrieb:
„Daraus ersehen wir klar, wie weit jene von der wahren Schätzung der Tugend entfernt sind, die für Tugend und gute Handlungen wie für sehr schwere Dienstleistungen die höchsten Belohnungen von Gott erwarten; als ob die Tugend und der Dienst Gottes nicht selbst schon das Glück und die höchste Freiheit wären."[48]
Für Spinoza ergibt sich aus einem Leben in Tugend "zwangsläufig" Glück. Tugend ist "interne Ursache" für Glück und Freiheit. Wer ein Leben in Tugend als eine unangenehme und anstrengende Angelegenheit ansieht, für die er von der höchsten Autorität "Gott" belohnt werden will (extern verursachte Freude!), der hat nach Spinoza weder das Wesen des Lebens und der Tugend noch das Wesen Gottes verstanden. Wenn aber Gott als die tiefste Ursache des Lebens und immanent gedacht wird, dann zeigt sich gerade in der von der Tugend intern verursachten Freude das Wirken Gottes. Dann drückt sich Gott selbst in dieser Freude aus.
Gebete, Meditation, Vergebung, Mitgefühl und Wahrheitsliebe sind keine Pflichtübungen sondern Nektar. Aber das braucht seine

Zeit, dass man das entdeckt. Für den Anfänger ist zum Beispiel die stille Meditation vielleicht erst einmal langweilig. Es braucht seine Zeit, bis er den süßen Geschmack verspürt, wenn er ganz in der Gegenwart ist, wenn er im Kontakt mit der inneren Stille und dem inneren Frieden ist, wenn er ganz auf Gott ausgerichtet ist. Denn dieser süße Geschmack, dieser Nektar ist etwas anderes als das wilde Prickeln bei einer Party oder bei einer Achterbahn. Es ist viel leiser und zarter.

Aber es lohnt sich, sich auf den Weg zu machen, um das zu entdecken. Die leise tiefe Freude, mit Jesus Christus und den Mitmenschen verbunden zu sein.

26. Sonntag im Jahreskreis: Herausforderung Menschenbild

Mt 21, 28-32
Welchem Sohn würden Sie vertrauen können? Beim ersten weiß man nie genau, ob er sich an die Abmachung hält. Er zeigt sich von seiner besten Seite, aber es ist ungewiss mit ihm. Beim zweiten müsste man Geduld haben, überzeugen, aber man hätte gute Aussichten. Jesus bezog die zwei Söhne konkret auf Pharisäer und Zöllner und Dirnen.
Aber wir können doch einmal kreativ weitergehen und diesen Unterschied allgemein anschauen:
Ist der Mensch für Sie jemand, der im Innersten seines Herzens unberechenbar, ja verstockt ist, dass man ihn letztlich von außen durch Druck zum Guten zwingen muss? Oder ist der Mensch, im innersten gut, aber dies muss freigelegt werden, was oft lange und mühsam ist aber lohnend?
Diese Frage durchzieht die ganze Theologie unterirdisch. Oft wird diese Frage unbewusst vorentschieden. Welcher Interpretation man folgt, entscheidet über das ganze Glaubenssystem, über die Art des theologischen Denkens, über die ganze Welterfahrung. Es ist eine existenzielle Grundentscheidung.
Wir können diese Grundentscheidung auch auf die Geschichte von Adam und Eva beziehen: Ist durch den Sündenfall von Adam und Eva der gute Kern des Menschen durch eine dunkle Schicht verdeckt oder ist dieser gute Kern des Menschen zerstört?
Ich glaube, dass der gute Kern von einer dunklen Schicht verdeckt ist aber nicht zerstört.
Ich glaube, auch Jesus war dieser Meinung! Sein Umgang mit Zachäus zum Beispiel verdeutlicht, dass er an den guten verschütteten Kern des Menschen andocken möchte. Grundsätzlich geht Jesus davon aus, dass das Reich Gottes sich auf Erden durchsetzt, weil er in einer Version deutlich gesehen hat, dass im Himmel der

Kampf entschieden ist, der Satan gestürzt ist und er völlig auf seinen Vater vertrauen kann.

Der mittelalterliche Theologe Hugo von St. Victor hatte dieses Menschenbild sehr schön mit einem Vergleich dargestellt:
In jedem Menschen gibt es das göttliche Seelenlicht. Das ist der Heilige Geist in uns. Er ist in jedem Menschen. Es ist wie eine ewig brennende Kerze in uns. Direkt können wir diese Kerze nicht sehen. Aber das Licht dieser göttlichen Kerze wird von einem Spiegel in unserer Seele nach außen reflektiert. Dieser Spiegel ist mehr oder weniger verschmutzt. Deswegen dringt nicht das ganze Licht nach außen. Bei manchen Menschen mehr Licht, bei anderen weniger.

Die Theologie bezeichnet diese Verschmutzung erst einmal als Erbsünde. Durch weitere Sünden steigt die Verschmutzung.

Unsere Lebensaufgabe ist kurz gesagt: durch Umkehr und Ausrichtung auf Jesus Christus öffnen wir uns der Gnade Gottes, die fähig ist, den Spiegel zu reinigen.

Aber nicht alle Theologen haben so gedacht. Zwischen Erasmus von Rotterdam und Luther entbrannte ein Streit genau um diese Frage. Erasmus von Rotterdam sagte kurz und knapp: die Seele ist krank! Luther dagegen: die Seele ist tot! Da haben wir wieder den Unterschied: ist der gute Kern des Menschen durch eine dunkle Schicht verdeckt oder ist er zerstört durch die Sünde?

Es hat große Konsequenzen, von welcher Interpretation man ausgeht. Wenn das göttliche Seelenlicht weiterhin brennt und nur der Spiegel verschmutzt ist, dann gibt es im Menschen immer einen Ansatz, einen göttlichen Anker, den man aufgreifen kann. Johannes Tauler z.B. sagte in seiner berühmten Weihnachtspredigt: Christus möchte auch in dir geboren werden. Und die heilige Therese von Avila stellt sich die Seele wie eine große Burg vor, mit verschiedenen Mauern und Räumen und in der Mitte die stille Gegenwart des Heiligen Geistes. Dann kommt es darauf an, mehr und mehr in diesen inneren Raum hinein zu gelangen. Und Karl Rahner sprach vom übernatürlichen Existenzial: Der Heilige Geist in uns ist uns geschenkt, wir haben dafür nichts geleistet, es ist freie Gabe Gottes an uns – übernatürlich. Aber trotzdem hat Gott in seiner Weisheit entschieden, jedem Menschen diese Gabe zuteil werden zu lassen, ja es gehört wesentlich zum Menschen, auch wenn viele es nicht merken, dass der Heilige Geist in ihnen ist – es ist ein Existenzial des Menschen.

Welche Konsequenzen hat es, wenn man davon ausgeht, dass die Seele tot ist, dass der gute Kern durch die Sünde zerstört ist? Dann muss die Erlösung von außen kommen, notfalls mit Druck. Auf katholischer Seite verstand man darin, dass man mit der Macht der Kirche versucht, die Menschen zu leiten und durch die Sakramente von außen dem Menschen die Gnade eingibt. Auf evangelischer Seite hatte man das Bild, dass allein Christus durch seinen Kreuzestod diese Verbindung zwischen Gott und Mensch wiederherstellt. Deswegen kam es ganz darauf an, über das Lesen der Heiligen Schrift eine Verbindung zu Jesus Christus aufzubauen, damit man an der wiederhergestellten Verbindung zu Gott teilhat.

Wir können diese Streitfrage auch auf das Weltgeschehen übertragen. Gibt es in der Welt von heute Andockpunkte für die Botschaft, Spuren des Heiligen Geistes, die wir aufgreifen können? Oder müssen wir das Licht des Evangeliums in eine dunkle Welt hineintragen?

Die Pastoralkonstitution des II. Vatikanischen Konzils hat sich für die erste Interpretation entschieden: es gilt, die Zeichen der Zeit aufzugreifen. Das sind Orte, wo Menschen um Würde, Gerechtigkeit und Frieden ringen – es sind keineswegs idyllische Orte sondern eher prekäre Orte, aber gerade in diesen zeigt sich, dass Menschen durch die Kraft des Heiligen Geistes um Würde, Gerechtigkeit und Frieden ringen. Wer über Gott heute reden möchte, muss die Zeichen der Zeit aufgreifen, ansonsten fehlt der Andockpunkt in der heutigen Menschheitssituation.

Ratzinger hat sich immer wieder kritisch gegenüber Gaudium et spes geäußert. Das Wort Gottes ist ewig, aber die geschichtliche Situation im Fluss. Verpasst er nicht durch seine Sichtweise die entscheidenden Andockpunkte des Wortes Gottes in der heutigen

Zeit: die Zeichen der Zeit? Geht er zu sehr von einer pessimistischen Sicht auf die Welt aus?
Oder ist meine Sichtweise blauäugig? Es gab Hitler, Stalin, Selbstmordattentäter, Völkermord an – ist dann nicht das Gute wirklich total zerstört? Immanuel Kant empfiehlt uns, so zu leben, als ob alle Menschen einen guten Kern haben. Ich glaube dass dies ein wertvoller Hinweis ist: Bei allem Nichtwissen ermöglicht der Glaube an den guten Kern in allen Menschen, dass ich mit meinem Verhalten immer wieder einmal die guten Seiten aus den anderen herauslocken kann.

27. Sonntag im Jahreskreis: Umwelt und Technik - neue ethische Herausforderung

Mt 21, 33-44

Dieses Gleichnis erzählt von Gottes Geschichte mit seinem Volk: So wie der Gutsbesitzer seine Knechte schickt, so hat Gott immer wieder Propheten geschickt. Knechten und Propheten ging es ähnlich. Zuletzt sendete Gott seinen Sohn aus. Aber auch dieser konnte nicht das ganze Volk Israel bekehren. Vielmehr haben die führenden Männer ihn verurteilt. Die Gemeinde des Evangelisten Matthäus verarbeitet mit dem Gleichnis das für sie Unbegreifliche: Warum nicht alle Juden sich taufen lassen und Christen werden.

Manchmal ist es interessant zu fragen, was nicht thematisiert wird, was selbstverständlich ist, welche Fragen und Probleme gar nicht in den Blick geraten. In unserem Gleichnis geht es um Gewalt zwischen Menschen. Selbstverständlich und völlig unproblematisch ist der Umgang mit der Natur: Die wilde Natur wird kultiviert, indem man einen Weinberg anlegt und ringsherum einen Zaun zieht. Umweltverschmutzung, Zerstörung von Ökosystemen, Ausrottung von Pflanzen und Tierarten – das waren damals keine Themen. Ethische Fragen beschäftigten sich mit den Menschen. Wie gehe ich mit mir, mit den anderen, mit Familienangehörigen oder Fremden um?

Besonders der Philosoph Hans Jonas hat immer wieder darauf hingewiesen, dass durch die Ausbreitung der modernen Technik wir vor neuen ethischen Fragen stehen.

Fünf Aspekte spricht er besonders an:

1. Was technisch möglich ist, wird gemacht, angewendet, umgesetzt und vermarktet. Fast zwangsläufig. Z. B. neue Technik in Autos: Was gestern erfunden wurde, ist heute im Luxusmodell als Zusatz und morgen serienmäßig dabei. Kann man sich überhaupt noch gegen eine Umsetzung des technisch Möglichen entscheiden?

2. Früher war eine Fähigkeit in sich gut, nur in der Anwendung entschied sich, ob sie gut oder schlecht eingesetzt wird. Man konnte klar trennen zwischen guter Fähigkeit und schlechter Anwendung. Klettern können ist eine in sich gute Fähigkeit. Man kann sie natürlich für Diebstähle einsetzen oder für die Rettung von Menschenleben. Aber ist ein Kohlekraftwerk in sich gut? Natürlich bringt es nützlichen Strom. Aber zu viele Kohlekraftwerke stoßen zu viel CO2 aus.
3. Die Ambivalenz der Wirkungen hängt auch damit zusammen, dass unsere Technik Einfluss auf große Bereiche der Welt hat. Früher waren die Auswirkungen, die Menschen mit ihren Techniken angerichtet haben, immer lokal begrenzt. Die moderne Technik dagegen breitet sich über die ganze Erde aus. Und was wir heute machen, hat Bedeutung für mehrere Generationen nach uns.
4. Somit betrifft Ethik nicht nur mehr allein den menschlichen Bereich. Wir sind ebenso auch für die Tiere, für die Pflanzen, für die Ökosysteme, für die Welt verantwortlich.
5. Und weil die moderne Technik inzwischen ein gigantisches Potenzial erreicht hat, hat die Menschheit mehr und mehr auch die Möglichkeit, sich selbst zu vernichten. Oberstes ethisches Gebot für Hans Jonas ist somit, dass alles Handeln, was die Menschheit vernichten würde, kategorisch ausgeschlossen wird.

Aber wie sollen wir in ein positives Verhältnis mit der Natur kommen? Schrankenlose Ausnützung ist selbstzerstörerisch – die Natur immer mehr wieder sich selbst zu überlassen ist unrealistisch und auch unethisch gegenüber vielen Menschen, die einfach nur ihre Grundbedürfnisse stillen wollen. Wie schaut der sinnvolle Mittelweg vielleicht aus?

Und geht es nur darum, die Natur zu schützen, weil wir uns weiter als Menschheit erhalten wollen? Oder haben der Eisbär und der Urwaldbaum auch einen Wert in sich? – Wir sollten beides zusammen nehmen: Ja die Natur, die Pflanzen und Tiere haben Wert in sich, sind Schöpfung Gottes. Sie sind nicht nur Mittel zum Zweck der Erhaltung der Menschen. Aber gleichzeitig gilt auch:

Wir Menschen sprechen als vernünftige Wesen Tieren, Pflanzen und Ökosystemen Wert zu. Genauso wie eine Sinfonie von Beethoven in sich wertvoll ist, aber nur als schön erkannt wird, wenn Menschen sich an ihr erfreuen, genauso ist es mit der Natur: Auch für uns Menschen ist es in sich gut, den Wert der Natur zu erkennen, sich an ihm zu erfreuen und ihn zu pflegen. Deswegen gehört Harmonie mit der Natur zu einem guten menschlichen Leben. Und wie kann diese Harmonie mit der Natur aussehen?

Vielleicht ist der Garten oder der Weinberg ein gutes Vorbild: Gartenarbeit oder Winzerarbeit illustriert praktisch, was Harmonie mit der Natur sein kann. Ein guter Winzer oder Gärtner z. B. kennt und respektiert die Möglichkeiten der Natur. Er betrachtet Bäume, Büsche oder Weinstöcke nicht als reines Material. Trotzdem sind seine Eingriffe nicht vollkommen interesselos. Er gibt manchen Pflanzen Wasser, andere gräbt er aus. Er stutzt Bäume oder Weinstöcke, wenn sie zu groß werden. Er legt Gift gegen Schnecken aus. Kurzum, er kanalisiert das Wachstum der Natur, entsprechend einem menschlichen Ideal von Bequemlichkeit und Schönheit. Sein Verhältnis zur Natur ist weder primitiv instrumental noch verbissen aufopferungsvoll. Es ist eine harmonische Beziehung.[49]

Wenn das auch nicht explizit ausgesprochen wird, so zeigt indirekt unser Gleichnis neben vielen anderen Gleichnissen Jesu, dass ein Weinberg, ein Ackerfeld, ein Feigenbaum schon damals ein wertvolles Gut darstellen. Im Weinberg, im Ackerfeld, unter dem Feigenbaum erleben wir Harmonie mit der Natur. Diese Harmonie kann uns auch zu einer Harmonie mit Gott, dem Schöpfer, und mit uns selbst führen. All das haben die Menschen damals unbewusst gewusst. Heute ist es wichtig, dass wir es bewusst wissen, es uns immer wieder bewusst machen und entsprechend danach handeln.

Denn heute ist nicht nur die Gefahr gegeben, dass die Pächter die Knechte und den Sohn ermorden, sondern auch, dass sie den Weinberg selbst mehr und mehr zerstören. Gott schickt uns auch heute noch genügend Hinweise und Warnungen, auf dass wir unser Verhalten ändern, auf dass wir immer weniger ausbeuten und immer mehr die Welt wie ein guter sensibler Gärtner und Winzer pflegen. Weil wir selbst merken: In den Pflanzen und Tieren ist Gottes Lebensatem wie in uns! Das verbindet uns mit allen Lebewesen, und deswegen ist Harmonie mit der Natur auch für uns selbst heilsam!

28. Sonntag im Jahreskreis: Ein Gleichnis im Wandel

Mt 22, 1-14

Konnten Sie diesem Gleichnis, das Sie eben gehört haben, in all den Einzelheiten folgen? Oder ist Ihnen einiges ungereimt gewesen? Zum Beispiel:

Man kann verstehen, dass der König die Mörder seiner Diener bestraft, aber muss er gleich die ganze Stadt vernichten, also auch die Menschen, die damit überhaupt nichts zu tun hatten? Und was ist in der Zwischenzeit mit dem Ochsen und dem Mastvieh geworden? Am Anfang hieß es: Mein Mahl ist fertig, die Ochsen und das Mastvieh sind geschlachtet, alles ist bereit. So eine Stadtzerstörung dauert doch einige Tagen und Wochen. Zur Zeit Jesu konnte man das Fleisch ja nicht einfrieren in der Tiefkühltruhe.

Das dritte seltsame: erst werden Leute von der Straße geholt und eingeladen. Und dann wirft der König einen der Gäste hinaus, der kein Hochzeitsgewand hat. Sind die anderen alle einfach so auf der Straße mit Hochzeitsgewändern herumgelaufen? Sehr unwahrscheinlich!

Diese Ungereimtheiten lassen sich alle leicht erklären, wenn man davon ausgeht, dass Matthäus ein Gleichnis, das Jesus selbst erzählt hat, mit mindestens zwei Erweiterungen versehen hat. Aber wie erzählte Jesus das Gleichnis?

Wahrscheinlich war der Ablauf bei Jesus folgendermaßen:

Mit dem Reich Gottes ist es wie mit einem Mann, der ein Gastmahl ausrichtet und seinen Sklaven ausschickt, um die Gäste einzuladen. Als alles bereitet ist, sendet er den Sklaven aus, um die bereits vorher eingeladenen Gäste aufzufordern zu kommen. Diese entschuldigen sich alle: der eine muss einen Acker kaufen, der andere muss sich um seinen Laden kümmern, der dritte heiratet. Der Gastgeber ist zornig, weil alle absagen. Nun tut er etwas Überraschendes: er befiehlt seinen Sklaven, hinauszugehen und von den Straßen alle einzuladen, die er dort findet. Auf diese Weise wird sein Haus voll.

Zwei wichtige Aussagen verdeutlicht uns Jesus mit diesem Gleichnis:
1. Es gibt Augenblicke im Leben, da musst du alles stehen und liegen lassen und spüren: jetzt ist der richtige Augenblick gekommen, jetzt scheint für mich das Reich Gottes auf. Wenn ich diesen Augenblick verpasse, habe ich mindestens eine ganz wichtige Chance vergeudet.
Es gibt ganz kleine und ganz große Beispiele für solche Augenblicke: Ein kleines Beispiel: der Sohn oder die Tochter sagt zum Vater: Leg die Zeitung weg, ich möchte mit dir spielen. Der Vater legt sie weg und merkt, dass er den ganzen Arbeitsstress weglegen kann und erlebt im Spiel ein Stück Himmel auf Erden.
Ein großes Beispiel: Im Jahre 1979 beginnt es, dass Vietnamesen auf kleinen Booten über das Meer flüchten. Und kein Land in der Nähe möchte sie aufnehmen. Der Journalist Rupert Neudeck hat bis jetzt ein ganz normales bürgerliches Leben mit Frau und zwei Kindern geführt. Aber in diesem Jahr rüttelt ihn das Elend dieser Flüchtlinge. Er schließt sich der Idee einer französischen Gruppe an, mit einem Rettungsschiff die Flüchtlinge auf offenem Meer aufzunehmen und sie damit vor dem oft sicheren Ertrinken zu retten. Daraus erwächst die Hilfsorganisation Cap Anamur. Wie der barmherzige Samariter hat er den richtigen Augenblick begriffen.
2. Aber das Gleichnis sagt uns auch etwas Wichtiges über Gott aus. Gott wird von uns Menschen zwar enttäuscht, aber trotzdem gibt er seine Einladung nicht auf. Der Philosoph Whitehead beschreibt dies wunderbar so: "Gott ist der Poet der Welt, er leitet sie mit zärtlicher Geduld durch seine Vision von der Wahrheit, Schönheit und Güte."
Auf diesen unermüdlichen, geduldigen Gott können wir immer vertrauen. Dieses Gleichnis zeigt sehr schön, dass wir manchmal etwas graben müssen, um an die Aussagen Jesu zu kommen.
Matthäus selbst hat die Aussagen von Jesus erweitert und weiter entwickelt. Dann sagt das Gleichnis etwas aus über die Reaktion der Juden auf die Jünger Christi. Nach der Auferstehungserfahrung möchten die Jünger das Himmelreich, das Reich Gottes,

die frohe Botschaft von Jesus unter den Juden verkünden. Aber: so sagt es das Gleichnis "andere fielen über seine Diener her, misshandelten sie und brachten sie um." Die Stadt, die dann zerstört wird, ist Jerusalem. 70 nach Christi Geburt zerstören die Römer Jerusalem. Für Matthäus ist dies eine Strafe Gottes, weil die Juden Jesus und seine Botschaft nicht annahmen. Diese Deutung können wir heute nicht mehr so stehen lassen. Vielmehr müssen wir von Jesus Christus selbst her und aus den vielen schmerzlichen Erfahrungen, Missverständnissen und Verleumdungen im Verhältnis zwischen Christen und Juden her die Deutung des Matthäus kritisieren. Dann erkennen wir in solchen Passagen die Saat, die dann leider heranwuchs zu Judenverfolgung im Mittelalter und in der Neuzeit.

Dann folgt eine Warnung von Matthäus an seine eigenen Gemeindemitglieder: Auch wenn ihr die Taufe habt und euch Christen nennt, sollt ihr auch danach streben, Christus nachzufolgen und christlich zu leben und zu handeln. Dieser neue Stil des Lebens ist das Hochzeitsgewand. Wer sich nur taufen lässt, und ansonsten nicht in Glaube, Liebe und Hoffnung wächst und den neuen Stil des christlichen Lebens nicht anstrebt, der hat eben kein Hochzeitsgewand an. Dieser soll in die Finsternis geworfen werden!

Spüren Sie nun eine neue Spannung? Das Gleichnis von Jesus zeigte einen Gott, der unermüdlich, geduldig und gütig ist. Dies spürt man beim Gleichnis von Matthäus am Schluss nicht mehr. Wir spüren vielmehr das Bild eines Gottes, der sehr streng urteilt: Denn viele sind berufen, aber nur wenige auserwählt.

Es ist nicht verwunderlich, dass Luther aus einem gesunden Empfinden heraus diesen Text ein schrecklich Evangelium genannt hat. Was ist das für ein Gott, der die Menschen, die er selbst eingeladen hat, am Schluss der Höllenfinsternis überantwortet? Gerade an diesem Gleichnis wird deutlich, wie wichtig die kritische Bibelwissenschaft ist, die uns das ursprüngliche Gleichnis Jesu freilegt. Von diesem ursprünglichen Gleichnis her können wir dann auch die Erweiterungen von Matthäus relativieren und adäquat kritisieren.

29. Sonntag im Jahreskreis: Moderne Wirtschaft nach Goethes Faust II

Mt 22, 15-21
Jesus fragt nach dem Bildnis auf der Münze. Das Bild auf der Münze zeigt den Kaiser. Indem Jesus nach dem Bild fragt, stößt er in das Geheimnis von Geld vor. Wir würden nicht irgendein Metallstück und erst recht nicht irgendein Stück Papier als Geld annehmen. Warum muss auf die Münze das Kaiserbild? Oder noch tiefer gefragt: Wie funktioniert eigentlich Geld? Diese Frage führt uns auch zu den großen Herausforderungen dieser Zeit: die immer wieder auftauchenden Finanzkrisen, die ökologischen Krisen und der Klimawandel und die sozialen Ungerechtigkeiten.

Faust
Eine erste gute Antwort auf die Frage: wie funktioniert eigentlich Geld, gibt uns Binswanger, ein führender Wirtschaftswissenschaftler in seinem Buch „Geld und Magie" über Faust von Goethe. Er zeigt in diesem Buch, dass Goethe im zweiten Teil seines Dramas „Faust" die Grundlagen des modernen Kapitalismus anschaulich dargestellt hat, quasi wie in der Bibel mit einem Gleichnis, einer Lehr-Erzählung.
Der erste Akt beginnt mit Geldmangel. Der Kaiser hat kein Geld. Da kommt von Mephisto der Vorschlag: In der Erde liegt doch noch Gold vergraben. Warum das Gold erst ausbuddeln? Dem Kaiser gehört das Land und er kann Geldscheine drucken, deren Wert ja gesichert ist durch das Gold, das noch im Land vergraben ist. Die Unterschrift des Kaisers auf dem Geld macht den Papierschein wertvoll. Oder besser sollte man sagen: Weil die Leute darauf vertrauen, dass der Kaiser jederzeit das Gold ausgraben könnte, hat dieser Papierschein einen Wert.
Es ist eine Schöpfung aus dem Nichts. Wie früher die Alchemisten versucht haben, aus wertlosem Metall Gold zu machen, so ist die Entstehung des modernen Geldes eine Schöpfung aus dem

Nichts. Das funktioniert aber nur, solange die Menschen an diesen Wert „glauben". Wenn jedoch das Geld nur für Konsum ausgegeben wird, dann besteht die Gefahr der Inflation.

Im vierten und fünften Akt lernen wir Fausts Wirtschaftsimperium kennen: Damit nicht Inflation eintritt, betätigt sich Faust als Unternehmer und lässt die Wirtschaft wachsen. Wenn die Wirtschaft wächst, dann steht dem neu geschaffenen Geld auch eine echte wirtschaftliche Leistung dagegen und der Wert des Geldes verfällt nicht durch Inflation. Faust betreibt Handel über See und trotzt dem Meer durch Deichbau Land ab.

Im vierten Akt wird das Geld unter anderem für den Krieg des Kaisers eingesetzt. An drei typischen Figuren zeigen sich die gefährlichen entfesselten Leidenschaften der Menschen: Raufebold verkörpert die nackte Gewalt, Habebald steht für die Habgier und Haltefest für den Geiz.

Im fünften Akt erleben wir die soziale und ökologische Zerstörung des Faustischen Wirtschaftens. Die Konsequenzen des Wirtschaftswachstums hat Goethe ebenso gleichnishaft beschrieben. Faust möchte sein neu geschaffenes Land von einem Turm aus überblicken. Aber die Hütte und die Linde des alten Ehepaars Baucis und Philomen stehen dabei im Weg. Die Schergen des Mephisto zerstören kurzerhand die Hütte und die Linde und brennen sie ab. Wirtschaftswachstum ist meistens ambivalent: Es bedeutet mehr oder weniger auch soziale und ökologische Zerstörung, Schönheit und Gemeinschaftsleben kann vernichtet werden - die verbrannte Hütte steht symbolisch dafür.

Am Ende des fünften Akts tritt die Sorge als Frau auf. Im Gespräch mit der Sorge muss sich Faust entscheiden: Wird er sich mit der Sorge auseinandersetzen, und damit auch mit den Gefahren der modernen Wirtschaft, mit der Vernichtung des Schönen durch die neue Technik, mit der Ungewissheit der künftigen wirtschaftlichen Entwicklung? Wird ihn das zu einem sorgenden, verantwortungsvollen Umgang führen? Faust stößt die Sorge zurück. Er sucht den Ausweg durch immer mehr Fortschritt in seiner selbstgeschaffenen Welt. Er gibt sich der Utopie des modernen

Menschen hin, dass er alle negativen Folgen der Technik und des wirtschaftlichen Wachstums mit immer mehr Technik und noch mehr Wachstum überwinden könnte. Die Sorge straft ihn mit Blindheit. Faust gibt den Befehl, das letzte Landstück zu entsumpfen. Er sieht nicht mehr, dass sein Befehl nicht ausgeführt sondern sein Grab ausgehoben wird. In seiner Blindheit sieht zwar Faust ein inneres Licht; es ist aber das Licht der Selbstüberschätzung und nicht das göttliche Licht.
Faust wollte immer den Augenblick erleben, zu dem er sagen kann: Verweile doch, du bist so schön. Am Ende des zweiten Teils erreicht er das: Er stellt sich vor, wie sein Imperium in der Zukunft sein wird. Aber dieser Genuss bezieht sich nicht wirklich auf die Gegenwart. Es bezieht sich auf eine mögliche Zukunft, und bei dieser Vision wird die Ambivalenz der Technik und der Wirtschaft ausgeblendet. So hat Goethe mit seinem Faust II schon vieles von der modernen Wirtschaft und ihren Folgen erkannt und visionär vorausgesehen.
Was sagt nun das Evangelium zu dieser Herausforderung?

Jesus und die Frage nach den Steuern
Jesus ist ja in dem Streitgespräch in einer Zwickmühle. Wenn er sagt: Zahlt Steuern, hält er zu den Römern. Wenn er sagt: Zahlt keine Steuern, kann er als Aufrührer festgenommen werden. Geschickt überspringt er die Zwickmühle, das ausweglose Entweder-oder durch seine berühmte Antwort: Gebt dem Kaiser was des Kaisers ist und Gott was Gottes ist. Wir sollten daraus zwei Impulse herauslesen.
Der spirituelle Impuls: der Kaiser wollte Frieden schaffen im römischen Reich. Aber wahrer Friede kommt nur von Gott. Ebenso will das kapitalistische System Reichtum und Sicherheit schaffen durch Versicherungen und mehr Technik. Aber wahrer Reichtum und echte Sicherheit in allen Situationen finden wir nur bei Gott. Immer mehr Technik bringt nicht immer mehr Sicherheit. Ein Beispiel: Die ganze Elektronik in den neuen Autos verspricht

mehr Sicherheit, aber inzwischen gibt es schon Hacker, die die Elektronik von Autos manipulieren.
Ein Dogma der modernen Gesellschaft sollten wir aus spirituellen und aus tatsächlichen Erfahrungen umstürzen: Wirtschaftswachstum bringt mehr Wohlstand und glücklichere Menschen hervor. In den 50er und 60er Jahren nach dem Krieg traf dieser Zusammenhang in Europa zu. Auch in vielen Entwicklungsländern wächst Wohlstand und Zufriedenheit durch Wirtschaftswachstum, wenn nicht durch neue Wirtschaftsformen die alten sozialen Sicherungen zerstört werden. Immer mehr kritische Stimmen mehren sich, dass Wirtschaftswachstum nur unsere ökologischen Probleme verschärft aber nicht wirklich mehr echten Wohlstand und glücklicheres Leben ermöglicht. Aber wie soll eine Wirtschaft und eine Gesellschaft ohne ständiges Wirtschaftswachstum funktionieren? So komme ich zu dem zweiten Impuls der heutigen Bibelstelle
Der kreative Impuls: Jesus ist in einer Zwickmühle. Aber er übersteigt die Zwickmühle kreativ. In der modernen Wirtschaft sind wir immer wieder in solchen Zwickmühlen. Wir haben den Eindruck wir können nur noch entscheiden zwischen Pest und Cholera, zwischen Scylla und Charybdis.
Wir brauchen neue Lösungswege, die die alten Zwickmühlen übersteigen. Und wenn ich mir vergegenwärtige, wie viele wertvolle Bücher über Wirtschaft, Gesellschaft und Ökologie es gibt, wird mir klar, dass es genügend Menschen gibt, die zu solchen kreativen Lösungen wertvolle Bausteine beitragen. Sie müssen nur aufgegriffen werden von der Wirtschaft und von der Politik. Damit das möglich ist, müssen einige grundsätzliche Dinge klar sein:
1. Es gibt verschiedene Arten von Marktwirtschaften und es gibt verschiedene Möglichkeiten, Spielregeln für die Wirtschaft aufzustellen. Die Politik hat die Aufgabe, die Spielregeln so zu verändern, dass es gerechter zugeht.
2. Als Christen verstehen wir Gerechtigkeit nicht wie viele neoliberale Leute insbesondere in den USA: Gerecht ist, wenn die

Schwachen wenig Geld verdienen und die Starken viel Geld verdienen. Gerecht ist wie in der Evolution: Die schwachen Tiere müssen sterben. Auch wenn viele in den USA die Evolutionslehre ablehnen. In der Wirtschaft denken sie darwinistisch! Die katholische Soziallehre hat dieses Denken immer angeprangert. Solidarität gehört zur Gerechtigkeit. Natürlich darf und muss es Unterschiede geben. Nur wenn die Schere zwischen Arm und Reich zu stark auseinander geht, ist der soziale Friede gefährdet.

3. Die realen Märkte laufen nicht so ab wie die idealen Vorstellungen der Wirtschaftswissenschaftler. Bei den liberalen Wirtschaftswissenschaftlern ist der Markt das alles ausgleichende System, es führt alles zum Guten, erschafft sozusagen die beste aller möglichen Welten. Gerade die Finanzmärkte aber haben nun oft genug gezeigt, dass sie durch ihre komplexen Vernetzungen zu unberechenbaren Verhalten tendieren.

4. Das Weiterso führte Faust in den Tod, das Weiterso unserer jetzigen zerstörerischen Art des Wirtschaftens führt zum Kollaps. Ich kann nur zu kreativen Lösungen und Änderungen kommen, wenn ich mir bewusst bin

1. Ich kann etwas ändern, ich habe die Möglichkeiten dazu!
2. So wie es jetzt ist, ist es nicht gerecht, nicht gut!
3. Meine alten Theorien über die Wirklichkeit stimmen nicht!

Beten wir darum, dass genügend Menschen sich dieser Herausforderungen annehmen und dass der Heilige Geist uns hilft, die Zwickmühlen der modernen Wirtschaft zu übersteigen.

30. Sonntag im Jahreskreis: Balance zwischen Selbstliebe und Nächstenliebe durchdacht mit der gewaltfreien Kommunikation

Siehe „Exerzitien der Nächstenliebe":

----

31. Sonntag im Jahreskreis: Müssen umdeuten

Siehe „Exerzitien der Nächstenliebe":

32. Sonntag im Jahreskreis: Innere Quelle nach Rahner, Ignatius und Teresa von Avila

Mt 25, 1-13
Wer dieses Gleichnis hört, könnte sich folgendes fragen: Warum geben die klugen Jungfrauen nichts ab? Soll man nicht teilen? Denken wir nur an fünf Brote und zwei Fische, die geteilt alle satt werden ließ. Vielleicht steht das Öl für etwas, das man nicht teilen kann. Brot, Fisch, Wein, Geld usw. kann man teilen, aber es gibt auch Dinge, die man nicht abgeben kann: die eigene Verantwortung, die eigenen Begabungen, die eigene Lebensgeschichte.
Vielleicht gaben die klugen Jungfrauen deswegen kein Öl ab, weil dieses Öl nicht teilbar ist. Für was könnte das Öl stehen? Für die eigene Wachsamkeit, für das eigene offene Herz, für meine Beziehung zu Christus? – man sieht schon: das Gleichnis kann man, wie so viele Gleichnisse Jesu, verschieden auslegen.
Aber ich frage noch mal etwas weiter: Warum müssen die törichten Jungfrauen zu Händlern gehen? Muss man das Öl immer von jemand anders holen? Muss man immer woanders hingehen, um bei einem anderen das Öl zu kaufen? Warum kann man nicht selber das Öl finden, vergraben im Boden, oder aus Pflanzen selbst herstellen? Diese Fragen klingen vielleicht etwas abwegig. Aber: Diese Fragen führen mich zu einem anderen Gleichnis, das nicht von Jesus stammt, sondern von Teresa von Avila: - Vielleicht können beide Gleichnisse sich gegenseitig erhellen.
Teresa schreibt in ihrer „Inneren Burg": „Stellen wir uns, um es besser zu erfassen, zwei Brunnenbecken vor, die sich mit Wasser füllen. […] Diese zwei Brunnenbecken nun füllen sich auf verschiedene Weise. Bei dem einen kommt das Wasser von weither durch viele Röhren, mittels kunstvoller Vorrichtungen; das andere aber ist unmittelbar dort erbaut, wo das Wasser, entspringt, und es füllt sich völlig lautlos. Ist die Quelle, reichhaltig, wie die,

von der wir reden, so fließt, wenn das Becken gefüllt ist, ein starker Bach daraus hervor. Man braucht da keine Kunst, und der Zufluss versiegt nicht, sondern immer quillt Wasser daraus hervor." Das durch Röhren herbeigeleitete Wasser gleicht nach Teresa den Gaben, die wir z. B. durch Bibellektüre und durch religiöse Lektüre bekommen. Wir müssen unseren Verstand anstrengen, aber dann haben wir neue religiöse Einsichten. Von woanders her kommt das Wasser.

Wenn wir aber in die Stille lauschen, wenn wir uns direkt an Jesus Christus wenden, wenn wir vor ihm oder mit ihm verweilen können, wie z. B. im kontemplativen Gebet, dann, so sagt Teresa „strömt das Wasser unmittelbar vom Quellort zu - nämlich von Gott -, und sowie Seine Majestät nach eigenem Gefallen eine übernatürliche Gnade erweisen will, quillt es friedvoll und mit größter Ruhe und Sanftheit aus dem tiefsten Inneren unseres eigenen Wesens empor - ich weiß weder wo noch wie. […] Dieses Wasser läuft über und durchströmt alle Wohnungen und Seelenkräfte, bis es zum .Körper gelangt."[50]

Karl Rahner hat in seiner fiktiven Rede des Ignatius von Loyola an einen Jesuiten von heute dieses Bild von Teresa aufgegriffen und wunderbar ausgedeutet. Rahner legt Ignatius folgende Worte in den Mund:

„Ich möchte nur, was ich eben meinte, nochmals in einem Bild verdeutlichen. Da ist der Boden eines Herzens. […] Die Kirche, so kann es einem scheinen, errichtet ungeheure und komplizierte Bewässerungssysteme, um das Land dieses Herzens zu bewässern und fruchtbar zu machen, durch ihr Wort, ihre Sakramente, ihre Einrichtungen und Lebenspraxen. Nun sind alle diese „Bewässerungssysteme", wenn man einmal so sagen darf, sicher gut und notwendig […]. Neben diesen gleichsam von außen kommenden, von außen eingeleiteten Wassern, die dieses Land der Seele tränken sollen […], gibt es gewissermaßen eine Tiefenbohrung auf diesem Land selbst, so daß aus einer solchen Quelle […] inmitten dieses Landes selbst die Wasser des lebendigen Geistes

emporsprudeln [...]. Wie gesagt, das Bild ist schief; es gibt keinen letzten Gegensatz zwischen dieser eigenen Quelle und dem "Bewässerungssystem" von außen her. Selbstverständlich bedingen sich diese beiden Wirklichkeiten gegenseitig. [...]
Aber, eigensinnig betone ich es immer wieder: solche Indoktrinationen [das meint: Belehrungen] und solche Imperative von außen, solche Zuleitungen der Gnade von außen nützen im letzten nur, wenn sie der letzten Gnade von innen her begegnen. Diese war meine eigentliche Erfahrung seit meinen eigenen ersten "Exerzitien" in Manresa, wo mir die Augen des Geistes aufgetan wurden und alles gesehen werden konnte in Gott selbst. Diese Erfahrung wollte ich durch die Exerzitien, die ich gab, andern vermitteln."[51]

Das Wasser im Gleichnis von Teresa und Rahner und das Öl im Gleichnis Jesu könnte für dasselbe stehen: die Erfahrung Gottes, der Kontakt mit Gott.

Und wenn wir beide Gleichnisse so kombinieren, ergibt sich für mich folgendes Fazit:

1. Du bekommst den Glauben erst durch andere vermittelt, und all dieses Wasser, das über Wasserleitungen Dir zukommt, solltest Du wertschätzen und aufnehmen, so wie Pflanzen Wasser aufnehmen, damit Deine Seele wachse, damit Deine innere Lampe weiter brenne.

2. Aber suche auch nach dem eigenen Brunnen in Dir. Du kannst Gottes Gegenwart in Dir erfahren. Versenke Dich in die Stille in Dir, schau still auf Jesus Christus und entdecke den Heiligen Geist in Dir. Schau auf Dein Leben, und entdecke, wie in Deinem Leben, Deinem Alltag, in Deinen Mitmenschen Gott zu entdecken ist.

3. Halte den Kontakt zu Gott wach. Halte Deine Sehnsucht, ihn immer neu zu suchen, wach. Lass die Lampe nicht ausgehen. Immer wieder wird es helfen, neues Öl zu kaufen, aber vielleicht entdeckst Du auch einiges Öl in Dir, mit dem Du die Lampe deines Herzens brennen lassen kannst.

33. Sonntag im Jahreskreis: Ein Gleichnis vom brutalen Kapitalismus

Mt 25, 14-30

Ich möchte Ihnen am Anfang eine Episode aus dem Buch "Kapitale Lügner. Eine faire und ausgewogene Betrachtung von Bush und seinen Neokonservativen" von dem Journalisten und Lehrer an der Harvard University Al Franken erzählen. Sie werden bald merken, dass das etwas mit unserem Evangelium zu tun hat.
Es gab einmal in Newsweek eine Titelgeschichte "Bush und Gott", in der berichtet wird, dass George W. Bush junior mit dem Handelsminister früher einmal einen Bibelkreis in Midland besucht habe. Zwei Jahre lang lasen sie in der Gruppe die Apostelgeschichte, jede Woche ein neues Kapitel.
Auf einer Party spricht also Franken den Handelsminister Evans wegen der Newsweek Titelgeschichte und dem Bibelkreis an: "Dann wissen Sie also, worum es in der Apostelgeschichte geht. Sie haben Sie ja gelesen im Bibelkreis". Da sah er etwas unbehaglich aus. Lange Pause. Dann: "Nein" Nun, Al Franken erzählt Evans das Wichtigste aus der Apostelgeschichte und fragt ihn, warum diese beiden Kapitalisten gerade das geradezu sozialistische Traktat Apostelgeschichte ausgewählt haben. Immerhin ermahnt Lukas immer sehr scharf die Reichen und fordert sie auf, ihren Reichtum mit den anderen zu teilen. Evans lächelte: "Aber in der Apostelgeschichte steht auch Jesu Gleichnis von den Talenten." "Nein", sagte Al Franken "das steht bei Matthäus."
Und er schließt mit seiner Erkenntnis: Wenn die neokonservativen Turbokapitalisten jemals etwas aus der Bibel zitieren, ist es das Gleichnis von den Talenten. Konservative verstehen es als Aufforderung, sich möglichst zu bereichern.
Im Schlussteil des Dreigroschenromans von Berthold Brecht wird das Gleichnis ebenso kritisiert: Als Rechtfertigung jeglicher Art von Profit und Ausbeutung. Was ist mit den Armen, die mit ihren

Begabungen nicht wuchern können, weil sie kein Kapital haben und weil sie keine Gauner sind!? So fragt Brecht kritisch!

Sie sehen: Wir stehen vor einem schwierigen Gleichnis. Wenn das Gleichnis für sich genommen wird und nicht mehr im Kontext der Predigt Jesu verstanden wird, kann es leicht falsch verstanden werden, kann es leicht sogar dafür benutzt werden, Ungerechtigkeiten und Unterdrückung zu unterstützen und die Reichen zu stärken.

Können wir einen positiven Sinn aus dem Gleichnis herausfinden? Vielleicht folgenden: Wenn wir uns das Gespräch zwischen dem dritten Sklaven und dem Herrn anschauen und uns bewusst machen, dass es um das Verhältnis zwischen Mensch und Gott geht, dann fällt auf, dass der dritte Sklave aus Angst handelt. Er ist auf Sicherheit bedacht. Aus Angst, etwas falsch zu machen, unternimmt er am Ende überhaupt nichts mehr. Dann könnte das Gleichnis eine Ermutigung sein, in der Nachfolge Jesu Christi nicht ängstlich zu sein sondern mit Elan und Risikobereitschaft immer neu zu beginnen. Gleichzeitig würde in dieser Deutung auch eine Warnung vor einem falschen Gottesbild sein: Wer sich Gott als hart bestrafend und ungerecht Anspruch erhebend vorstellt, stellt sich nicht den Gott Jesu vor - sondern er verfällt in Angst. Vielmehr schenkt Gott uns Talente, Paulus sagt dazu Charismen, also wertvolle Eigenschaften. Und diese Gaben sind auch eine Aufgabe an uns, sie in der Nachfolge Jesu zum Wohl der Mitmenschen einzusetzen.

Aber das Gleichnis bleibt schwierig, ja gefährlich missverständlich. Deswegen redet der Theologe Luz im evangelischen-katholischen Kommentar, den zurzeit führenden Kommentar zum Matthäusevangelium, von zwei Schwächen im Gleichnis und sagt ganz deutlich. Das Gleichnis für sich ist missverständlich.

Die zwei Schwächen sind folgende: bei der Nachfolge Jesu geht es letztlich um Liebe. Aber das Gleichnis versetzt uns in die Welt der Kleinkapitalisten. Zwischen der Bildhälfte und den wohl gemeinten Sinn gibt es schon einen Berührungspunkt: Mut und Risikobereitschaft und Elan zeichnen sowohl die Liebe in der Nachfolge Jesu aus als auch den Kleinkapitalisten, der aus seinem Kapital mehr Geld machen möchte. Aber ansonsten verbindet fast nichts die Bildhälfte und den gemeinten Sinn. Außerdem lässt das Gleichnis auch offen, warum die Liebe keine Angst zu haben braucht. Denn das Gleichnis beantwortet nicht eindeutig die Frage nach dem richtigen Gottesbild. Wenn es bei der Abrechnung im Gleichnis um die Abrechnung im kommenden Gericht geht, dann lässt das Gleichnis - nur das Gleichnis für sich genommen - es letztlich unentschieden, ob Gott nicht doch profitgierig und hart ist, wie der dritte Sklave denkt.

Die meisten Gleichnisse beginnen mit dem Satz: Mit dem Reich Gottes ist es wie mit... Oder bei Matthäus heißt es: Mit dem Himmelreich ist es wie mit ... Das Gleichnis von den Talenten beginnt nicht mit dieser Einleitung. Soll dieses Gleichnis also gar nichts über das Reich Gottes aussagen? Im Kommentar vom Katholischen Bibelwerk Stuttgart finden wir folgende Auslegung: „Dieses Gleichnis, das die ganze Brutalität und Rücksichtslosigkeit antiker Herrschaftssysteme offen legt, arbeitet mit dem Effekt der Verfremdung. Die in dieser Erzählung enthaltene Logik ist nicht die der Herrschaft Gottes. Die Skrupellosigkeit, die Politik und Wirtschaft beherrscht und die auch dieses Gleichnis widerspiegelt, widerspricht dem Bild der Gottesherrschaft wie Lukas sie in seinem Evangelium beschreibt. Diese darf keinesfalls auf die Herrschaft Gottes übertragen werden."[52]

Das Gleichnis von den Talenten beziehungsweise den Minen bei Lukas als eine kritische Abrechnung mit dem Gegenteil des Reiches Gottes, mit den Unterdrückungssystemen dieser Welt – harter Tobak. Mit dieser Verständnis-Brille wird auf einmal alles ganz verständlich und einsichtig im Gleichnis: Die Unbarmherzigkeit und Ungerechtigkeit des Herrn, die Angst des dritten Sklaven und dass im Lukasevangelium erzählt wird, dass der Herr von seinen Untertanen gehasst wird.

Republikanische Politiker mögen sich als christlich bezeichnen; wenn sie sich nur auf dieses Gleichnis beziehen können, dann

müssen sie mit der kritischen Frage konfrontiert werden, ob sie überhaupt etwas vom Wesen des Christentums und der Lehre Jesu verstanden haben, oder ob sie eigentlich einem Denken folgen, das Jesus gerade überwinden will!
Bezieht sich nun das Gleichnis auf das Reich Gottes oder auf unterdrückerische Machtsysteme der Menschen? Was meinen Sie?

Christkönig: Dominanz oder Kooperation?

Mt 25, 31-46
Einem Hungrigen Essen geben, einem Durstigen zu Trinken geben, einem Fremden Gastfreundschaft anbieten, einem Armen Kleider geben, einen Kranken besuchen... Ist der Mensch so gebaut, dass er das aus seinem Wesen heraus eigentlich tun würde? Unterstützen wir andere Menschen gerne, wenn wir es aus freiem Willen tun können? Oder ist der Mensch in seiner Grundtendenz selbstsüchtig und gewalttätig?
Dominanzmodell Nach dem Theologen Walter Wink und der Friedensforscherin Riane Eisler tendiert die Menschheit seit fast 10 000 Jahren eher zum zweiten Menschenbild. Was muss man tun, wenn wir Menschen als selbstsüchtig und gewalttätig verstehen? Dann müssen Menschen kontrolliert werden! Aber wer kontrolliert? Also müssen wir durch Vergleichen und Urteilen die Besseren herausfinden. Die müssen kontrollieren! Mit Strafen, Schuldgefühlen und Angst kann man dann Menschen lenken!
Wie erreicht man Frieden in diesem sogenannten Dominanzmodell? Durch Gewalt, Bestrafung, Androhung von Gewalt und Bestrafung!
Wenn wir uns Filme im Fernsehen und im Kino vergegenwärtigen, dann wird uns bewusst, dass sehr viele Filme dem Weltbild huldigen, dass wir durch Gewalt Frieden erreichen können. Und wir haben einen Gefallen daran, wenn ein starker Kerl Ordnung schafft!
Wer mit Unterdrückung, Drohung und Strafe aufgewachsen ist, verlernt die Freude am freiwilligen Unterstützen. Das Dominanzsystem schafft sich die Menschen, die es vermutet: selbstsüchtige und gewalttätige...
Aber wir sind hin und her gerissen! Gute Lehrer wissen: Allein durch Strenge, durch Strafen und Belohnungen erreicht man nicht kreatives, freudiges, harmonievolles Lernen. Wer aber aufgeschlossen für die Sorgen und Freuden, Hoffnungen und Bedürf-

nisse der Schüler offen ist, wer dialogisch Ordnung im Klassenzimmer erarbeitet, erreicht viel mehr. Die Frage, ob man mehr nach dem einen oder anderen Menschenbild leben soll, durchzieht alle Gesellschaftsbereiche. Dominanz oder Kooperation... das ist die Frage!

Die große Einladung An dem Fest Christkönig schauen wir auf das Ganze der Botschaft Jesu! Wenn der Menschensohn in jedem Menschen zu entdecken ist, dann lädt uns das ein, andere Menschen zu unterstützen – denn sie sind wie ich, sie haben die gleichen Bedürfnisse.

Wir können Jesu Christi Botschaft, Leben, Sterben und Auferstehen als große Einladung Gottes verstehen, endlich damit aufzuhören, dass Gewalt und Dominanz zu wahrem Frieden und lebendiger Ordnung führt.

Wir sollen dienen statt herrschen und unterdrücken. Jesus warnt uns davor, wie die Herrscher der Welt zu handeln. Wir sollen nicht verurteilen und damit Hierarchien aufrichten. Hierarchien trennen vermeintlich die Besseren von den Schlechteren, so dass der einzelne Mensch mit seinen Sorgen und Freuden verdrängt wird. Jesus wandte sich gerade denen liebend zu, die vom Herrschaftssystem als böse und falsche Menschen ausgegrenzt wurden. Jesus möchte die Pharisäer und Schriftgelehrten, die das Dominanzmodell religiös denken und leben, provozieren, ihr Weltbild zu überdenken. Denken wir an Jesu Gespräch mit dem Pharisäer Simon, als eine Frau seine Füße wäscht. Oder als Jesus den reuigen Zöllner in der Synagoge lobt und den selbstgerechten Pharisäer in Frage stellt.

Hat sich die Gewaltlogik nicht doch durchgesetzt? Ist die Kreuzigung nicht ein frustrierender Ausgang? Wir sollten nicht zu schnell auf Ostern verweisen und es uns einfach machen: Natürlich hat die Güte Gottes gesiegt.

Denn in der Geschichte geht bis heute das Hin und Her zwischen Dominanz oder Kooperation weiter. Selbst die Kirche ist in dieses Hin und Her hineingerutscht – nicht selten unterstützten Priester und Bischöfe und Päpste die Herrscher, die mit Gewalt ihre

Macht zementierten. Sie selbst baute ein Herrschaftssystem auf, um die angeblich in ihrem Wesen bösen und total verdorbenen Menschen zu führen.

Doch wir haben inzwischen Menschenrechte postuliert, die Sklaverei von Schwarzen überwunden, den Dialog sowohl in Kirche als auch Gesellschaft neu entdeckt. Aber auch nach den zwei Weltkriegen gab es einfach zu viel Kriege, als dass man der Illusion verfallen könnte, die Gewaltlogik und das Dominanzmodell wären überwunden. Nein das Kreuz setzt sich in der Geschichte fort. Und die Erlösung von der Gewalt steht noch aus.

Aber trotzdem sind einige Dinge verändert: Jesus Christus hat uns ermahnt, dass das Unkraut nicht durch Herausreißen zu überwinden ist. Er lädt uns ein, in Freiheit uns gegenseitig zu unterstützen, uns gegenseitig die Füße zu waschen. Er hat auf Macht und Gewalt nicht mit Macht und Gegengewalt sondern mit Ohnmacht und Verzeihen geantwortet. Er wurde auferweckt, damit wir alle sehen, dass letzlich nie die Gewalt sondern die Liebe durch Gottes Kraft siegt.

Christus hat heute keine Hände außer unseren Händen, um die Hand zur Hilfe, zur Kooperation, zum Frieden, zum Heilen, zum Verzeihen, zum Segnen zu reichen.

Wenn wir sie ausstrecken, geben wir im Nächsten letztlich Christus die Hand. Und sein Geist gibt uns bis zum Ende der Menschheitsgeschichte die Kraft, immer wieder neu die Hand zur Versöhnung und zum Neubeginn auszustrecken.

Allerheiligen: Alle Heilige sind Jazzimprovisatoren von Jesu Melodien

In der Jazzmusik gibt es so genannte Jazzstandards, Melodien, musikalische Themen, die immer wieder gerne von den verschiedensten Jazzmusikern aufgegriffen werden: Night and day, oder Summertime aus Porgy und Bess, oder Caravan usw. Wenn ich Ihnen nun einige Melodien vorsingen oder vorpfeifen würde, würden Sie sicherlich viele erkennen.

Aber noch viel interessanter ist es, die verschiedenen Interpretationen von einem bekannten Jazzstandard zu vergleichen: Miles Davis spielt und versteht es anders als Keith Jarrett, und der wieder anders als Oscar Peterson. Die Melodie entfaltet in dieser Vielfalt der Interpretationen ihren ganzen Reichtum, ihr ganzes Potenzial.

Sie können natürlich auch die Melodie in einen Computer als Noten eingeben und dieser gibt exakt die einzelnen Noten wieder. Aber so eine leblose immer gleiche Wiederholung möchte keiner hören.

Ist es mit den vielen Heiligen nicht ähnlich wie mit der Vielfalt der Interpretationen eines bekannten Jazzstandards? Wenn ich diesen Vergleich mal ausmalen darf, dann kann ich sagen: Jesus hat uns mit seinen Worten und seinen Taten und seinem Leben uns eine Sammlung von Melodien geschenkt. Die verschiedenen Heiligen haben diese Melodien in ihrem Leben aufgegriffen, interpretiert und improvisatorisch umgesetzt.

Wer die Heiligen studiert, sich in ihr Leben, in ihre Worte und Taten vertieft, dem erschließt sich der ganze Reichtum, das ganze Potenzial der Melodien Jesu Christi.

An den Heiligen können wir studieren, dass Nachfolge nicht heißt, die Noten einer Melodie exakt zu wiederholen, wie ein Computer eine Melodie wiedergibt. Vielmehr treibt der Heilige Geist uns an, die Melodien Jesu aufzugreifen, zu interpretieren und improvisatorisch fortzusetzen in unserem eigenen Leben.

Nehmen wir zum Beispiel die Aussendung der Jünger: Jesus gebot ihnen, keinen Wanderstab, keine Vorratstasche, kein Brot, kein Geld und kein zweites Hemd mit auf den Weg mit zu nehmen vgl. Lk 9,3. „Die normale Reiseausrüstung in der Antike besteht aus Schuhen, Mantel, Reisesack und Stock. Letzterer ist eher als Prügel vorzustellen und dient dazu, unterwegs wilde Tiere oder Räuber abwehren zu können. Im Reisesack wird außer Geld vor allem Proviant verstaut. Der Mantel dient nicht nur als Schutz gegen Regen, sondern auch als Decke in der Nacht. Schuhe sind insbesondere im gebirgigen Galiläa wichtig."[53] Die Jünger dürfen nur einen Mantel mitnehmen. Ohne Reisesack sind sie gezwungen, Menschen um Verpflegung zu bitten. Wenn sie dann an eine Tür klopfen und dem Hausherrn Frieden wünschen, sehen diese schon an ihrer Erscheinung, dass sie mit Gottvertrauen und friedlicher Gesinnung anklopfen: Kein Knüppel zur Verteidigung dabei und ohne Schuhe nicht einmal zu einer schnellen Flucht fähig. Damit würden die Jünger schon durch ihre Erscheinung verkünden: wer so lebt, vertraut dem Reich Gottes, das anbricht. Ihr Lebensstil wäre die erste Verkündigung, das kann dann zu einem Gespräch über Gott und sein Reich anregen. Damals war es wirkungsvoll, so die Botschaft vom Reich Gottes den Menschen weiter zu geben. Heutzutage in Deutschland wäre eine solche Mission undenkbar. Es wäre absurd, ohne Schuhe usw. zu zweit von Haus zu Haus zu laufen. Die Aktionen der Zeugen Jehowas sind schon lächerlich genug.

Aber es geht ja letztlich darum, den Sinn, den Geist hinter diesen Anweisungen zu erfassen und ihn in die passende Zeit und den passenden Kontext zu übersetzen. Franziskus z. B. war inspiriert von dieser Stelle. Er las darin besonders die Anregung, arm zu leben. Die Armut mit Hingabe zu leben, das war sein Verständnis dieser Stelle. Und diese Interpretation hatte immense Ausstrahlungskraft in seiner Zeit, in der die Kirche gerade wegen dem überbordenden Reichtum der Kleriker unglaubwürdig geworden war. Er konnte neu das Feuer der Botschaft vom Gottvertrauen

und vom Reich Gottes für die Armen und Ausgestoßenen entfachen. Äußerlich schaut es so aus, als ob Franziskus einfach wortwörtlich die Anweisung Jesu umsetzen würde: Kein Stab, kein Geldbeutel usw. Aber erstens geht Franziskus nicht wie die Jünger von Haus zu Haus und zweitens ist der Kontext ein anderer: In der Welt des Mittelalters setzt sich Franziskus mit seinem einfachen Habit deutlich von Mächtigen und Wohlgekleideten in der Kirche ab.
Franziskus hat den tiefen Sinn, den Geist hinter dieser Anweisung Jesu erkannt, ihn passend zu seinem Naturell lebendig gemacht und passend in seine Zeit übersetzt und in seinem Leben umgesetzt. Und das ist auch unsere Herausforderung: Jesu Melodien aufgreifen, interpretieren in der heutigen Zeit und passend zu uns improvisatorisch umsetzen.
An diesem Beispiel erkennen wir noch ein weiteres: Die Heiligen zeigen uns nicht nur die Vielfalt an Möglichkeiten, Christus nachzufolgen. Viele Heiligen sind auch kritischer Maßstab und prophetische Mahner in einer Kirche, die auf Irrwegen ist. Denken wir nur an Katharina von Siena, die die Kirchenspaltung verhindert und bewirkt, dass der Papst wieder nach Rom zurückkehrt. Oder an den Jesuiten Friedrich Spee, der mit seiner Widerlegung des Hexenhammers die Verbrennungen von angeblichen Hexen beendet. Oder Bischof Ketteler, der die soziale Bedeutung der christlichen Botschaft gerade in einer kapitalistischen Gesellschaft bewusst machte
Paulus schreibt im Kolosserbrief: „Jetzt freue ich mich in den Leiden, die ich für euch ertrage. Für den Leib Christi, die Kirche, ergänze ich in meinem irdischen Leben das, was an den Leiden Christi noch fehlt." Kol 1,24. Ich möchte erweiternd sagen: Die Heiligen ergänzen durch ihr Leben, Lehren und Wirken, was in der Botschaft des Evangeliums noch „fehlt" – fehlt in Anführungszeichen. Denn natürlich kommen alle wesentlichen Impulse für ein christliches Leben von Jesus Christus. Aber wie man diese

in immer neue Kontexte übersetzen kann, wie das Feuer der Botschaft neu entfacht werden kann, wie vielfältig das Reich Gottes unter Menschen wachsen kann – das lehren uns alle Heiligen.

Das ist ein großer Reichtum, für den ich dankbar bin. Deswegen ist es auch für das christliche Leben jedes einzelnen aber auch für die Kirche als Ganzes wertvoll und wichtig, Biographien, Predigten und Texte von Heiligen zu lesen und an ihren Gedenktagen auf das Feuer ihrer Begeisterung für Christus zu schauen, damit die Heiligen unseren Elan bestärken, unseren Blick weiten und unser Irrwege aufdecken mögen.

Anmerkungen

[1] Jon Sobrino: Der Glaube an Jesus Christus. Eine Christologie aus der Perspektive der Opfer, 2008, S. 432.
[2] Ders., S. 419.
[3] Ders., S. 420.
[4] Ders., S. 433.
[5] Vgl. Leonardo Boff: Kleine Sakramentenlehre, 1991. Sendung Katholische Welt: Heilendes Erzählen, 30.5.13.
[6] Elmar Klinger: Begegnungen im Advent. Die Geburt eines neuen Menschen, 1997, S. 37.
[7] Vgl. Karl Rahner: Das große Kirchenjahr, hg. Albert Raffelt, 1987, S. 100.
[8] Vgl. Karl Rahner: Das große Kirchenjahr, hg. Albert Raffelt, 1987, S. 97.
[9] Vgl. Karl Rahner: Das große Kirchenjahr, hg. Albert Raffelt, 1987, S.100.
[10] Vgl. Ama Samy: Zen. Erwachen zum ursprünglichen Gesicht, München 2002, S.87-92.
[11] Vgl. Mit Geschichten durchs Jahr. Ein literarischer Kalender mit 365 Geschichten, ausgewählt von Daniel Kampa, 2011, 1.1.
[12] Vgl. Peter De Jong/Insoo Kim Berg: Lösungen (er)finden, 2003.
[13] WuUdB 2/2013, S.11.
[14] WuUdB 2/2013, S.11.
[15] Jon Sobrino: Der Glaube an Jesus Christus. Eine Christologie aus der Perspektive der Opfer, 2008, S. 391.
[16] Adolf Martin Ritter: Alte Kirche. Kirchen- und Theologiegeschichte in Quellen, 1991, S.183.
[17] WuUdB 2/2013, S.14.
[18] Jon Sobrino: Der Glaube an Jesus Christus. Eine Christologie aus der Perspek-tive der Opfer, 2008, S. 448.
[19] Loriots Kleiner Opernführer, 2007, S. 73.
[20] Loriots Kleiner Opernführer, 2007, S. 80.
[21] Geck, Martin: Von Beethoven bis Mahler, 1993, S. 296 und 298.
[22] Yamada Koun Roshi: Hekiganroku Band 1, 2002, S. 274.
[23] A. N. Whitehead: Prozeß und Realität. Entwurf einer Kosmologie, Suhrkamp 1979, S. 618.
[24] A. N. Whitehead: Prozeß und Realität. Entwurf einer Kosmologie, Suhrkamp 1979, S. 613.
[25] Alain Badiou, Slavoj Zizek: Philosophie und Aktualität, 2012, S.17.
[26] Alain Badiou, Slavoj Zizek: Philosophie und Aktualität, 2012, S.24.
[27] Jon Sobrino: Der Glaube an Jesus Christus. Eine Christologie aus der Perspektive der Opfer, 2007, S. 324.

[28] Jon Sobrino: Der Glaube an Jesus Christus. Eine Christologie aus der Perspektive der Opfer, 2007, S. 331 Sobrino
[29] Lebert, S.: Die fragile Mechanik der Seele, in: Die Zeit 16/05 Dossier.
[30] Vgl. Almaas: Essentieller Verwirklichung, 1998, Artikel: Theorie der Löcher.
[31] Aufrichtige Erzählungen eines russischen Pilgers, 1961, S.12.
[32] Aufrichtige Erzählungen eines russischen Pilgers, 1961, S.14.
[33] Kleine Philakolie, 1997, S. 133.
[34] Vgl. Mysterium salutis Bd 2, 1967, Artikel Rahner zu Trinität S. 369-399.
[35] Vgl. Rahner: Überlegungen zum personalen Vollzug des sakramentalen Geschehens, S.458ff. Sämtliche Werke Karl Rahners Bd.18.
[36] Vgl. radioWissen BR2, 5.2.2013: Die Heldenreise
[37] Bernard Jakoby: Die Brücke zum Licht. Nahtoderfahrung als Hoffnung, 2002. Seite 39.
[38] Bernard Jakoby: Die Brücke zum Licht. Nahtoderfahrung als Hoffnung, 2002. Seite 37.
[39] Bernard Jakoby: Die Brücke zum Licht. Nahtoderfahrung als Hoffnung, 2002. S.55
[40] E. Lukas: Rendezvous mit dem Leben, S.14.
[41] Vgl. Matthias Wörther: Als ich noch älter war. Durch Dogmen das Leben entdecken, 1996.
[42] Vgl. Christ und Welt, Nr. 44 und 45/2013. Herders Theologischer Kommentar zum Zweiten Vatikanischen Konzil, Bd. 4, 2004.
[43] Gilles Deleuze: Differenz und Wiederholung, 1992, S. 213.
[44] Vgl. Gregory Bateson: Geist und Natur, 1987, S. 64.
[45] Vgl. Peter Lippert: Zur Psychologie des Jesuitenordens.
[46] Tolle, E.: Jetzt! Die Kraft der Gegenwart, 2006,S. 48f.
[47] Vgl. Maria Widl: Kleine Pastoraltheologie, 1997.
[48] Spinoza: Ethik, 2. Buch 49. Satz, Erläuterung.
[49] Vgl Skidelsky, Robert und Eduard: Wie viel ist genug? Vom Wachstumswahn zu einer Ökonomie des guten Lebens, München 2013, S. 191f.
[50] Teresa von Avila: Innere Burg, 1979, S. 67f.
[51] Ignatius von Loyola 1987, Rede des Ignatius von Loyola an einen Jesuiten von heute, Karl Rahner S. 14f.
[52] Lk Kommentar zur Parallelstelle: Rainer Dillmann und César Mora Paz: Das Lukas-Evangelium. Ein Kommentar für die Praxis, 2004, S.331.
[53] Martin Ebner: Jesus von Nazareth, 2012, S. 134.